HELMOLD
CHRONIK DER SLAVEN

HELMOLD

CHRONIK DER SLAVEN

Übersetzt von J. M. Laurent und W. Wattenbach

Herausgegeben von Alexander Heine

PHAIDON

Gedruckt auf: 80g/qm holzfrei geglättetem ALSTER-Werkdruck.
Säurefrei, ph-neutral und alterungsbeständig.

2. Auflage 1990
Druck und Bindearbeiten:
Bercker Graph. Betrieb GmbH, Kevelaer
ISBN 3-88851-102-X

Inhaltsverzeichnis

Buch II.

Vorwort

Helmold war einer der geschätztesten Geschichtsschreiber des 12. Jahrhunderts, der noch weit bis ins Spätmittelalter hinein wirkte. Er war Pfarrer in Bosau am Plöner See. Sein Lehrer Gerold, der erste Bischof von Lübeck, regte ihn an, die Bekehrung der benachbarten Slavenstämme historisch darzustellen. Dies tat er in seiner Chronica Slavorum, die wir hier neu vorlegen. Die Chronik beginnt in der ersten Hälfte des 9. Jahrhunderts, wobei sich Helmold für diese frühe Zeit sehr stark auf Adam von Bremen stützt, und schließt um 1170. Sie wurde von Arnold, dem ersten Benediktiner in Lübeck bis zum Jahr 1209 fortgesetzt.

Von der Quellenlage her gliedert sich die Chronik in gewisser Hinsicht in drei Teile. Der erste, schon erwähnte, reicht bis 1066, hier schöpft Helmold aus den Berichten Adams von Bremen. Danach schließt sich die Zeit bis etwa 1115 an, für die er vermutlich auf mündliche Überlieferungen zurückgreifen mußte. Ein Exemplar der Chronik Eckehards hatte er wohl nicht vorliegen, diese Quelle müßte sonst bei seiner gewissenhaften Arbeitsweise viel stärker hineinspielen. Er hätte dann die sagenhaften Beschreibungen über Heinrich IV. und V., die im Gegensatz zu dieser guten Quelle stehen, wohl nicht gebracht. Ab der Schlacht bei Welpesholt/Welfesholz im Jahr 1134 können wir annehmen, daß

Helmold vieles als Zeitzeuge aus seinem eigenen Erleben gegriffen hat. Er hat allerdings wohl nicht alle Reisen seiner bischöflichen Vorsteher mitgemacht, konnte sie aber aus deren Erzählungen historisch getreu beschreiben.

Von der Geschichtswissenschaft war Helmolds Chronik eine Zeitlang sehr heftig umstritten. Die Vorwürfe gipfelten in der Behauptung, er habe in schlauer Weise die Geschichte zum Vorteil des Lübecker Bistums gefälscht. Inzwischen aber ist man wieder überzeugt, daß Helmold sehr gewissenhaft gearbeitet hat, daß er in wesentlichen Fragen über die Geschichte der Slaven weit besser und zuverlässiger informiert war als andere seiner Zeitgenossen.

Das Werk ist in zwei Bücher eingeteilt, das zweite Buch ist erheblich später als das erste entstanden. In einigen Handschriften sind beide Bücher zu einem mit einer durchlaufenden Kapitelzählung zusammengefaßt. Man vermutet im übrigen, daß ein Großteil der Kapitelgliederung von Helmold selbst stammt, daß die Kapitelüberschriften jedoch von einem späteren Kopisten eingefügt wurden. Auch ist die Kapitelzählung ab Kap. 79 in den Handschriften unterschiedlich.

Unserer Ausgabe wurde die 2. Auflage der Übersetzung von J.M. Lappenberg und W. Wattenbach aus dem Jahr 1888 zugrunde gelegt. Diese Übersetzung beruht auf dem lateinischen Text der Monumenta Germaniae historica, der bis heute noch als grundlegend gilt. Die Änderungen und Ergänzungen, die B. Schmeidler 1909 und nochmals 1937 in seiner editio secunda und editio tertia erledigte, sind relativ geringfügig und wurden größtenteils mit eingearbeitet. Die wissenschaftlich-kritische zweisprachige Ausgabe der Slavenchronik von H. Stoob aus dem Jahr 1963 wurde, wenn nötig, in Einzelfällen ebenfalls mit herangezogen.

Bei der Namensgebung, die schon bei Helmold nicht ganz konsistent ist, wurde versucht, soweit als möglich die heutigen modernen Formen zu verwenden. Das war möglich, wenn unser heutiger Sprachgebrauch sich im Grundprinzip dasselbe darunter vorstellen kann wie bei Helmold. Daher mußte eine große Anzahl von Namen jedoch in ihrer ursprünglichen Fassung verbleiben, ein heutiger Leser hat eine durchaus andere Vorstellung von Holstein, als es das alte Holzatien bei Helmold vorstellte. In solchen Fällen wurde es bei der Bezeichnung aus dem lateinischen Urtext belassen. Es ist klar, daß man sich hier im Einzelfall durchaus über die Berechtigung der einen oder anderen Namensform streiten kann.

B. Schmeidler hatte 1910 eine überarbeitete Fassung der Übersetzung von Lappenberg und Wattenbach herausgegeben, die sich insbesondere dadurch unterscheidet, daß sie alle die Stellen kennzeichnet, an denen Helmold von anderen Geschichtsschreibern abgeschrieben hat. Wir haben auf diese Vorgehensweise verzichtet, da sie den ungestörten Lesefluß doch zu stark bremst. So bleibt zu vermerken, daß Helmold bis etwa zur Mitte des 25. Kapitels des 1. Buches seinen Text zu etwa der Hälfte fast wörtlich aus fremden Quellen schöpft. Dabei verwendete er hauptsächlich die Geschichte des Erzbistums Hamburg von Adam von Bremen. Er hat diese Auszüge jedoch teilweise stark komprimiert und auch in einer anderen Reihenfolge verarbeitet.

Ebenfalls sehr häufig streut Helmold Zitate aus der Bibel ein. Wo diese Stellen der Vulgata getreu folgen, wurde ein entsprechender Vermerk in den Fußnoten

gemacht, wo nur eine mehr oder weniger sinngemäße Anlehnung zu verspüren ist, haben wir darauf verzichtet. Im Zweifelsfall sei der interessierte Leser auf die schon oben erwähnte wissenschaftlich orientierte Ausgabe von H. Stoob verwiesen.
Zum Abschluß bleibt mir nur noch, auf die auch heute noch gültigen Auszüge der Vorworte der ersten Ausgaben hinzuweisen, die im Anschluß wiedergegeben sind.

Kettwig, im November 1985

Andreas Schaefer

Aus der Einleitung zur ersten Auflage

Wenn in der älteren Geschichte eines Landes diejenige seiner Marken von besonderem Interesse zu sein pflegt, so gilt dieses vorzüglich von den slavischen Ländern, welche die deutschen Stämme in Osten begrenzten. Und unter diesen dürfte kaum ein anderes so anziehend erscheinen, wie das kleine Wagrien, die slavische Hälfte Holsteins, als dasjenige Land, welches, nachdem die karolingischen, durch die Ottonen besser begründeten und verstärkten, Anlagen an der Nordostgrenze des Reiches untergegangen waren, mittelst frommer und hochbegabter Priester durch das Christentum für immer das Heidentum erstickte, und das Deutschtum im strahlenden Glanze der siegreichen Waffen des Löwenherzoges für alle Zeiten an die Ostsee brachte. Vicelin und seine Schüler, der große Welfe und seine Ritter haben das Deutschtum in einer kräftigen und anhaltigen Weise gefördert, welche ohne Vorbild und ohne Nachfolge in der Geschichte dasteht. Nie ist durch einen Zauberschlag eine Handelstadt so rasch geschaffen, wie Lübeck, eine Stadt, von welcher Heinrich der Löwe weder bei seinem Aufenthalt in England, noch in Italien ahnen konnte, daß sie, bald das Haupt der mit ihr gleichzeitig begründeten hansischen Faktoreien, bis zur Entdeckung einer damals kaum geahnten neuen Welt, an der Ostsee eine viel größere Rolle spielen würde, als

London an der Nordsee, und eine nicht geringere, als die Lagunenstadt, die stolze Herrin am Mittelmeere.
Der Stiftung des Bistumes Lübeck und der in ihrer Bedeutung für den ganzen Norden so sehr wichtigen Gründung der baltischen Weltstadt hat ihr Preis und ihre Ehre in der Geschichte nicht entzogen werden sollen: es ist ihr vielmehr unter allen ähnlichen Erscheinungen jener Jahrhunderte das schönste und würdigste Bild beschieden, glaubwürdig, von einem übersichtlichen Standpunkt, voll anziehender Einzelheiten, in lebendiger Darstellung und in einer so guten lateinischen Sprache, daß sie uns doppelt bedauern läßt, daß der begabte Verfasser nicht in der herrlichen Muttersprache schrieb, welche damals wohl der Dichtung, nicht aber der vaterländischen Geschichte diente.
Wir verdanken dieses Werk dem Helmold, welcher zu der Zeit, als er das erste, allein vollendete Buch den Domherren zu Lübeck widmete, Pfarrer zu Bosau war, einem Kirchdorf am Plöner See, wo eine der ältesten Kirchen in Wagrien in diesen Tagen die siebenhundertjährige Feier der Einführung des Christentums unter den Slaven beging. Er nennt in jener Widmung den im Jahre 1164 verstorbenen ersten Lübecker Bischof Gerold seinen Lehrer, welcher ihn auch zur Abfassung dieses beim Jahr 1170 schließenden Buches bewog. Gerold war Kaplan des Herzoges Heinrich des Löwen gewesen, Domherr und Lehrer der Schule zu Braunschweig. Wir haben den Geburtsort seines Schülers daher wohl in dieser Stadt oder deren Nachbarschaft zu suchen, so daß er also zu den vielen Geistlichen gehörte, welche aus den Umgebungen Herzog Heinrich des Löwen hervorgingen, um seinen Waffenruhm durch dessen Benutzung für die Verbreitung der christlichen Religion und deutscher Sitte zu verherrlichen und zu

weihen. Doch war Helmold bereits früher in Holstein, wie nicht nur die Genauigkeit seiner Angaben vermuten läßt, sondern auch die ausdrückliche Erwähnung seiner Gegenwart in dem später nach Segeberg verlegten Kloster, unter dem Propst Ludolf, bald nach dem am 12. Dezember 1154 erfolgten Tode Vicelins erweist. Wahrscheinlich war er, wie auch ein jüngerer Zeitgenosse zu bestätigen scheint, früher unter Vicelin in dessen Kloster zu Faldera (Neumünster), wenngleich keine Belege dafür anzuführen sind, daß er bereits mit jenem Apostel der Slaven im Jahre 1126 nach Holstein gekommen ist. Wohl aber gedenkt er selbst seiner längeren Bekanntschaft mit ihm. Bald darauf finden wir den landes- und geschichtskundigen Helmold in der Umgebung des neuerwählten Bischofes von Aldenburg, Gerold. Diesen begleitete er 1155 auf seiner Reise zu dem angesehenen Fürsten Pribislaw. Aus einigen Einzelheiten seiner Erzählung könnte es scheinen, daß er Gerold auch auf seinen Reisen zum Erzbischofe Hartwig und zu dem Herzog Heinrich dem Löwen über die Alpen und nach Rom begleitet habe, doch nach anderen ist es glaublicher, daß der Bischof allein reiste, aber die lebendige Erzählung der Vorfälle seiner Reise aus dessen eigenem Mund entlehnt ist.

Nach einigen Jahren wurde Helmold vom Bischof Gerold der Pfarre in Bosau vorgesetzt, welche Kirche der von Vicelin zuerst (1154) eingesetzte Priester Bruno verlassen hatte, um nach dem holsteinischen Faldera zu gehen, den aber Gerold wieder für die slavische Pfarrkirche zu Aldenburg gewonnen hatte. Hier erkrankte und starb sein Freund Bischof Gerold am 13. August 1163, bald nach Verlegung des bischöflichen Sitzes von Aldenburg nach Lübeck. In dieser Stellung widmete er das erste Buch seines trefflichen Geschichtswerkes den

Domherren zu Lübeck, und verblieb vermutlich in derselben, da sein Fortsetzer, der Abt Arnold von Lübeck, ihn noch Priester nennt, ohne von einer Versetzung zu berichten. Auch der Propst von Neumünster, Sydo (1174 bis 1201), nennt ihn nur Pfarrer von Bosau. Sein Name erscheint auch später in einer Urkunde des Bischofes Conrad I. von Lübeck vom November 1170 und einer andern seines Nachfolgers Heinrich I. vom 1. September 1177 als derjenige eines Presbyters.

Das Werk des Helmold beschränkt sich, seinem ausgesprochenen Zwecke gemäß, im ersten Buche auf die Geschichte der Bekehrung der Slaven in der Hamburger Diözese, zunächst auf diejenige in Wagrien oder im Bistum Lübeck. In den wenigen Kapiteln des zweiten Buches bietet dieses ihm geringen Stoff, und er spricht daher mehr von den Bistümern Ratzeburg und Schwerin, so wie von den Begebenheiten Herzog Heinrichs des Löwen in anderen Ländern. Leider sind die Nachrichten über das sächsische Holstein, über Hamburg und Dithmarschen nur in seltenen Fällen berücksichtigt. Ältere Geschichtswerke kannte Helmold einige, von denen er das des Eckehard anführt. Benutzt hatte er jedoch nur die Geschichte der Hammaburger Kirche des Adam von Bremen, aus welcher er die zahlreichen Stellen, welche die Slaven in dem erzbischöflich-hamburgischen Sprengel betreffen, wörtlich ausgezogen hat. Die Urkunden des Lübecker und der anderen slavischen Bistümer kannte er; ein Rescript des Bischofs Gerold in Betreff des Zehnten in Wagrien findet sich vollständig eingerückt. In den Nachrichten über die Jugend des Vicelin finden sich verschiedene Distichen, welche einem poetischen Versuche über das Leben dieses Apostels entlehnt zu sein scheinen. Der wertvollste Teil des Werkes besteht aber bei Helmold in den Mitteilungen über Selbsterlebtes und demjenigen, was er aus den Mitteilungen seiner Freunde niederschrieb. Als solche sind erkennbar: Vicelin selbst, der Bischof Gerold, Thetmar, Propst Herman, Ludolf, Propst von Cuzelina, und andere Geistliche aus Neumünster, Bruno, sein Vorgänger zu Bosau. Diese genauen Berichterstatter scheinen uns von Helmold oft wörtlich und in fast dramatischer Weise eingeführt. Für die ältere Zeit hat Helmold manche historische Fehler, wo wir die Veranlassung nicht kennen. Zu den seltsamen Irrtümern gehört die fortgesetzte Verwechslung des Papstes Calixtus mit seinem Vorgänger Paschalis III., welche die große Unkunde der damaligen Zeitgenossen, selbst in den wichtigsten Begebenheiten der Kirche, recht anschaulich, an das Licht stellt.

So zuverlässig Helmold aber fast in allem erscheint, was er über seine Zeitgenossen und aus seiner Gegend berichtet, so angenehm ist auch seine ungezwungene Darstellung, sein lebhafter, mit vielen Gesprächen und Reden durchwebter Vortrag. In dem gewandten lateinischen Ausdruck sind, außer den biblischen, nur sehr wenige Reminiszenzen nachzuweisen, und wohl darf man es verwundernd rühmen, daß der Missionar bei den Slaven, welcher in keinerlei Verhältnissen gelebt zu haben scheint, welche seine Kenntnis der lateinischen Sprache erfrischten, diese Richtigkeit des Ausdruckes in ihr behielt.

Hamburg, den 30. Juli 1852.

J. M. Lappenberg.

Aus der Einleitung zur zweiten Auflage

Die Ausgabe des lateinischen Textes, welche hier schon in baldige Aussicht gestellt wurde, erfolgte erst im Jahre 1868, und man war also lange Zeit auf diese Übersetzung gewissermaßen angewiesen. Es ist vollkommen richtig, daß sie außerordentlich gut gelungen ist, und oft in überraschend glücklicher Weise die Worte Helmolds wiedergibt, dessen so höchst eigentümlichen Stil, welcher fast ganz aus biblischen Ausdrücken zusammengesetzt ist. Aber andererseits ergab sich bei der Durchsicht eine wahrhaft erschreckende Menge der gröbsten Versehen und Flüchtigkeitsfehler, welche nun endlich beseitigt sind.

Daß Helmold ziemlich leichtfertig gearbeitet hat, zeigen uns hinreichend schon die letzten Kapitel, die Verwechslung Calixts II. mit Paschalis III., von Genua mit Ankona, da er sich hier doch leicht bessere Auskunft hätte verschaffen können. Chronologie aber war für ihn nur nebensächlich, und auch hierin erscheint er doch jetzt nach Berichtigung der Angaben über Vicelin weniger verwirrt. Übrigens jedoch, wenn er augenscheinlich eine Ursprungsgeschichte des Mecklenburger Bistums auf Oldenburg übertragen, wenn er von bedeutenden Begebenheiten nur einzelne Seiten, und nicht gerade immer die wichtigsten, berührt hat, so möge man sich nur einmal lebhaft hinein zu versetzen suchen in die Lage des Pfarrers, welchem alle die Hilfsmittel fehlten, ohne welche es auch heutigen Tages schwer, ja unmöglich ist, die Erinnerungen eines vielbewegten Lebens zu ordnen. Für die ferner liegenden Dinge aber war er, nachdem sein Adam ihn verlassen hatte, auf sehr mangelhafte Hilfsmittel angewiesen. Freilich würde ihm die Chronik Eckehards, welche er anführt, bessere Auskunft gewährt haben, aber er traute ihr nicht, und zog eine schon ganz sagenhaft gestaltete Darstellung der Geschichte Heinrichs IV. und V. vor. Von Friedrich I. wird ihm sein Bischof Gerold erzählt haben; über die Wendenkriege aber standen ihm nur die Berichte der heimgekehrten Nordelbinger zu Gebote, wahrscheinlich Lieder, welche ihre Schicksale und Taten verkündigten, wodurch es sich leicht erklärt, daß Einzelheiten, bei denen sie beteiligt waren, ungebührlich in den Vordergrund treten, während der Gesamtverlauf der Unternehmungen in nebelhafter Unklarheit bleibt.

Gewiß hat Helmold bei der Aufnahme und Verknüpfung seiner von allen Seiten gesammelten Nachrichten manchen Fehler begangen, aber seinen eigentlichen Gegenstand, die Germanisierung der Wendenländer, vorzüglich Wagriens, und die neue Pflanzung der christlichen Kirchen in diesen Gegenden, hat er doch mit Treue und Anschaulichkeit geschildert, und wir dürfen ihm den Dank für so viele, nur durch ihn uns gerettete Kunde nicht verkümmern lassen.

In bezug auf die Übersetzung ist noch zu bemerken, daß die alten Namensformen meistens beibehalten sind. Einige Schwierigkeit machen die fortwährend vorkommenden „Städte". Vergebens sucht man nach einer Unterscheidung zwischen *urbs*, *castrum*, *arx*, *civitas*. Für dieselben Orte werden die verschiedenen Benennungen angewandt. Schon die Namen, wie Mecklenburg, Oldenburg, leiten darauf hin, das Wort „Burg“ als das überall zutreffende anzuwenden, und ich habe es auch meistens getan, aber Orte, wie Hamburg, Magdeburg, überhaupt die bischöflichen Residenzen, unterscheiden sich doch wieder von den Burgwällen, in welchen sich nur in Kriegszeiten eine zahlreiche Bevölkerung ansammelte. Eine feste Regel und Konsequenz ist nicht gut durchzuführen; nur daran ist festzuhalten, daß von eigentlichen Städten im Wendenland nur ausnahmsweise, wie bei Jumneta (Vineta), die Rede sein kann. Wenn sich neben der Schutzburg ein *oppidum* bildet, der Marktverkehr zahlreiche, auch bleibend anwesende Handelsleute anzieht, dann wird man den Ort als Stadt bezeichnen müssen, natürlich noch ohne jeden Gedanken an bürgerliche Verfassung, welche ja dieser Zeit und diesen Gegenden noch fremd ist. Die Schwierigkeit liegt eigentlich darin, daß man jetzt mit dem Worte „Burg“, wovon ja doch „Bürger“ abstammt, zu ausschließlich den Begriff eines nur zur Verteidigung bestimmten Wohnsitzes von geringem Umfang verbindet. Noch ist zu bemerken, daß die ungewöhnliche Schreibart „Dännemark“ von Dahlmann herstammt, welcher sich damit der üblichen Aussprache anschloß. Besser würde wohl „Dennemark“ sein.

Berlin, den 26. Juni 1888.

W. Wattenbach.

Helmold

Chronik der Slaven

Vorrede

Den ehrwürdigen Herren und Vätern, Domherren der heiligen Kirche zu Lübeck, erweist Helmold, unwürdiger Diener der Kirche zu Bosau, den freiwilligen Zoll schuldigen Gehorsams.

Lange dachte ich darüber nach, was für ein Werk ich unternehmen könnte, um meiner Mutter, der heiligen Kirche zu Lübeck, mit einem Beweise meiner Dienstwilligkeit, den ich ihr überreiche, zugleich eine Ehre zu erweisen; allein mir kam nichts passender vor, als wenn ich zu ihrem Preise die Bekehrung des Slavenvolkes beschriebe, und schilderte, durch welcher Könige und Prediger eifrige Tätigkeit die christliche Lehre in diesen Gegenden anfangs begründet und später neubelebt wurde. Zu diesem Streben fand ich mich angeregt durch den nachahmungswerten Eifer sehr vieler alter Schriftsteller, die oft von großer Begierde zu schreiben getrieben, allen Störungen weltlicher Geschäfte entsagten, um in einsamer, beschaulicher Muße den Weg der Weisheit aufzusuchen, den sie dem funkelnden Gold und allen Kostbarkeiten vorzogen; ja selbst auf die unsichtbaren göttlichen Dinge richteten sie den forschenden Blick und suchten den Geheimnissen, die uns verhüllt sind, nahe zu kommen. Sie unternahmen sogar zumeist mehr, als ihnen ihre Kräfte gestatteten. Andere aber, deren Pläne nicht so weit gingen und sich innerhalb der Grenzen ihrer Aufgaben hielten, vermehrten doch, ungeachtet ihrer Einfalt, den Schatz der in Schriften niedergelegten Geheimnisse; sie begannen mit der Schöpfung der Welt selbst, erzählten gar vieles von Königen und Propheten und den wechselnden Kriegsläufen und zollten dabei in ihren Schriften vor aller Welt stets der Tugend Lob, dem Laster Abscheu. Denn wenn in der düsteren Finsternis dieser Welt das Licht der Schriften fehlt, so ist alles in Nacht verhüllt. Scharfe Rüge also verdient die Nachlässigkeit der jetzt lebenden, welche, obwohl sie dem Abgrund der Gerichte Gottes, wie vordem, so auch jetzt, gar vieles entströmen sehen, dennoch die Adern ihrer Beredsamkeit verstopft und sich den schlüpfrigen Eitelkeiten dieser Welt zugewendet haben.

Ich aber glaube dem Ruhme derer, die das Land der Slaven zu verschiedenen Zeiten durch ihre Waffen, ihr Wort, ja häufig auch mit Vergießung ihres eigenen Blutes erleuchtet haben, die Seiten dieses Werkes widmen zu sollen. Ihre Verdienste dürfen nicht mit Stillschweigen übergangen werden, denn sie haben nach der Zerstörung der Aldenburger Kirche durch Gottes Gnade die berühmte Stadt Lübeck auf eine solche Höhe, zu solchem Glanz erhoben, daß unter allen angesehensten Städten der Slaven sie das Haupt emporgehoben hat, sowohl wegen ihres weltlichen Reichtums, als wegen ihrer großen Glaubenstreue. Ferner habe ich mich entschlossen, unter Übergehung anderer Dinge das, was zu unserer Zeit geschehen ist, was ich entweder aus den Erzählungen alter Leute vernommen, oder selbst als Augenzeuge erlebt habe, mit Gottes Hilfe getreulich zu beschreiben, natürlich um so ausführlicher, je reicheren Stoff die Größe der in unseren Tagen vorgefallenen Ereignisse liefert. Und nicht eigene Kühnheit treibt mich zu diesem Werke, sondern die Aufforderung von seiten meines ehrwürdigen Lehrers, des Bischofs Gerold, der zuerst die Kirche zu Lübeck zu einem Bischofssitz erhoben und durch ihre Geistlichkeit zu hervorragender Bedeutung gebracht hat.

Erstes Buch

1.
Von der Gliederung der Slavenvölker

Es ist, denke ich, der Mühe wert, am Eingange dieses Werkes etwas von den Ländern, dem Wesen und den Sitten der Slaven in einem geschichtlichen Überblicke vorauszuschicken, und zu schildern, in wie verschlungenen Gewinden des Irrwahns sie gefesselt waren, damit an der Schwere der Krankheit um so leichter die Wirksamkeit des göttlichen Heilmittels erkannt werde.
Die Völker der Slaven sind zahlreich. Sie wohnen am Ufer des Baltischen Meeres. Das Gestade dieses Meeres dehnt sich vom westlichen Ozean gegen Morgen hin aus. Es wird darum das Baltische genannt, weil es sich wie ein balteus[1] in langem Zuge durch die skytischen Gegenden nach Griechenland hin erstreckt. Es heißt auch das barbarische Meer oder die skythische See nach den barbarischen Völkern, deren Ufer es bespült. Um dieses Meer herum wohnen viele Völker. Dänen nämlich und Schweden, die wir Nordmannen nennen, haben das nördliche Ufer und alle Inseln in demselben inne. Das südliche Ufer aber bewohnen die Völker der Slaven, von denen im Osten die ersten die Russen sind; dann kommen die Polen, an welche im Norden die

[1] D.h. Gürtel.

Preußen, im Süden die Böhmen, die Mährer und die Kärntner nebst den Sorben grenzen. Rechnet man nun auch noch Ungarn zum Slavenlande, wie einige wollen, weil es weder im Äußern noch in der Sprache davon sich unterscheidet, so umfaßt die slavische Sprache ein so weites Gebiet, daß es fast nicht abzuschätzen ist.

Alle diese Nationen, außer den Preußen, sind mit dem Ehrennamen Christen geschmückt. Denn schon lange ist es her, daß Rußland zum Glauben gekommen ist. Rußland aber wird von den Dänen Ostrogard genannt, weil es, im Osten gelegen, an allem Guten Überfluß hat. Auch Chunigard heißt es, weil dort zuerst die Hunnen gewohnt haben sollen. Die Hauptstadt von Rußland ist Kiew. Welche Lehrer sie aber zum Glauben gebracht, ist mir ganz unbekannt; nur so viel weiß ich, daß sie in allen ihren Gebräuchen mehr den Griechen als den Lateinern nachzuahmen scheinen. Das russische Meer führt nämlich vermittelst einer kurzen Fahrt nach Griechenland hinüber.

Die Preußen haben noch nicht das Licht des Glaubens erblickt, doch besitzen sie sonst viele natürliche Vorzüge; sie sind sehr menschenfreundlich gegen Notleidende und fahren sogar denen, welche auf dem Meere Gefahr leiden oder von Seeräubern angefallen werden, entgegen und helfen ihnen. Gold und Silber achten sie sehr gering; sie haben Überfluß an fremden Fellen, deren Duft unserer Welt das todbringende Gift der Hoffart eingeflößt hat; jene freilich achten diese nicht höher denn Mist, und damit, glaube ich, ist uns das Urteil gesprochen, die wir nach einem Marderkleid wie nach der höchsten Glückseligkeit jagen. Darum bringen sie für wollene Gewänder, die wir Faldonen nennen, die so kostbaren Marderfelle dar. Von diesem Volk und seinen Sitten könnte man noch viel Lobenswertes sagen, wenn sie nur den Christenglauben hätten, dessen Prediger sie voll Wildheit verfolgen. Bei ihnen wurde Adalbert, der berühmte Bischof von Böhmen, mit der Märtyrerkrone geschmückt. Bis auf den heutigen Tag wird in Wahrheit noch den Unsern, mit denen sie doch sonst alles teilen, von ihnen der Zutritt zu Hainen und Quellen verwehrt, weil diese, wie sie meinen, durch den Besuch der Christen verunreinigt würden. Das Fleisch der Pferde dient ihnen zur Nahrung; auch trinken sie deren Milch und Blut, so daß sie sich selbst darin berauschen sollen. Die Menschen haben blaue Augen, ihr Antlitz ist rot, das Haar lang. Außerdem wollen sie, unzugänglich durch Sümpfe, keinen Herrn unter sich dulden.

Das Volk der Ungarn war einst sehr mächtig und rüstig im Kampf, so daß es selbst dem römischen Reich Schrecken einflößte. Denn nach dem Erliegen der Hunnen und Dänen brachen zum dritten die wütenden Ungarn herein, alle Nachbarländer verheerend und zerstörend. Nachdem sie nämlich ein ungeheures Heer gesammelt hatten, bemächtigten sie sich mit gewaffneter Hand des ganzen Baiern- und des Schwabenlandes. Außerdem verheerten sie die Rheingegenden; auch Sachsen bis zum britischen Meere erfüllten sie mit Mord und Brand. Wie groß aber die Anstrengungen der Kaiser, die Verluste des christlichen Heeres gewesen, sie zu bändigen und dem göttlichen Gesetze zu unterwerfen, das wissen viele, und ist in den Geschichtsbüchern veröffentlicht und beschrieben.

Die Kärntner sind Grenznachbarn der Baiern. Sie sind dem Dienste Gottes ergeben, und es gibt kein ehrbarers, gottesfürchtigeres und den Priestern mehr Ehrerbietung erzeigendes Volk.

Die Böhmen haben einen König und sind ein kriegerisches Volk, das Land ist voll von Kirchen und das Volk

sehr gottesfürchtig. Böhmen ist in zwei Bistümer eingeteilt: von Prag und Olmütz.
Polen ist ein großes Land der Slaven, dessen Grenzen das Reich der Russen berühren sollen. Es zerfällt in acht Bistümer; einst hatte es einen König, jetzt wird es von Herzogen regiert. Es ist, wie Böhmen, der Majestät des Kaisers untertan.
Die Böhmen und die Polen führen gleiche Waffen und haben dieselbe Kriegssitte. So oft sie nämlich zu einem Krieg anderer Völker mit hinzugezogen werden, sind sie zwar tapfer in der Schlacht, aber im Plündern und Morden von der äußersten Grausamkeit; die schonen nicht der Klöster, nicht der Kirchen und Kirchhöfe. Sie lassen sich aber auch nicht anders in einen auswärtigen Krieg ein, als wenn ihnen die Bedingung zugestanden wird, die Schätze, welche in den Schutz der heiligen Orte geflüchtet sind, plündernd hervorholen zu dürfen. Daher kommt es auch, daß sie aus Begierde nach Beute oft ihre besten Freunde wie Feinde behandeln, weshalb man sie sehr selten herzuruft, wenn man der Hilfe im Kriege bedarf.
So viel mag von den Böhmen und Polen und den übrigen östlichen Slaven gesagt sein.

2.
Von der Stadt Jumneta[1]

Wo also Polen endet, kommt man zu einem sehr ausgedehnten slavischen Lande, nämlich zu denen, die vor alters Wandalen, jetzt aber Wenden oder Winuler genannt werden. Die ersten derselben sind die Pommern, deren Wohnsitze sich bis an die Oder erstrecken. Diese

[1] Vineta, Jumme oder Julin. Auf der Insel Wollin.

ist der wasserreichste Fluß im Lande der Slaven; sie entspringt tief im Innern des Waldes der Mährer, welche im Osten von Böhmen wohnen, wo auch die Elbe ihren Ursprung hat. Auch sind sie anfangs gar nicht weit voneinander entfernt, aber sie schlagen verschiedene Richtungen ein. Die Elbe nämlich fließt nach Westen zu und bespült in ihrem Oberlaufe die Länder der Böhmen und Sorben, trennt in ihrem mittleren Laufe die Slaven von den Sachsen, und indem sie am Ende ihrer Bahn den Hamburger Kirchsprengel von dem Bremer scheidet, ergießt sie sich siegreich in den britischen Ozean. Der andere Fluß, die Oder, wendet sich nach Norden, fließt mitten durch die Stämme der Winuler hindurch, und trennt die Pommern von den Wilzen. An der Mündung derselben, wo sie das Baltische Meer berührt, lag einst die sehr angesehene Stadt Vineta, welche den Barbaren und Griechen, die ringsumher wohnen, einen vielbesuchten Mittelpunkt des Verkehrs darbot. Da zum Preis dieser Stadt große und kaum glaubliche Dinge erzählt werden, so will ich davon einiges, was Erwähnung verdient, mitteilen. In der Tat war sie die größte von allen Städten, die Europa einschließt; in ihr wohnten Slaven und eine andere gemischte Bevölkerung von Griechen und Barbaren. Denn auch Sachsen, die dorthin kamen, erhielten die Erlaubnis, daselbst mit zu wohnen; freilich nur, wenn sie während ihres Aufenthaltes daselbst sich nicht öffentlich als Christen zu erkennen geben wollten. Denn bis zum Untergange der Stadt waren alle Bewohner derselben im Irrwahne heidnischer Abgötterei befangen, übrigens war, was Sitten und Gastlichkeit anlangt, kein ehrenwerteres und gutherzigeres Volk zu finden. Jumneta, reich durch die Waren aller Nationen, besaß alle möglichen Annehmlichkeiten und Seltenheiten.

Diese so wohlbegüterte Stadt soll ein König der Dänen, mit einer sehr großen Flotte heransegelnd, von Grund aus zerstört haben. Noch jetzt sind von jener alten Stadt Überreste vorhanden. Dort zeigt sich das Meer in dreifacher Art; jene Insel wird nämlich von drei Gewässern bespült, deren eines von ganz grünem Aussehen sein soll, das zweite von weißlichem, das dritte wird aber unaufhörlich von wütenden Stürmen bewegt.

Es gibt auch noch andere Völker der Slaven, welche zwischen der Oder und der Elbe wohnen und weit hinunter nach Süden sitzen, wie die Heruler oder Hevelder, welche an der Havel und der Dosse wohnen, die Leubuzen, Wilinen und Stoderanen nebst vielen andern.

Hinter dem ruhigen Laufe der Oder also und den verschiedenen Stämmen der Pommern gegen Westen tritt das Land der Winuler uns entgegen, derer nämlich, welche Tholenzer[1] und Redarier genannt werden; ihre allbekannte Burg ist Rethre, ein Sitz der Abgötterei. Dort ist den Götzen, deren vornehmster Redegast ist, ein großer Tempel erbaut. Sein Bild ist von Gold, sein Lager von Purpur gefertigt. Die Burg selbst hat neun Tore, die ringsum von einem tiefen See umgeben sind, eine hölzerne Brücke dient zum Übergange, der jedoch nur denen, welche Opfer darbringen, oder Orakelsprüche einholen wollen, gestattet ist.

Darauf kommt man zu den Circipanen und Kycinen, welche von den Tholenzen und Rederern der Fluß Peene und die Burg Demmin trennen. Die Kycinen und Circipanen wohnen diesseits, die Tholenzen und Reda-

[1] Der Name der Tholenzen ist in dem Namen des Sees Tollense erhalten. Rethra ist wohl auf dem Fischerwerder in der Tollense, Wustrow gegenüber, gelegen gewesen; es war nur ein Tempelbezirk, an eine wirkliche Stadt ist nicht zu denken.

ren jenseits der Peene. Diese vier Völker werden wegen ihrer Tapferkeit Wilzen oder Lutizen genannt. Über sie hinaus wohnen die Linguonen und Warnaven. Auf diese folgen die Obotriten, deren Burg Mecklenburg ist. Darauf folgen nach uns zu die Polaben, ihre Burg ist Ratzeburg. Dann kommt man über den Travefluß in unser, das wagrische Land. Die Burg dieses Landes war einst das am Meere liegende Aldenburg[1].

Auch gibt es im Baltischen Meere Inseln, welche von Slaven bewohnt sind; deren eine heißt Fehmarn. Diese liegt den Wagriern gegenüber, so daß man sie von Aldenburg aus sehen kann. Die zweite Insel, die bei weitem größer ist, liegt den Wilzen gegenüber und wird von den Ranen[2] bewohnt, welche auch Rugianer heißen, ein sehr tapferes Slavenvolk, die allein einen König haben, und ohne deren Ausspruch in öffentlichen Angelegenheiten nichts geschehen darf; so sehr werden sie wegen ihres vertrauten Umganges mit den Göttern oder vielmehr Götzen gefürchtet, die sie mit größerem Aufwande verehren, als die Übrigen.

Das also sind die Stämme der Winuler, verbreitet in den Landstrichen und Ländern und Inseln des Meeres. Dieses ganze Geschlecht ist dem Götzendienste ergeben, immer unstet und beweglich und treibt Seeraub, indem es auf der einen Seite die Dänen, auf der andern die Sachsen anfeindet. Oft und auf vielerlei Weise haben daher große Kaiser und Priester sich bemüht, diese rebellischen und ungläubigen Völker irgendwie zur Erkenntnis Gottes und zum Heile durch den christlichen Glauben zu führen.

[1] Oldenburg in Holstein, im Unterschied zu dem heute bekannteren Oldenburg bei Bremen.

[2] Rügen

3.
Wie Karl die Sachsen zum Glauben bekehrt hat

Unter allen eifrigen Verbreitern des Christentums, die wegen des Verdienstes ihrer Glaubenstreue einen preiswürdigen Vorrang erreicht haben, strahlt als der glorreichste stets Karl hervor, ein Held, den jeder Geschichtschreiber mit Lobsprüchen erheben und der unter denen, die im Dienste Gottes im Norden gewirkt haben, obenan gestellt werden muß. Denn er hat das so wilde und rebellische Volk der Sachsen mit dem Schwert überwunden und dem Gesetze des Christentums unterworfen.
Die Sachsen aber und die Thüringer, sowie die übrigen Völker nahe dem Rhein waren, wie man liest, von alters her den Franken zinspflichtig. Als sie nun vom Frankenreich abfielen, begann Pipin, Karls Vater, mit ihnen einen Krieg, den jedoch sein Sohn mit größerem Glücke zu Ende führte. Denn lange Zeit währte es, bis der Kampf, der von beiden Seiten mit großer Leidenschaft, für die Sachsen jedoch mit größerem Verluste als für die Franken, dreiunddreißig Jahre nacheinander geführt wurde, zu Ende kam. Freilich hätte er früher beendigt werden können, wenn die Hartnäckigkeit der Sachsen es verstattet hätte, die, entschlossen ihre Freiheit mit den Waffen zu schützen, das Gebiet der Franken bis an den Rhein verwüsteten. Während nun beinahe kein Jahr vom Kriege frei blieb, wurden die Sachsen endlich, wie man liest, so überwältigt, daß von den an beiden Elbufern Wohnenden zehntausend Männer mit Weibern und Kindern ins Frankenreich versetzt wurden. Und dies war das dreiunddreißigste Jahr des langen Sachsenkrieges, welches die Geschichtschreiber der Franken als ein denkwürdiges bezeichnen, nämlich das

siebenunddreißigste Kaiser Karls, in[1] welchem Widukind, der Urheber des Aufstandes, seine unrechtmäßige Gewalt niederlegte und sich dem Reiche unterwarf; auch wurde er selbst mit den übrigen Großen der Sachsen getauft, und darauf erst wurde Sachsen zur Provinz gemacht.

Nachdem[2] also der tapfere Karl in diesen Kämpfen den Sieg gewonnen hatte, setzte er nicht auf sich, sondern auf den Herrn der Heerscharen sein Vertrauen, da er seine tapferen Taten dessen gnädiger Hilfe zuschrieb. Auch beschloß er wohlbedächtig, die Völker der Sachsen, obwohl sie es wenig verdient hatten, im Hinblick auf den himmlichen Lohn von jeder Zinspflicht loszusprechen und ihnen ihre alte Freiheit wieder zu schenken, damit sie nicht etwa durch den Druck der Steuern und Abgaben zum Aufstande und zum Rückfalle ins Heidentum verleitet würden. Ferner stellte der König und nahmen sie selbst die Bedingung an, daß sie den Götzendienst aufgeben, die Sakramente des christlichen Glaubens empfangen, und Zinsleute und Untertanen Gottes, des Herrn, sein sollten, indem sie den Priestern von allen ihren Herden und ihren Früchten, ihrem Landbau und ihrer Viehzucht den gesetzlichen Zehnten darbrächten, und mit den Franken vereint fortan ein Volk mit ihnen bilden sollten. Demnach wurde Sachsen in acht Bistümer eingeteilt und den würdigsten Seelenhirten untergeben[3], welche imstande waren, durch Wort und Tat die des Glaubens unkundi-

[1] Widukind unterwarf sich bekanntlich 785, nicht erst 804. Helmolds Worte in – unterwarf und seine irrtümliche Zeitangabe sind wahrscheinlich durch Benutzung der Vita s. Willehadi zu erklären.

[2] In der Kirchengeschichte Adams von Bremen (Buch I, 13) ist die Teilungsurkunde wiedergegeben. Helmold gestaltet sie im folgenden in eine reine Erzählung um.

[3] Den Erzbischöfen von Mainz und Köln untergeben.

gen Gemüter in denselben einzuführen. Diese Geistlichen versorgte auch der Kaiser auf eine ehrenvolle Weise, mit freigebiger Hand, mit Besoldung zu ihrem Lebensunterhalte. So wurde in Sachsen das Werk der neuen Pflanzung vollendet und mit aller Kraft befestigt. Aber auch die wilden Friesen nahmen damals den christlichen Glauben an. Und also wurde damals den Verkündern des Wortes Gottes über die Elbe hinüber der Weg bereitet, und eilende Boten zogen aus, das Evangelium des Friedens im ganzen Bereiche des Nordens zu predigen.

Zu jener Zeit, als auch die Völker der Slaven der Herrschaft der Franken unterworfen wurden, soll Karl Hamburg, eine Burg der Nordelbinger, nachdem er dort eine Kirche erbaut, einem gewissen Heridag, einem heiligen Mann, den er dort zum Bischof bestimmte, zur Lenkung anvertraut haben, wobei er sich vornahm, eben diese Hamburger Kirche zur Mutterkirche für alle Völker der Slaven und Dänen zu erheben. Dies auszuführen und so seine Wünsche zu befriedigen, wurde Kaiser Karl sowohl durch den Tod des Priesters Heridag, als durch die Kriege, mit denen er beschäftigt war, verhindert. Denn dieser allersiegreichste Fürst, der alle Reiche Europas sich unterworfen hatte, hat zuletzt, wie berichtet wird, auch einen Krieg gegen die Dänen unternommen. Diese und die anderen jenseits Dänemark wohnenden Völker werden von den Geschichtschreibern der Franken Nordmannen genannt. Ihr König Godefrid bedrohte, nachdem er vorher bereits die Friesen und ebenso die Nordelbinger, die Obotriten und andere Völker der Slaven sich zinspflichtig gemacht hatte, Karl selbst mit Krieg. Dieses Zerwürfnis verzögerte zumeist des Kaisers Plan für Hamburg. Als endlich Godefrid durch Fügung des Himmels eines gewaltsamen Todes gestorben war, folgte ihm Hemming nach, sein Vetter, der alsbald mit dem Kaiser Frieden machte und die Eider zur Grenze seines Reiches erhielt.

Und nicht lange danach schied Karl aus dem irdischen Leben, ein Mann, der sowohl in den göttlichen wie in den irdischen Dingen sich in höchstem Maße bewährt hat und der der erste König der Franken war, der würdig befunden wurde, zum Kaiser erhöht zu werden. Denn[1] die Kaiserwürde, welche seit Constantin viele Menschenalter hindurch in Griechenland, in der Stadt Konstantinopel, glorreich und blühend bestanden hatte, geriet, als es dort an Männern königlichen Stammes zu fehlen begann, so offenbar in Verfall, daß der Staat, dem in seiner ursprünglichen Kraft drei Konsuln, Diktatoren oder Kaiser zur gleichen Zeit kaum genügten, endlich von Weibeshand gelenkt wurde. Als sich daher von allen Seiten gegen das Reich Empörer erhoben und beinahe alle Staaten Europas vom Kaiser abgefallen waren, und als selbst die Stadt Rom, die Mutter des Erdkreises, durch kriegerische Angriffe ihrer Nachbarn bedrängt wurde und kein Beschützer derselben da war, da gefiel es dem apostolischen Stuhl, eine feierliche Versammlung heiliger Männer einzuberufen und über die allgemeine Not den Rat aller einzuholen. So wurde nach allgemeiner Zustimmung und Billigung der hochangesehene König der Franken, Karl, mit der Krone des römischen Reiches geschmückt, weil er sowohl durch seine Verdienste um den Glauben, als wegen seines Ruhms, seiner Macht und seiner in den Kriegen errungenen Siege auf der Welt seinesgleichen nicht zu haben schien; und auf diese Weise wurde die

[1] Das Folgende übernahm Helmold aus der Vita Willehadi c. 5, wobei er es frei erweiterte.

Kaiserwürde von Griechenland auf das Frankenreich übertragen.

4.
Von der Teilung des Reiches

Nachdem also Karl, der König der Franken und der Kaiser und Mehrer des Reiches der Römer, mit dem Lohn seiner guten Taten zum Himmel abberufen war, folgte ihm in der Regierung sein Sohn Ludwig. Dieser übte, in allem mit des Vaters Ansichten übereinstimmend, dieselbe Freigebigkeit wie jener für das Amt am Hause des Herrn und für alle Geistlichen, indem er die bedeutenden Schätze des Reiches zum Schmuck und zur Verherrlichung der Kirche verwandte, so sehr, daß er die Bischöfe, welche wegen ihrer Herrschaft über die Seelen Fürsten des Himmels sind, auch ebenso zu Fürsten des Reiches machte. Als er erfuhr, was sein Vater wegen Hamburgs beabsichtigt hatte, beriet er sich sofort mit weisen Männern, und ließ den Ansgar, einen heiligen Mann, den er einst auch als Verkündiger des Glaubens an die Dänen und Schweden gesandt hatte,
832 zum Erzbischof von Hamburg weihen, indem er eben diese Stadt zur Mutterkirche für alle Völker des Nordens bestimmte, damit die Verbreitung des göttlichen Wortes von da aus in reicherer Fülle über alle barbarischen Stämme sich ergießen möchte. Was denn auch geschah. Denn durch den Eifer der Bischöfe der hamburgischen Kirche wurde das Wort Gottes unter alle Völker der Slaven, Dänen und Normannen ausgesät, und jene eisige Kälte des Nordens schmolz vor der Glut der göttlichen Lehre. Mancher Tag und manches Jahr verstrich so in unablässigem Bemühen um das Seelen-

heil dieser Nationen; denn so dicht war die Nacht des Irrglaubens und so groß die Schwierigkeit, das verschlungene Dickicht des Heidentums zu lichten, daß es nicht mit einem Male und ohne große Anstrengung auszuführen war. Aber auch manche Kriegsstürme, die nach dem Tod des frommen Ludwig weithin brausten, verzögerten in nicht geringem Grade die Bekehrung der Heiden. Als dieser nämlich von der Welt hinweggenommen war, entstanden innere Kriege, da seine vier Söhne
sich um die Herrschaft stritten. So entstand viel Zwie- 843
tracht unter den Brüdern und es kam zu einer großen Schlacht, in der, wie die Geschichtschreiber bezeugen, alle Stämme der Franken aufgerieben wurden. Endlich wurde durch Vermittlung des Papstes Sergius dieser Streit beigelegt, und das Reich in vier[1] Teile geteilt, so daß Lothar, der älteste, Rom und Italien, Lotharingien und Burgund, Ludwig den Rhein und Deutschland, Karl Gallien und Pipin Aquitanien erhielten.

5.
Von des heiligen Ansgars Reise in Schweden

Zu jener Zeit, als der Bruderstreit die gewaltigsten Kriegsbewegungen und die größte Schwächung des zerrissenen Reiches verursachte, verlockte viele die günstige Gelegenheit zur Empörung. Unter diesen traten als die ersten und vorzüglichsten die Völker der Dänen hervor, überlegen an Körperschaft und in der Handhabung der Waffen, und zwangen zuerst die Slaven und
ebenso die Friesen zum Tribut, dann fuhren sie mit 836

[1] Adam von Bremen (I, 24) sagt drei, zählt aber vier Regenten auf. Helmold hat das falsch korrigiert, Pipin ist bei Adam irrtümlich hinzugesetzt.

einer Raubflotte den Rhein hinauf und belagerten Köln, und die Elbe, um Hamburg von Grund aus zu
839/40 zerstören. Die berühmte Stadt und die neuerbaute Kirche gingen ganz in Flammen auf, ja das Land der Nordelbinger selbst und was an den Ufern der Elbe sich befand, erlag den plündernden Barbaren. Sachsen wurde von großem Schrecken erschüttert. Der heilige Ansgar, der Erzbischof von Hamburg, und die übrigen für das Slavenland und nach Dänemark bestimmten Missionare wurden durch die große Wut der Verfolgung aus ihren Wohnsitzen vertrieben und in alle Welt verstreut. Darum[1] war Ludwig, dem, wie oben gesagt, Deutschland zuteil geworden war, ein Fürst, der seinem glorreichen Vater nicht bloß dem Namen nach, sondern auch durch seine Frömmigkeit in allem glich, den Verlust der Hamburger Kirche dadurch wieder gut zu machen bemüht, daß er den Bremer Stuhl, der damals durch den Tod seines Besitzers erledigt war, mit der Hamburger Kirche verband, so daß es fortan nicht zwei, sondern nur einen Sprengel gab. Denn weil beide Städte wegen der Angriffe der Seeräuber vielen Gefahren ausgesetzt waren, so war es zweckmäßig, daß die eine durch die Hilfe der andern gefördert wurde, und beide sich gegenseitig unterstützten. Nachdem also vom apostolischen Stuhle die Verordnung ergangen war, wurde alles, was der fromme Fürst im Geiste entworfen hatte, zur Ausführung gebracht. So wurde die Bremer Kirche mit der Hamburger vereinigt, und der heilige Ansgar bekam beide zu leiten, und es wurde daraus „eine Herde und ein Hirte“[2]. Nicht lange nachher aber, als die Wut der Dänen sich einigermaßen gelegt hatte, begann die Stadt Hamburg aus den Ruinen neu

[1] Das folgende ist aus der V. Anskarii c. 23.
[2] Ev. Joh. 10,16.

sich zu erheben, und Nordelbingens Völker kehrten in ihre Heimat zurück. Auch Erzbischof Ansgar begab sich als Gesandter des Kaisers oft zum Könige der Dänen[1], wobei er zum Heile beider Reiche und für die Befestigung des Friedens gar viel und eifrig wirkte, und bei dem Könige, obwohl er ein Heide war, viel Gunst und Freundschaft aus Ehrfurcht vor seiner Glaubenstreue erlangte. Er erlaubte ihm auch, in Schleswig und Ripen[2] Kirchen zu gründen, nachdem er ihm vorher eine Bewilligung verliehen hatte, daß niemand die, welche sich taufen lassen und nach christlichem Brauche leben wollten, hindern dürfe. Ohne Verzug wurden nun Priester zur Ausführung dieser Dinge abgesandt.

Als daher allmählich die Gnade Gottes in immer reicherem Maße dem dänischen Volke zuteil wurde, wurde in dem genannten Erzbischof eine große Sehnsucht zur Bekehrung der Schweden lebendig. Diese schwere Reise unternahm er in eigener Person, erbat sich einen Brief und einen Gesandten von dem König von Dänemark, und reiste darauf in Begleitung vieler ab, und kam zu Schiffe nach Byrca, der bedeutendsten Stadt von Schweden. Dort wurde er von den Gläubigen, die er selbst einst vor seiner Erhebung zum Erzbischof, als er dorthin als Prediger geschickt war, dem Herrn gewonnen hatte, mit großer Liebe und Freude empfangen, und erlangte vom Könige die Bewilligung, daß denen, die den Christennamen annehmen wollten, ihr freier Wille gelassen werden solle. Nachdem er also in Schweden einen Bischof[3] und Priester, welche an seiner statt für den Gottesdienst und das Heil des Volkes sorgen sollten, eingesetzt und die einzelnen zum Ausharren im

[1] Horich I.
[2] Die Erlaubnis zum Kirchenbau in Ripen erteilte erst Horich II.
[3] Crimbertus.

Glauben ermahnt hatte, kehrte er nach seinem eignen Sitze zurück. Von dieser Zeit an begann der unter den Völkern der Dänen und Schweden ausgestreute Same reichere Früchte zu tragen. Denn obwohl unter eben diesen Nationen späterhin viele Tyrannen sich erhoben, welche ihre Grausamkeit nicht allein gegen die Christen ihres Volkes übten, sondern auch auf fremde Nationen ausdehnten, so hören wir doch, daß die Christengemeinde seit der Zeit ihrer Gründung in Dänemark und Schweden so stark wurde, daß sie, wenn sie auch von dem Sturmwinde der Verfolgungen mitunter zum Wanken gebracht wurde, doch niemals ganz unterging.

6.
Von der Bekehrung der Rujanen

Unter allen Völkern des Nordens blieb allein das der Slaven verstockter und zum Glauben weniger geneigt als die andern. Es gibt aber, wie oben gesagt ist, viele Slavenvölker, unter denen die, welche Winuler oder Winither genannt werden, größtenteils zur Hamburger Diözese gehören. Die Hamburger Kirche nämlich hat außer der Würde einer Metropole, als welche sie alle Nationen und Reiche des Nordens umfaßt, auch fest bestimmte Grenzen ihres Sprengels, nämlich den äußersten Teil Sachsens, welcher jenseits der Elbe liegt, Nordelbingen heißt und drei Völker enthält, die Dithmarschen, die Holsaten und die Sturmarn. Von da erstreckt sich ihr Gebiet zu den Winithern, zu denjenigen nämlich, welche Wagrier, Obotriten, Kycinen und Circipanen heißen, und bis zur Peene und zur Burg Demmin. Da ist die Grenze des Hamburger Sprengels.
Man kann also nicht umhin, sich zu wundern, daß die

würdigsten Priester und Verkünder des Evangelii, Ansgar, Reimbert und der sechste in der Reihe, Unni, deren Eifer in der Bekehrung der Heiden ganz besonders groß war, die Sorge um das Heil der Slaven so sehr hintangesetzt haben, daß man nirgends liest, sie hätten entweder selbst oder durch ihre Gehilfen unter denselben irgend welche Frucht zu Wege gebracht. Daran war nach meiner Ansicht die unglaubliche Verstocktheit dieses Volkes schuld, nicht aber Nachlässigkeit der Prediger, deren Sinn so sehr auf die Bekehrung der Heiden gerichtet war, daß sie weder Geld noch Leben schonten. Es berichtet nämlich eine Überlieferung von alten Zeiten her, daß unter der Regierung des zweiten Ludwig ausgezeichnet fromme Mönche von Corvey ausgegangen seien, die, nach der Errettung der Slaven dürstend, ihr Leben einsetzten und Gefahren und Tod in ihrem Berufe als Sendboten des Wortes Gottes auf sich nahmen. Nachdem diese nun viele Länder der Slaven durchwandert hatten, kamen sie zu denen, welche Ranen oder Rugianen[1] heißen und mitten im Meere wohnen. Dort ist der Herd des Irrwahns und der Sitz des Götzendienstes. Da sie also das Wort Gottes mit aller Treue verkündigten, gewannen sie jene ganze Insel, wo sie auch ein Bethaus gründeten zu Ehren unseres Herrn und Heilandes Jesu Christi und zur Erinnerung an den heiligen Mann Vitus, welcher der Schutzherr von Corvey ist. Als aber Gott es zuließ, daß die Verhältnisse sich änderten und die Ranen vom Glauben wieder abfielen, vertrieben sie sofort alle Priester und Christgläubigen, und verkehrten die Religion in Aberglauben. Den heiligen Veit nämlich, den wir als einen Blutzeugen und Knecht Christi anerkennen, verehren sie als Gott, indem sie das Geschöpf dem Schöpfer vor-

[1] Die Bewohner der Insel Rügen.

ziehen. Nichts auf der ganzen Welt ist barbarischer und kann den Gläubigen und Priestern Christi einen größeren Abscheu einflößen als dies; sie rühmen sich nur des Namens des heiligen Veit, dem sie auch einen Tempel und ein Bild mit dem größten Gepränge geweiht haben, indem sie ihm den Vorrang unter den Göttern vorzugsweise zuerkennen. Dort werden auch von allen slavischen Ländern her Orakelsprüche eingeholt und jährliche Opfergaben dargebracht. Ja, auch Kaufleute, die zufällig an jenen Orten landen, dürfen durchaus nicht eher dort kaufen oder verkaufen, als bis sie von ihren Waren dem Götzen die wertvollsten zum Opfer dargebracht haben; dann erst werden die zu verkaufenden Gegenstände öffentlich zu Markte gebracht. Ihren Priester ehren sie eben so sehr wie den König. Dieser Aberglaube dauert nun bei den Ranen von der Zeit an, wo sie vom Glauben abfielen, bis auf den heutigen Tag.

7.
Die Verfolgung der Christen durch die Nordmannen

Gewiß ist der Bekehrung der Slaven und der übrigen Heiden gleich anfangs ein wesentliches Hindernis aus den Kriegesstürmen erwachsen, die infolge der Erhebung der Nordmannen fast über den ganzen Erdkreis dahinbrausten. Das Heer der Nordmannen aber war gebildet aus den tapfersten Kriegern der Dänen, Schweden und Norweger, welche damals gerade unter einer Herrschaft vereinigt, zuerst die Slaven, die ihnen zunächst lagen, sich zinspflichtig machten, dann die anderen benachbarten Reiche zu Wasser und zu Lande heimsuchten. Ihnen hatte in Wahrheit einen nicht geringen Zuwachs an Kräften die Teilung des römischen Reiches gebracht, durch die es, wie oben gesagt ist, nach der Zeit Ludwigs des Älteren, nachdem vorher schon innere Kriege es erschöpft hatten, in vier Teile zerfallen war, und nun von ebenso vielen kleinen Königen regiert wurde. Es ist also ausgemacht, daß zur gleichen Zeit die Nordmannen die Loire hinauffuhren und Tours in Brand steckten, die Seine hinauf, um Paris zu belagern, und daß König Karl, von Furcht getrieben, ihnen Land zu Wohnsitzen gab, welches, von Nordmannen in Besitz genommen, den Namen Normandie empfing. Danach wurde von ihnen Lotharingien verheert und Friesland unterworfen. Unser Ludwig aber, der König von Germanien nämlich, hielt die Nordmannen durch Verträge und Schlachten so zurück, daß sie, die doch ganz Frankenland verheert hatten, seinem Reiche nicht im geringsten schadeten. Nach seinem Tode aber herrschte die wildeste Wut mit losgelassenen Zügeln.

Denn die Böhmen, die Sorben, die Susen und die übrigen Slaven, die er sich zinsbar gemacht und unterworfen hatte, warfen damals das Joch der Knechtschaft ab. Damals ist auch Sachsen von den Nordmannen oder Dänen verheert worden, der Herzog Bruno ist mit zwölf Grafen erschlagen, die Bischöfe Theodorich und Markward sind hingemordet worden. Danach wurde Friesland verwüstet, die Stadt Utrecht zerstört. Um diese Zeit steckten Seeräuber Köln und Trier in Brand, die Pfalz zu Aachen machten sie zu einem Stall für ihre Pferde. Mainz aber begann man aus Furcht vor den
Barbaren zu befestigen. Zu eben dieser Zeit stieß der 882
junge Karl, Ludwigs Sohn, auf seiner Rückkehr von Rom mit einem großen Heere auf die Nordmannen an der Maas. Er umzingelte sie, drängte sie eng zusammen und zwang sie so am fünfzehnten Tage zur Übergabe.

Die gefangenen Tyrannen der Dänen bestrafte er jedoch nicht mit der Strenge, welche gegen Feinde Gottes hätte angewendet werden müssen, sondern verschonte die Gottlosen zu dauerndem Schaden und schwerem Verfalle der Kirche, nahm ihnen einen Eid ab, ging mit ihnen Vertrag und Bündnis ein und ließ sie reich beschenkt von dannen ziehen. Jene aber, des jugendlichen Königs Einfalt verlachend, vereinten, sowie sie die verderbliche Freiheit wieder erlangt hatten, sich sofort wieder zu einem Heere und richteten eine solche Niederlage an, daß ihre Grausamkeit alle Grenzen überschritt. Wozu soll ich viel Worte machen? Städte wurden samt den Bürgern, Bischöfe samt ihren ganzen Herden dem Untergange geweiht, und herrliche Kirchen mit den Scharen der Gläubigen zugleich den Flammen übergeben. Darum wurde Karl auf dem Reichstage verklagt, und, wegen seines törichten Benehmens des Reiches entsetzt, erhielt er Arnulf, seinen Brudersohn, zum Nachfolger. Dieser sammelte ein Heer, begab sich nach dem Gebiete der Dänen hin und schlug sie in vielen schweren Kämpfen bis zur Vernichtung. Dieser
891 Krieg wurde durch himmlische Fügung gelenkt; denn während hunderttausend Heiden im Kampfe erschlagen wurden, fand sich's, daß kaum einer von den Christen gefallen war. Und so wurde die Verfolgung der Nordmannen gehemmt, weil der Herr das Blut seiner Knechte rächte, das schon seit siebzig Jahren vergossen war. Dies aber geschah zu Zeiten des Erzbischofs Adelgar, welcher der Nachfolger des heiligen Reimbert war und der dritte seit dem heiligen Ansgar. Als Adelgar starb, folgte Hoger als Erzbischof, diesem Reinward. Gedenken wir auch der Reihenfolge der Könige, so re-
911 gierte nach Arnulf Ludwig das Kind. Mit diesem Ludwig endigte Karls des Großen Geschlecht. Dieser wurde

späterhin der Regierung entsetzt[1] und hatte Konrad, den Herzog von Franken, zum Nachfolger.

8.
Der Einfall der Ungarn

Unter Konrads Regierung also fanden zuerst die verderblichen Einfälle der Ungarn statt, welche nicht nur unser Sachsen und andere Provinzen diesseits des Rheins, sondern auch jenseits desselben Lotharingien und Frankenland verheerten. Damals wurden von den Barbaren die Kirchen angezündet, die Kreuze verstümmelt und Mutwillen damit getrieben, die Priester vor den Altären hingemordet, und ohne Unterschied Geistliche wie Weltliche erschlagen, oder in die Gefangenschaft abgeführt. Die Spuren dieses Wütens haben bis auf unsere Tage sich erhalten. Auch die Dänen plünderten mit Hilfe der Slaven zuerst die Nordelbinger, darauf die überelbischen[2] Sachsen, und erfüllten das Sachsenland mit großem Schrecken. Bei den Dänen regierte damals Worm, ich möchte sagen, ein grausamer Wurm, und den Christen in nicht geringem Grade feind. Er war eifrigst bemüht, das Christentum in Dänemark ganz zu vertilgen, vertrieb die Priester aus seinem Lande und ließ auch sehr viele eines qualvollen Todes sterben. König Heinrich aber, der Sohn[3] Konrads, der schon von Kindesbeinen an Gott fürchtete und in des-

[1] Ludwig das Kind starb 911 als König im 18. Lebensjahr. Helmold hat depositus bestattet, bei Adam (I, 54) falsch als regno depositus abgesetzt aufgefaßt.

[2] Nämlich von Dänemark oder Nordelbingien ausgerechnet. Adam, bei seinem bremischen Standpunkt, hat die umgekehrten Ausdrücke wie Helmold, die aber in der Sache dasselbe besagen.

[3] Dies ist ein offenkundiger Fehler Helmolds.

sen Barmherzigkeit sein ganzes Vertrauen setzte, triumphierte über die Ungarn in den größten Schlachten, die Böhmen und Sorben, welche schon von anderen Königen bezwungen waren, und die übrigen Slavenvölker setzte er durch ein gewaltiges Treffen so in Furcht, daß die Überlebenden, deren nur noch sehr wenige waren, aus freien Stücken sowohl dem Könige Zins zu zahlen,
934 als Gott Christen zu werden gelobten. Danach rückte Heinrich mit Heeresmacht in Dänemark ein und setzte gleich beim ersten Angriff den König Worm so in Schrecken, daß er Gehorsam gelobte und flehentlich um Frieden bat. So setzte König Heinrich als Sieger zu Schleswig, welches jetzt Heidebo genannt wird, die Grenzen des Reiches, setzte daselbst einen Markgrafen ein und sandte eine Ansiedlung von Sachsen hin, daselbst zu wohnen.

Als nun der heilige Erzbischof Unni, der Reinwards Nachfolger geworden war, sah, daß durch unseres Gottes Barmherzigkeit und durch die Tapferkeit König Heinrichs die Hartnäckigkeit der Dänen und Slaven gänzlich gebrochen und die Tür des Glaubens unter den Heiden aufgetan war, beschloß er, seinen Sprengel seiner ganzen Ausdehnung nach selbst zu bereisen. So kam er, von vielen Geistlichen begleitet, zu den Dänen, wo damals der grausame Worm regierte; diesen vermochte er zwar wegen seiner angeborenen Wildheit nicht zu beugen, seinen Sohn Harold aber bekehrte er und machte ihn Christo so getreu, daß er das Christentum, welches sein Vater immer gehaßt hatte, öffentlich auszuüben verstattete, obwohl er selbst das Sakrament der Taufe noch nicht empfing. Nachdem also der heilige Mann im Reiche der Dänen in den einzelnen Kirchen Priester bestellt hatte, empfahl er, so wird erzählt, die Menge der Gläubigen dem Harold. Durch dessen Hilfe

unterstützt und von dessen Abgesandten begleitet, drang er auch ins Innere aller Inseln der Dänen hinein, das Wort Gottes verkündend und die Gläubigen, die er dort in Gefangenschaft traf, in Christo tröstend. Dann folgte er den Spuren des großen Predigers des Evangelii, des Ansgar, fuhr durch das Baltische Meer, und kam nicht ohne Mühe nach Bycra, der bedeutendsten Stadt von Schweden, wohin seit dem Tode des heiligen Ansgar siebzig Jahre lang keiner der Lehrer des Wortes Gottes zu kommen gewagt hatte, außer allein, wie wir lesen, Reimbert. Bycra aber ist eine hochberühmte Stadt der Goten, in der Mitte von Schweden gelegen; ein Arm des Baltischen Meeres bespült sie und bildet einen allen Wünschen entsprechenden Hafen, wo alle Schiffe der Dänen und Norweger, der Slaven und Semben und anderer Völker des Scythenlandes wegen der verschiedenen Bedürfnisse des Handels unter Beobachtung feierlicher Gebräuche zusammen zu kommen pflegen. In diesem Hafen nun landete der Bekenner des Herrn und begann an den Völkern sein ihnen neues Sendamt auszuüben. Denn die Schweden und Goten hatten wegen der mannigfachen Gefahren der Zeit und wegen der blutdürstigen Wildheit ihrer Könige die christliche Religion ganz vergessen, allein durch Gottes Huld und Gnade wurden sie durch den heiligen Vater Unni wieder zum Glauben zurückgebracht. Nachdem also der Evangelist des Herrn die Pflicht seines Sendamtes vollzogen hatte und sich schon anschickte heimzukehren, wurde er zu Bycra von Krankheit befallen 936
und legte die Bürde des müden Leibes ab. Er starb, nachdem er „einen guten Kampf gekämpft, den Lauf vollendet“[1] hatte, im Jahre 936 der Fleischwerdung

[1] 2. Tim. 4,7.

des Herrn. Ihm folgte auf dem erzbischöflichen Stuhle Adeldag.

9.
Die Bekehrung Harolds

936 In demselben Jahre ereignete es sich auch, daß der glorreiche Kaiser[1] Heinrich aus diesem Leben schied, und sein Sohn Otto mit dem Beinamen des Großen auf den Thron erhoben wurde. Als dieser zu regieren angefangen hatte, mußte er von seinen Brüdern viele Kränkungen erdulden. Auch der König der Dänen, der seinem Vater zinspflichtig gewesen war, warf das Joch der Knechtschaft ab und ergriff die Waffen für die Freiheit. Und gleich zuerst ermordete er den Markgrafen zu Schleswig, das mit anderem Namen Heidebo heißt, nebst den Gesandten König Ottos, und zerstörte die ganze dortige Ansiedlung der Sachsen von Grund aus. Auch die Slaven strebten nach Neuerungen und begannen gleichfalls sich zu empören, suchten auch die sächsischen Grenzländer mit großen Schrecknissen heim.
König Otto also, auf göttlichen Beistand gestützt, schaffte, sobald er von den Nachstellungen seiner Brüder befreit war, Recht und Gerechtigkeit seinem Volk. Darauf, nachdem er beinahe alle Reiche, die nach Karls Tode abgefallen waren, seiner Herrschaft wieder unterworfen hatte, ergriff er die Waffen gegen die Dänen. Er überschritt also die Grenzen von Dänemark, die einst bei Schleswig gewesen waren, und verheerte mit Feuer und Schwert das ganze Land bis an das äußerste Meer, welches die Nordmannen von den Dänen trennt und bis

[1] Richtiger hätte Helmold König sagen sollen.

auf den heutigen Tag nach dem Siege des Königs Ottensund genannt wird. Als er zurückkehrte, griff ihn König Harold bei Schleswig an. In dieser Schlacht erstritten, während beide Teile mannhaft kämpften, die Sachsen den Sieg, und die Dänen wandten sich fliehend ihren Schiffen zu. Als endlich die Verhältnisse sich dem Frieden zuneigten, unterwarf sich Harold dem Otto, nahm sein Reich von ihm zu Lehen und gelobte, dem Christentum in Dänemark Eingang gewähren zu wollen. Auch wurde ohne Verzug Harold selbst nebst seiner Gemahlin Gunnild und seinem kleinen Sohn getauft, welchen unser König aus der Taufe hob und ihn Sueinotto nannte. Damals nahm Dänemark[1] vollständig den Glauben an und wurde, in drei Bistümer eingeteilt,
der Mutterkirche in Hamburg unterworfen. So weihte 948
der höchstselige Adeldag zuerst Bischöfe für Dänemark, und seit der Zeit begann die Hamburger Kirche Suffragane zu haben. Und auf diesen Anfang himmlischer Barmherzigkeit folgte ein solches Gedeihen, daß man von jener Zeit an bis auf den heutigen Tag die Kirchen der Dänen von vielfältiger, aus den nordischen Völkern gewonnener Frucht überströmen sieht.

Nachdem der tapfere König Otto diese Angelegenheiten in Dänemark gebührend zu Ende geführt hatte, wandte er sein Heer, um die empörerischen Slaven zu unterjochen. Sie, die sein Vater in einer großen Schlacht bezwungen hatte, bändigte er selbst in der Folge mit so großer Tapferkeit, daß sie, um Land und Leben zu retten, dem Sieger gern Zins und Bekehrung versprachen; und so wurde das ganze Heidenvolk getauft, und wurden damals zuerst Kirchen im Slavenland gebaut.

[1] D.h. das diesseits des Meers gelegene Jütland.

Von diesen Dingen und ihrem Verlauf werde ich jedoch passender an anderer Stelle[1] erzählen.

10.
Vom Herzog Hermann

Als darauf der sieggekrönte König Otto zur Befreiung
961 des apostolischen Stuhls nach Italien berufen wurde, soll er eine Beratung angestellt haben über die Frage, wen er als seinen bevollmächtigten Stellvertreter hinterlassen könnte, um in den Teilen des Reiches, welche die Grenzen der Barbaren berührten, Recht zu sprechen. Denn noch hatte seit Karls Zeiten Sachsen wegen der alten Aufstände dieses Volkes keinen andern Herzog gehabt als nur den Kaiser selbst. Damit nun nicht in seiner Abwesenheit die Dänen oder die Slaven Neuerungen versuchen möchten, so übertrug der König von der Notwendigkeit der Maßregel überzeugt dem Hermann zuerst das Amt, an seiner Statt Sachsen zu verwalten. Von diesem Manne und dessen Nachkommen halte ich, da[2] sie in unserer Zeit sehr empor gekommen sind, einiges zu erwähnen für notwendig. Dieser Mann, ein Sohn armer Eltern, hatte zuerst, wie man sagt, nicht mehr als sieben Hufen und ebenso viel Hufner als Erbgut von seinen Vätern. Dann aber wurde er, weil er einen lebhaften Geist und ein einnehmendes Äußeres besaß, und wegen der Treue und Bescheidenheit, die er den Herren, sowie seinesgleichen erwies, leicht bei Hofe bekannt und ein Vertrauter des Königs

[1] Kap. 12.14.

[2] Diese Begründung stammt von Helmold gegenüber einer ganz anderen von Adam. Er meint Heinrich den Löwen und wohl auch Albrecht den Bären.

selbst. Dieser nahm den jungen Mann, dessen Betriebsamkeit er erkannt hatte, unter die Zahl seiner Diener auf, bestellte ihn darauf zum Erzieher seiner Söhne und übertrug ihm späterhin, da sein Glück sich stets bewährte, sogar Grafenämter. Da er nun diese mit Eifer verwaltete, soll er einst seine eigenen Hufner, als sie vor ihm als Richter wegen Diebstahls verklagt wurden, durch seinen Urteilsspruch allesamt zum Tode verurteilt haben. Die Neuheit dieser Tat machte ihn damals beim Volke beliebt und demnächst bei Hofe hochangesehen. Als er aber das Herzogtum Sachsen erworben hatte, regierte er das Land nach Recht und Gerechtigkeit, und blieb bis an sein Ende eifrig bedacht auf den Schutz der heiligen Kirchen.

Einen solchen Mann also bestimmte der fromme König dazu, in diesem Lande seine Stelle zu vertreten, und begab sich dann nach Italien. Dort hielt der König ein Konzil von Bischöfen, von dem er den vieler Verbrechen beschuldigten Papst Johann mit dem Beinamen Octavian, obwohl in dessen Abwesenheit – denn er hatte sich durch die Flucht dem Gericht entzogen –, absetzen und an seiner Stelle den Protus Leo weihen ließ. Von diesem wurde er selbst bald nachher gekrönt und vom römischen Volk als Kaiser und Mehrer des Reiches begrüßt im achtundzwanzigsten Jahre seiner Regierung; seit der Krönung Karls zu Rom waren 153 Jahre verflossen. Während der Kaiser damals mit seinem Sohne fünf Jahre in Italien verweilte, besiegte er die Söhne Beringars völlig und gab der Stadt Rom ihre alte Freiheit wieder. Danach ins Vaterland zurückgekehrt, verwandte er allen Eifer auf die Bekehrung der Heiden, besonders aber der Slaven, was ihm auch nach Wunsch glückte, indem Gott dazu mitwirkte und des frommen Königs Rechte ohne Unterlaß stark machte.

11.
Vom Erzbischof Adelbert

Nachdem aber Otto der Große die Stämme der Slaven unterjocht und sie dem christlichen Glauben zugeführt hatte, erbaute er die berühmte Stadt Magdeburg an den Ufern der Elbe, und ließ, indem er sie den Slaven
968 zur Mutterkirche bestellte, daselbst den Adelbert, einen Mann von größter Heiligkeit, zum Erzbischof weihen. Dieser wurde also als der erste Erzbischof in Magdeburg ordiniert und verwaltete sein Bistum zwölf Jahre hindurch unverdrossen, und bekehrte durch seine Predigt dort viele Slavenstämme. Seine Einführung fand statt im fünfunddreißigsten Jahre des Kaisers, und es waren seit der Ordination des heiligen Ansgar hundertundsiebenunddreißig Jahre verflossen. Dem Magdeburger Erzbistum aber ist das ganze Slavenland bis an die Peene untertan; Suffragan-Bistümer gehören dazu fünf, von denen Merseburg und Zeitz an der Saale liegen, Meißen an der Elbe, Brandenburg und Havelberg mehr im Inneren. Das sechste Bistum im Slavenlande ist Aldenburg. Dieses Bistum hatte Kaiser Otto zuerst, wie die übrigen, dem Magdeburger unterzuordnen beschlossen; indes verlangte es späterhin der Bischof Adeldag von Hamburg zurück, aus dem Grunde, weil es dem Bereich seines Sprengels durch alte Gnadenbriefe der Kaiser zugeschrieben wäre.

12.
Vom Bischof Marco

Aldenburg ist aber das, was in slavischer Sprache Starigard, d.h. die alte Burg heißt; es liegt im Lande der Wagrier, im Westen des Baltischen Meeres und ist der

äußerste Punkt des Slavenlandes. Diese Burg und Landschaft aber wurde einst von sehr tapferen Männern bewohnt, darum weil sie, am Ende des ganzen Slavenlandes gelegen, die Völker der Dänen und Sachsen zu Nachbarn hatte, und weil daher ihre Bewohner allen kriegerischen Bewegungen, die sie entweder selbst erregten oder von anderen erfuhren, zuerst ausgesetzt waren. Es sollen aber mitunter so mächtige Könige unter ihnen gewesen sein, daß sie das ganze Gebiet der Obotriten und Kyciner und selbst derer, die noch weiter entfernt waren, beherrschten. Nachdem also, wie oben gesagt, das ganze Land der Slaven bezwungen und überwältigt war, wurde auch die Stadt Aldenburg zur christlichen Religion bekehrt, und die Zahl der Gläubigen daselbst sehr groß. Dieser Stadt hat der treffliche Kaiser den ehrwürdigen Marco zum Bischof gegeben, und ihm das ganze Land der Obotriten bis an die 948?
Peene und zur Burg Demmin untergeordnet. Außerdem hatte er auch die weitbekannte Stadt Schleswig, welche mit anderem Namen Heidibo heißt, ihm zur Fürsorge anvertraut. Damals war nämlich Schleswig samt der anliegenden Landschaft, die sich von der Schlei bis zur Eider erstreckt, dem römischen Reiche untertan, ein geräumiges und fruchtbares Land, das jedoch meistens wüst lag, weil es, zwischen dem Ozean und dem Baltischen Meere gelegen, durch häufige feindliche Einfälle litt. Als aber durch Gottes Barmherzigkeit und des großen Otto Tapferkeit ein sicherer Friede überall herrschte, da begannen die Einöden des wagrischen und Schleswiger Landes bewohnt zu werden, und bald blieb kein Winkel übrig, der nicht mit Städten und Dörfern und meistens auch mit Klöstern geschmückt war. Noch gibt es viele Spuren jener alten Bevölkerung, zumal in dem Walde, der sich von der

Stadt Lütjenburg weithin bis nach Schleswig erstreckt; in seiner ungeheueren Weite und im tiefen, fast undurchdringlichen Dickicht weist er noch zwischen den gewaltigsten Waldbäumen Gräben auf, durch welche einst die einzelnen Äcker abgeteilt waren. Auch die Anlage von Burgen und Städten ergibt sich aus dem Bau der Wälle. Ebenso zeigen die Dämme, die, um das Wasser für die Mühlen aufzustauen, an den meisten Bächen aufgeführt sind, daß jener ganze Wald einst von Sachsen bewohnt war.

Zuerst stand also, wie gesagt, Marco dieser jungen Pflanzung vor; er benetzte die Völker der Wagrier und Obotriten mit dem Wasser der heiligen Taufe. Nach seinem Tod wurde Schleswig mit einem besonderen Bischof beehrt[1]. Den Aldenburger Stuhl aber erhielt der ehrwürdige Ekward, welcher viele Slaven dem Herrn gewann. Er wurde ordiniert vom heiligen Adeldag, Erzbischof von Hamburg.

Es wuchs aber die Gemeinde der Gläubigen, und in der ganzen Zeit der Ottonen trat nichts der jungen Pflanzung störend entgegen. Den Namen Otto führten drei Kaiser, wie ich finde, die alle von gleichem Eifer für die Bekehrung der Slaven beseelt waren. So wurde das ganze Land der Wagrier, der Obotriten und Kycinen mit Kirchen und Priestern, Mönchen und gottgeweihten Jungfrauen angefüllt. Die Kirche zu Aldenburg wurde am Festtage des heiligen Johannes des Täufers geweiht, und zeichnete sich durch ihren Rang als Hauptkirche aus. Die Mecklenburger Kirche aber wurde dem Apostelfürsten Petrus zu Ehren erbaut und war mit einem Jungfrauenkloster verbunden.

Die Bischöfe von Aldenburg verehrten den Fürsten der

[1] Marco war Bischof von Schleswig und besorgte zugleich den Oldenburger Sprengel. Das Verhältnis ist also umgekehrt.

Slaven gar vieles; denn sie waren durch die Freigebigkeit Kaiser Ottos mit zeitlichen Gütern im Überflusse versehen, und konnten daher reichliche Gaben spenden und sich die Gunst des Volkes erwerben. Es wurde nämlich dem Bischof vom ganzen Lande der Wagrier und Obotriten ein jährlicher Zins erlegt, welcher die Stelle des Zehnten vertrat, bestehend aus einem Maß Korn für jeden Pflug, ferner aus vierzig Bündeln Flachs und zwölf Pfennigen reinen Silbers. Dazu ein Pfennig für den, der das Geld einsammelte. Ein slavischer Pflug Landes aber ist, was ein Paar Ochsen oder ein Pferd bearbeitet. Eine nähere Aufzählung aber der Burgen oder Güter oder der Zahl der Höfe, die zum Besitze des Bischofs gehörten, ist hier nicht am Platze, weil das Alte in Vergessenheit geraten ist, und siehe, es ist alles neu geworden.

13.
Vom Bischof Wago

Im achtunddreißigsten Jahre also seiner königlichen 973
und im elften seiner kaiserlichen Regierung ging der große Kaiser Otto, der Bezwinger aller Völker des Nordens, glücklich zum Herrn ein und wurde in seiner Stadt Magdeburg bestattet. Ihm folgte sein Sohn, der mittlere Otto und lenkte zehn Jahre hindurch das Reich voll Tatkraft. Nachdem er sofort Lothar und Karl, die Könige der Franken, unterworfen hatte, versetzte er den Krieg nach Kalabrien hinüber, und starb im Kampfe mit den Sarazenen und Griechen, zuerst Sieger, dann besiegt, zu Rom. Als an seiner Stelle der dritte Otto, obwohl er noch ein Knabe war, zur Herrschaft gelangte, zierte er achtzehn Jahre lang das Szepter durch eine kraftvolle und gerechte Regierung.

Zur selbigen Zeit starb Herzog Hermann von Sachsen und erhielt zum Erben seinen Sohn Benno, der auch ein guter und tapferer Mann genannt wird, nur daß er darin seinem Vater nicht gleichgeartet war, daß er sein Volk durch Erpressungen bedrückte.

Zu Aldenburg folgte, als Ekward starb, Wago. Dieser, der in Glück und Gedeihen unter den Slaven lebte, soll eine schöne Schwester gehabt haben, auf welche ein Fürst der Obotriten, namens Billug, sein Auge warf. Und als er dem Bischof in dieser Angelegenheit wiederholt Anträge machte, verwarfen einige von den Freunden des Bischofs dies Gesuch, wobei sie unvorsichtigerweise Schmähreden ausstießen und sagten, es sei nicht recht, eine so schöne Jungfrau mit einem so rohen und ungebildeten Manne zu verbinden. Jener aber tat, als merke er diese Beleidigung nicht, und hörte, von Liebe getrieben, nicht auf, seine Bitten zu erneuern. Der Bischof aber, welcher fürchtete, es möchte der jungen Kirche schweres Unheil daraus erwachsen, nahm seine Werbung günstig auf und gab ihm seine Schwester zur Gemahlin. Er zeugte mit ihr eine Tochter, namens Hodica, welche von dem Bischof, ihrem Oheim, in ein Nonnenkloster gegeben, in der heiligen Schrift unterrichtet und den Klosterjungfrauen, welche zu Mecklenburg lebten als Äbtissin vorgesetzt wurde, obwohl sie noch nicht die gehörigen Jahre erreicht hatte. Dies ertrug ihr Bruder Missizla mit Unwillen, gestachelt von einem, wenngleich verheimlichten, Hasse gegen das Christentum; auch fürchtete er, es möchte durch diesen Vorgang fremde Sitte in jenen Landen sich einnisten. Den Vater aber tadelte er sehr oft, daß er wie in gänzlicher Verblendung nichtige Neuerungen liebe und sich nicht scheue, von dem Brauche der Väter abzuweichen, da er zuerst eine deutsche Frau geheiratet und dann seine Tochter dem Klosterzwang übergeben habe. Und als er mit solchen Worten den Vater oftmals anreizte, begann dieser allmählich in seinem Sinne wankend zu werden und schon an die Verstoßung der geliebten Gattin und eine Veränderung der Verhältnisse zu denken. Allein Furcht hielt ihn von der Tat zurück; denn großer Dinge Anfang ist immer schwer, und sehr schreckte die Tapferkeit der Sachsen. Notwendig nämlich mußte es, wenn er die Schwester des Bischofs verstieß und die kirchlichen Einrichtungen vernichtete, sofort zum Kriege kommen.

14.
Von Billugs Hinterlist

Eines Tages nun ereignete es sich, daß der Bischof zur Besichtigung nach Mecklenburg, der Stadt der Obotriten, kam; dahin war auch Billug nebst den Großen des Landes geeilt, um ihn mit heuchlerischer Ehrerbietung zu empfangen. Den Bischof also, der mit den öffentlichen Angelegenheiten beschäftigt war, redete der Obotritenfürst vor allem Volke also an: „Großen Dank, ehrwürdiger Vater, schulde ich deiner Frömmigkeit, obwohl ich gar wohl einsehe, daß ich keineswegs imstande bin, denselben nach Gebühr zu entrichten. Denn wenn ich auch der Wohltaten, die du mir persönlich erwiesen hast, wegen ihrer Mannigfaltigkeit und weil sie einer ausführlicheren Schilderung bedürften, hier nicht gedenken will, so fühle ich mich doch gedrungen, der großen Güte zu erwähnen, die du dem ganzen Lande im allgemeinen bewiesen hast. Die Sorge nämlich, die du für die Herstellung von Kirchen und um das Heil der Seelen trägst, ist allen offenbar; allein es ist auch nicht unbekannt, wieviel Ungnade der Fürsten du durch deine Klugheit von uns abgewandt hast, so daß wir jetzt in Frieden und Ruhe im Genusse ihrer Gunst leben können. Für deine Ehre also würden wir, wenn die Forderung an uns käme, uns selbst und alles Unsrige unbedenklich opfern. Eine kleine Bitte aber stehe ich nicht an, jetzt dir vorzutragen, du wollest mein Angesicht nicht beschämen. Bei den Obotriten ist der bischöfliche Zins gebräuchlich, der die Stelle des Zehnten vertritt, nämlich von jedem Pfluggespann, das aus zwei Ochsen oder einem Pferde besteht, ein Maß Korn, vierzig Bund Flachs und zwölf Pfennig guten Geldes; dazu ein Pfennig, der dem Einsammler zukommt. Diesen nun einzusammeln erlaube mir, und ihn zum Unterhalt für deine Nichte, meine Tochter, zu bestimmen. Damit ich aber diese Bitte nicht etwa dir zum Nachteile oder zur Verminderung deines Einkommens zu tun scheine, so füge ich zu deinem Besitztume die Dörfer im Gebiete der einzelnen Burgen im Lande der Obotriten hinzu, welche du dir selbst auswählen kannst, außer denen, die bereits früher durch kaiserliche Verleihung bischöfliches Eigentum geworden sind.“ Der Bischof nun, welcher die durch die wohlberechneten Worte versteckte Hinterlist des höchstverschlagenen Mannes nicht merkte, auch meinte, der Tausch könne ihm nicht schaden, bewilligte ohne Anstand sein Gesuch. Er selbst nahm Dörfer vom bedeutendsten Umfang in Empfang, den erwähnten Zins aber übertrug er seinem Schwager, damit er ihn für seine Tochter erheben möchte; eine Zeitlang verweilte er dann noch bei den Obotriten, um seine Güter unter Ansiedler zur Bearbeitung zu verteilen, und kehrte, nachdem er alles angeordnet hatte, ins Land der Wagrier zurück. Denn dort war der Aufenthalt für ihn passender und ohne Gefahr; die Slaven sind nämlich von Natur treulos und bösartig, und darum muß man sich vor ihnen hüten. Der Bischof aber hatte unter andern zwei bedeutende Herrenhöfe, auf denen er sich oft aufhielt, einen in einem Dorfe, namens Bosau, und einen anderen an der Trave in dem Orte, der Gnissau heißt, wo sich auch ein Bethaus befand und ein gemauertes heizbares Gemach, dessen Grundmauern ich selbst als Jüngling gesehen habe, da sie nicht weit vom Fuße des Berges lagen, den die Alten Eilberch, die Neueren wegen der daraufliegenden Burg Sigeberch nennen.

Eine geraume Zeit nachher nun, da Bischof Wago, anderweitig beschäftigt, das Land der Obotriten selten besuchte, nahm der genannte Billug samt seinem Sohne Missizla die Gelegenheit wahr, und setzte den hinterlistigen Plan, den er gegen seinen Herrn und Seelsorger ersonnen hatte, allmählich ins Werk; er begann nämlich die bischöflichen Besitzungen, welche Wago ihm als seinem Vasallen und Verwandten zu bewahren anvertraut hatte, heimlich zu plündern und zu verwüsten und schickte unvermerkt seine Leibeigenen hin, welche den Ansiedlern Pferde und andere Habseligkeiten diebischer Weise entwandten. Denn seine Absicht ging soweit, daß er den Bischof wie erst des Zehnten, so jetzt auch seiner Besitzungen berauben wollte, damit, wenn das Haupt zu Falle gebracht wäre, auch der Dienst Gottes um so leichter dem Untergange preisgegeben sei. Zuletzt also kam der Bischof ins Land der Obotriten, und fand bei einer mit den Ansiedlern angestellten Untersuchung, so daß nicht mehr daran zu zweifeln war, durch wessen Umtriebe seine Besitzungen so arg beeinträchtigt würden. Darüber, wie nicht zu verwundern, von Staunen und Furcht zugleich ergriffen, da er in denen, die er für seine treuesten Freunde gehalten hatte, jetzt seine ärgsten Widersacher erkannte, begann er bereits den Verfall der jungen Pflanzung voraus zu ahnen und in seinem Sinne gar sehr hin und her zu schwanken. Indem er nun zu dem Mittel seine Zuflucht nahm, welches er für das augenblicklich sicherste hielt, begann er zu versuchen, ob er nicht durch ermahnende Worte das heimlich heranschleichende Übel abwehren könnte, und suchte seinen Schwager durch vieles freundliches Zureden zu bewegen, daß er von seinem Beginnen abstehen und die Besitzungen der Kirche nicht Räubern zur Plünderung preisgeben möchte; es werde ihm, wenn er nicht Vernunft annähme, nicht nur Gottes, sondern auch des Kaisers Zorn daraus erwachsen. Jener aber setzte den Vorwürfen listige Ausflüchte entgegen und antwortete: nie habe er gegen seinen Herrn und Vater, für den er immer die wärmste Ergebenheit empfunden habe, einen solchen Trug verübt; sei aber etwas Ungebührliches vorgefallen, so rühre das von Straßenräubern und ihren Überfällen her, die, von den Ranen und Wilzen herkommend, wohl auch der Seinigen nicht schonten; er werde mit Rat und Tat bereit sein, diese mit fern zu halten. So beredete er den schlichten Mann leicht, daß er die gefaßte Meinung aufgab. Als aber der Bischof nach erlangter Genugtuung abgereist war, brachen jene sofort ihr Versprechen und erneuerten ihre früheren Freveltaten, ja sie beraubten nun nicht nur die Dörfer, sondern zündeten sie auch an; überdies drohten sie allen Ansiedlern, die zu den bischöflichen Gütern gehörten, den Tod, wenn sie nicht so schnell wie möglich dieselben verließen. Und so lagen jene Besitzungen bald wüst und leer.

Zu diesen Übelständen kam noch hinzu, daß Billug seine Ehe auflöste und die Schwester des Bischofs verstieß. Dies gab nun besonders Veranlassung zu Feindseligkeiten, und die Lage der Kirche begann allmählich gefahrvoll zu werden. Auch konnte die junge Kirche nirgends rechte Unterstützung finden, weil Otto der Große schon längst aus dem Leben geschieden, Otto der zweite und der dritte aber beide mit den italischen Kriegen beschäftigt waren, und weil daher die Slaven im Vertrauen auf die Gunst der Umstände nicht nur den göttlichen Gesetzen, sondern auch den Geboten des Kaisers mehr und mehr zu widerstreben begannen. Nur Benno, der Herzog von Sachsen, schien noch einen, wenn auch nur leichten, Schatten von Macht zu behaupten, so daß aus Rücksicht auf ihn das Ungestüm der Slaven insoweit gehemmt wurde, daß sie nicht der christlichen Religion entsagten, oder zu den Waffen griffen.

Als Wago gestorben war, folgte ihm Ezico im Amte. Dieser empfing die Weihe von dem heiligen Adeldag, Erzbischof von Hamburg. Vier Bischöfe also zählt man, wie ich finde, bis auf die Zerstörung der Aldenburger Kirche, nämlich Marco, Ekward, Wago und Ezico, zu deren Zeiten die Slaven im Christentum verharrten. Kirchen wurden im Slavenlande überall errichtet, und Klöster für Männer und Frauen, die Gott dienen wollten, in großer Anzahl erbaut. Zeuge dafür ist Meister Adam, der die Taten der Erzbischöfe von Hamburg in sehr beredter Darstellung beschrieben hat; indem er erwähnt, das Slavenland zerfalle in achtzehn Gaue, versichert er, daß bis auf drei alle zum Christentume bekehrt seien.

15.
Vom Dänenkönig Svein

Zur selbigen Zeit unterwarf auch Bolizlaus, der sehr christliche König der Polen, im Bunde mit Otto III. das ganze Slavenland jenseits der Oder, so daß es Tribut zahlte; ebenso auch Rußland und die Preußen, welche den Bischof Adelbert den Märtyrertod erleiden ließen. Seine Überreste übertrug Bolizlaus damals nach Polen. Fürsten derjenigen Slaven, welche Winuler oder Winithen heißen, waren damals Missizla, Naccon und Sederich, unter denen beständig Friede war, und die Slaven waren zinspflichtig und dienstbar. Auch darf man nicht mit Stillschweigen übergehen, daß eben dieser Missizla, der Fürst der Obotriten, der Christum öffentlich bekannte, ihn aber heimlich verfolgte, seine Schwester, die gottgeweihte Jungfrau Hodica, aus dem Kloster zu Mecklenburg nahm und sie mit einem gewissen Bolizlaus auf die verruchteste Weise verehelichte; die übrigen Jungfrauen aber, die er dort fand, gab er entweder seinen Kriegern zu Frauen, oder schickte sie ins Land der Wilzen oder Ranen, und so ward das Kloster öde und leer. Damals wurde nämlich, da Gott es um der Sünden der Menschen willen zuließ, die Ruhe bei den Dänen und Slaven gestört, und über das schöne Wachstum der göttlichen Lehre versuchte ein feindlich gesinnter Mensch Unkraut zu säen. Bei den Dänen machte nämlich Sveinotto, der Sohn des sehr christlichen Königs Harold, von teuflischer Bosheit getrieben, viele Umtriebe gegen den Vater und trachtete ihn, weil er hochbetagt und minder kräftig sei, der Herrschaft zu berauben und das Werk der göttlichen Pflanzung im Lande der Dänen völlig zu vernichten. Harold aber, welcher, wie oben[1] gesagt ist, zuerst ein Heide, dann durch des großen Kirchenvaters Unni Predigt zum christlichen Glauben bekehrt war, tat sich in so großem Eifer für den Herrn hervor, daß unter allen Königen der Dänen nicht aufgekommen ist, der ihm gleich sei, da er den ganzen weiten Norden zur Erkenntnis der göttlichen Lehre gebracht und das ganze Land durch Kirchen und Priester erleuchtet hat. Die umsichtige Tätigkeit dieses Mannes für die Angelegenheiten der Kirche war groß, aber auch durch weltliche Weisheit ragte er hervor. In den Dingen nämlich, die auf die Verwaltung des Reichs sich beziehen, war er so berühmt, daß er Gesetze und Rechte gegeben hat, die wegen seines Ansehens nicht nur die Dänen, sondern auch die Sachsen bis auf den heutigen Tag zu bewahren bemüht sind.

Aufgeregt indes von denen, welche Gott zu dienen und unter einer friedlichen Regierung zu leben nicht geneigt waren, warfen die Dänen in einmütiger Verschwörung das Christentum von sich, setzten den gottlosen Svein auf den Thron und kündigten seinem Vater Harold Krieg an. Dieser hatte freilich bereits vom Beginne seiner Regierung an stets seine Hoffnung auf Gott gesetzt, empfahl aber diesmal ganz besonders den Ausgang der Sache dem Herrn, voll Trauer nicht so sehr über seine eigene Gefahr, als über das Verbrechen des Sohnes und die Bedrängnisse der Kirche. Weil er aber sah, daß die Empörung ohne eine Schlacht nicht zu unterdrücken sei, ergriff er wider Willen auf Anraten derer, die Gott und ihrem König die Treue unverletzt bewahren wollten, die Waffen. So kam es denn zum Krieg. In der Schlacht wurde Harolds Partei besiegt, viele verloren das Leben, viele wurden verwundet. Harold selbst aber floh schwer verwundet aus der Schlacht, bestieg ein

[1] Kap. 9.

Schiff und entkam nach der berühmten Stadt der Slaven, namens Jumneta. Hier wurde er wider Verhoffen, denn die Einwohner waren Barbaren, voll Menschenliebe aufgenommen, verlor aber einige Tage nachher infolge eben jener Wunde seine Kräfte und ging im Bekenntnis Christi hinüber, ein Mann, den man nicht nur unter die von Gott für würdig befundenen Könige, sondern auch unter die glorreichen Märtyrer rechnen muß. Er regierte aber 50 Jahre.

Nach seinem Tod begann Svein, welcher sich des Reiches bemächtigt hatte, in seiner Grausamkeit zu wüten, und übte die schwerste Verfolgung gegen die Christen aus. Und es erhoben sich alle Gottlosen im Umkreis des Nordens, voll Freude darüber, daß nunmehr ihrer Bosheit Tür und Tor offen stehe, und begannen Krieg und Verwirrung anzuregen und die Nachbarstaaten zu Wasser und zu Lande heimzusuchen. Zuerst also brachten sie eine Flotte zusammen, fuhren auf dem kürzesten Wege durch das britische Meer und landeten an den Ufern der Elbe, wo sie die ruhigen und sich dessen nicht versehenden Bewohner des Landes plötzlich überfielen und alles Küstenland von Hadeln, sowie alles sächsische Land, das an den Ufern der Elbe lag, verwüsteten, bis sie nach Stade kamen, welches für die Schiffe, die die Elbe herunterkommen, ein günstig gelegener Hafen ist. Auf die schleunige Kunde von diesen traurigen Ereignissen eilten die Grafen Sigafrid und Thiderich und die übrigen Edlen, denen die Beschützung des Landes oblag, den Barbaren entgegen, obwohl ihrer nur sehr wenige waren; allein die Not des Augenblicks drängte sie, und sie griffen die Feinde im erwähnten Hafen von Stade an. So entstand ein sehr heftiger Kampf, in dem die Dänen siegten und das Heer der Sachsen gänzlich aufgerieben wurde. Die beiden Grafen und die anderen edelgeborenen und ritterlichen Männer, die das Blutbad überlebten, wurden in Ketten und Banden auf die Schiffe geschleppt. Graf Sigafrid indes entfloh mit Hilfe eines Fischers in der Nacht und entging der Gefangenschaft. Darum verstümmelten die Barbaren, von Wut entbrannt, alle Angeseheneren unter denen, die in ihrer Gewalt waren, an Händen und Füßen, schnitten ihnen die Nasen ab, und warfen sie halbtot ans Land. Darauf verheerten sie ungestraft den noch übrigen Teil des Landes. Eine andere Abteilung der Seeräuber, welche, die Weser hinauffahrend, das ganze Ufer dieses Flusses bis nach Lesum verwüstet hatte, kam mit einer sehr großen Menge Gefangener zu dem Moore Glindesmor. Als sie dort einen gefangenen sächsischen Ritter zum Wegweiser nahmen, führte derselbe sie an die ungangbarste Stelle des Moors. Dort wurden sie, durch lange Anstrengung ermattet, von den sie einholenden Sachsen mit leichter Mühe auseinander getrieben, und zwanzigtausend von ihnen kamen um. Der Name des Ritters, der sie an den unwegsamen Ort führte, war Heriward; er wird von den Sachsen mit unvergänglichem Ruhme gefeiert.

16.
Wie die Slaven vom Glauben abließen

Um dieselbe Zeit ging das tausend und erste Jahr der
Fleischwerdung des göttlichen Wortes zu Ende, in dem 1001
Kaiser Otto III., als er bereits zum dritten Male als Sieger in Rom eingezogen war, von einem vorzeitigen Tode überrascht, starb[1]. Ihm folgte in der Regierung der fromme Heinrich, ausgezeichnet durch Gerechtig-

[1] Otto III. starb am 24. Jan. 1002.

keit und Heiligkeit, derselbe, der das Bistum Bamberg gründete und für Kirchen und Gottesdienst mit der
1011 glänzendsten Freigebigkeit sorgte. Im zehnten Jahre seiner Regierung starb Benno, Herzog von Sachsen[1], ein Mann, der sich in allem Guten auszeichnete und ein eifriger Beschützer der Kirchen war. Erbe seiner Würde wurde sein Sohn Bernhard, der aber dem Vater an Glück nicht gleichkam. Denn von der Zeit an, wo er zum Herzoge eingesetzt wurde, nahmen in diesem Lande Zwietracht und Verwirrung niemals ein Ende, weil sich der Herzog gegen den Kaiser Heinrich zu empören wagte und ganz Sachsen bewog, mit ihm gegen den Herrscher sich aufzulehnen. Danach stand er auch gegen Christum auf und setzte alle Kirchen Sachsens in Schrecken und Verwirrung, insbesondere die, welche in der gedachten Empörung seiner Bosheit sich nicht anschließen wollten. Zu diesen Übelständen kam noch hinzu, daß derselbe Herzog, gänzlich uneingedenk der Zuneigung, welche sowohl sein Großvater als sein Vater zu den Slaven gehabt hatten, das Volk der Winuler aus Habsucht so grausam bedrückte, daß er sie zwang, aus Not dem Heidentum sich zuzuwenden. Damals besaßen nämlich Markgraf Theoderich und Herzog Bernhard die Herrschaft über die Slaven, so daß jener den östlichen, dieser den westlichen Teil des Landes in Besitz hatte, und die niedrige Gesinnung beider zwang die Slaven abtrünnig zu werden. Denn während sonst die besten Fürsten die des Glaubens noch unkundigen Heidenvölker mit großer Milde und Güte behandelt hatten, indem sie ihre Strenge gegen sie, auf deren Seelenheil sie mit allem Eifer bedacht waren, mäßigten, setzten jene ihnen mit solcher Grausamkeit zu, daß sie sich endlich genötigt sahen, das Joch der Knechtschaft

[1] Er starb am 9. Febr. 1011.

abzuschütteln und ihre Freiheit mit den Waffen zu schützen. Fürsten der Winuler waren Mistiwoi und Mizzidrag, unter deren Führung der Aufstand entbrannte. Nun geht die Rede und wird von alters her erzählt, derselbe Mistiwoi habe sich um eine Nichte Bernhards beworben, und dieser habe sie ihm zugesagt[1]. Darauf begleitete der Fürst der Winuler, um sich der Werbung würdig zu zeigen, den Herzog mit tausend Reitern nach Italien, welche dort beinahe alle erschlagen wurden. Als er nun, vom Feldzug zurückgekehrt, die ihm versprochene Braut begehrte, vereitelte Markgraf Theoderich diesen Plan, indem er ausrief, eine Blutsverwandte des Herzogs dürfe einem Hunde nicht gegeben werden! – Jener, der das hörte, ging voll Unwillens fort. Als dann der Herzog anderen Sinnes wurde und ihm Boten nachsandte mit der Aufforderung, er möge nun die erstrebte Verbindung eingehen, soll er folgende Antwort gegeben haben: „Die hoch geborene Nichte eines großen Herzogs muß einem hochangesehenen Manne vermählt, nicht aber einem Hunde gegeben werden. Großer Dank wird uns für unsere Dienstleistung zuteil, daß wir für Hunde, nicht für Menschen erklärt werden. Wenn also der Hund stark ist, so wird er tüchtige Bisse tun!" Und dies sagend, kehrte er ins Slavenland zurück, und ging vor allem zuerst nach der Burg Rethre, welche im Lande der Lutizen liegt; hier rief er alle im Osten wohnenden Slaven zusammen, teilte ihnen den ihm angetanen Schimpf mit und sagte ihnen, daß in der Sprache der Sachsen die Slaven Hunde genannt würden. Da erwiderten jene:

[1] Vgl. Adam von Bremen Schol. 30 zu II, 43, nach welchem der slavische Fürst für seinen Sohn um eine Nichte Bernhards wirbt, d.h. Bernhards I., den Helmold immer Benno nennt, und den er deshalb hier verwechselte.

„Mit Recht geschieht dir das, weil du deine Stammesgenossen verachtet, und die Sachsen, das treulose und habsüchtige Volk, gehegt und gepflegt hast. Darum schwöre uns nun, daß du von ihnen lassen willst, so werden wir zu dir halten." Und er schwor es ihnen.

Als aber Herzog Bernhard aus gewissen Ursachen die Waffen gegen den Kaiser ergriff, benutzten die Slaven die günstigen Zeitumstände, brachten ein Heer zusammen und verheerten zuerst ganz Nordelbingen mit Feuer und Schwert, dann durchzogen sie das übrige Slavenland, steckten alle Kirchen in Brand und zerstörten sie bis auf den Grund. Die Priester aber und die übrigen Kirchendiener ermordeten sie unter mancherlei Qualen und ließen keine Spur vom Christentum jenseits der Elbe bestehen.

Aus Hamburg wurden damals und in der Folge viele Geistliche und Bürger in Gefangenschaft hinweggeführt und noch mehr derselben aus Haß gegen das Christentum getötet. Slavische Greise, die alle Begebenheiten bei den Barbaren im Gedächtnis haben, erzählen, Aldenburg sei als eine von sehr vielen Christen bewohnte Stadt befunden worden. Sechzig Priester also wurden, nachdem die übrigen wie das Vieh geschlachtet waren, zu frevelhaftem Mutwillen aufbewahrt. Der Älteste derselben, der Propst des Ortes, hieß Oddar. Dieser wurde samt den übrigen einem solchen Märtyrertode geweiht, daß man ihnen mit dem Schwert die Kopfhaut in Kreuzesform einschnitt, und so einem jeden das Gehirn bloßlegte. Dann wurden die Bekenner des Herrn mit auf den Rücken gebundenen Händen durch die einzelnen Burgen der Slaven hingeschleppt, bis sie starben. So sind jene „ein Schauspiel geworden den Engeln und den Menschen"[1], und hauchten auf der Mitte ihrer Bahn

[1] 1. Cor. 4,9.

als Sieger ihren Geist aus. Noch viele ähnliche Begebenheiten sollen in den verschiedenen Ländern der Slaven oder der Nordelbinger damals vorgefallen sein, die man jetzt aus Mangel an schriftlichen Überlieferungen für Fabeln hält. Kurz, es sind im Slavenlande so viele Märtyrer, daß ein Buch sie kaum umfassen könnte.

Alle Slaven also, die zwischen der Elbe und der Oder wohnen, übten siebzig Jahre und darüber das Christentum, nämlich während der ganzen Zeit der Ottonen, und rissen sich nun auf solche Weise los von dem Leibe Christi und der Kirche, womit sie bisher verbunden gewesen waren. O wie verborgen sind doch in Wahrheit Gottes Gerichte über die Menschen, der „sich erbarmet, welches er will, und verstocket, welchen er will“[1]! Seine Allmacht bewundernd sehen wir die ins Heidentum zurückgefallen, die zuerst gläubig wurden, während dagegen diejenigen sich zu Christus bekehrten, welche die Letzten zu sein schienen. Er also „der gerechte, starke und langmütige Richter“[2], der einst vor den Augen Israels die sieben Stämme Kanaans vertilgte und nur die Fremden allein erhielt, Israel an ihnen zu versuchen, er wollte auch jetzt einen mäßigen Teil der Heiden verstocken, um durch sie unsern Unglauben zu züchtigen.

Dies ist geschehen in der letzten Zeit des Erzbischofs Libentius des Älteren, unter Herzog Bernhard, dem Sohne Bennos, welcher das Volk der Slaven hart bedrückte. Theoderich aber, der Markgraf der Slaven, der ebenso habsüchtig, ebenso grausam war wie der Ebengenannte, wurde aus seinem Amte und seinem ganzen Erbe ausgestoßen, und beendigte als Pfründer zu Magdeburg sein Leben durch einen schlimmen Tod,

[1] Röm. 9,18.
[2] Ps. 7,12.

wie er's verdiente. Mistiwoi endlich, der Fürst der Slaven, kam in der letzten Zeit seines Lebens zur Reue und kehrte zu Gott zurück; er wurde, weil er nicht vom Christentume lassen wollte, aus seinem Vaterlande vertrieben, worauf er zu den Barden floh, bei denen er treu im Glauben ein hohes Alter erreichte.

17.
Vom Bischof Unwan

Nachdem also Ezico gestorben war, folgte ihm in Aldenburg Volkward und diesem Reginbert nach; von ihnen der erste, Volkward wurde zur Zeit der Christenverfolgung aus dem Slavenland vertrieben und ging nach Norwegen, wo er dem Herrn viele Seelen gewann und dann froh nach Bremen zurückkehrte.
In der Mutterkirche Hamburg folgte auf Adaldag, der zuerst in Aldenburg Bischöfe geweiht hatte, Libentius, ein durch Heiligkeit ausgezeichneter Mann. Zu dieser Zeit[1] fielen die Slaven vom Glauben ab. Auf ihn folgte Unwan, der aus einem sehr berühmten Geschlecht stammte, überdies reich und freigebig war und allen Menschen wohlgefällig; der Geistlichkeit aber wollte er besonders wohl. Zu der Zeit also, als Herzog Bernhard nebst seinen Mitschuldigen gegen Kaiser Heinrich sich empörte und alle Kirchen Sachsens schwer bedrängte, besonders aber diejenigen, die ihren der kaiserlichen Majestät geleisteten Eid nicht brechen wollten, soll Erzbischof Unwan den stürmischen Sinn des Herzogs durch seine überlegene, hochgesinnte Art so weit gebändigt haben, daß jener, von der Weisheit und dem Edelsinne des Erzbischofs ergriffen, sich gedrungen

[1] Er regierte von 988–1013.

fühlte, der Kirche, deren Widersacher er bisher gewesen war, fortan in jeder Hinsicht sich gütig zu erweisen. So beugte der aufrührerische Fürst, nachdem er den Rat unseres Erzbischofs vernommen, endlich seinen Sinn und unterwarf sich zu Scalchisburg[1] Gnade flehend dem Kaiser Heinrich. Bald nachher machte er auch, von Unwan begünstigt, die Slaven zinspflichtig und untertan und gab dadurch den Nordelbingern und der Mutterkirche Hamburg den Frieden wieder. Um die letztere wieder herzustellen, soll der ehrwürdige Metropolitan nach der Zerstörung durch die Slaven die Stadt und die Kirche wieder aufgebaut haben, indem er zugleich aus jedem seiner Mannskonvente drei Brüder auslas, so daß es im Ganzen zwölf wurden, die in Hamburg nach der kanonischen Regel leben und das Volk vom Irrwahn des Götzendienstes abbringen sollten. Auch ordinierte er für das Slavenland nach dem Tode Reginberts den Benno, einen einsichtsvollen Mann, der, aus den geistlichen Brüdern der Hamburger Kirche gewählt, unter dem Volke der Slaven durch seine Predigt reichen Nutzen stiftete.

18.
Vom Bischof Benno

Benno, ein Mann von großer Frömmigkeit, begann, getrieben von dem Wunsche, den zerstörten Aldenburger Bischofsitz wieder zu erbauen, nach den Besitzungen und Einkünften zu forschen, die Otto der Große durch seine Stiftung dem Bistum zugewiesen hatte. Allein weil seit der Zerstörung der Kirche von Aldenburg die ursprünglichen Einrichtungen und die Schenkungen der großen Fürsten in Vergessenheit geraten und in

[1] Hausberge an der Weser.

den Besitz der Slaven übergegangen waren, so beklagte sich Bischof Benno in Gegenwart Herzog Bernhards darüber, daß die Wagrier und die Obotriten und die übrigen Slavenvölker ihm die schuldigen Abgaben verweigerten. Daher wurden die Vornehmen der Winuler zur Unterredung berufen, und als man sie befragte, weshalb sie dem Bischof den gesetzlichen Getreidezehnten entzögen, begannen sie die mannigfachen schweren Steuern vorzuschützen, die sie schon zu tragen hätten; es sei für sie besser, ganz aus dem Lande zu gehen, als mit noch größeren Abgaben belastet zu werden. Da nun der Herzog erwog, daß die Rechte der Kirche in der Form, wie sie unter Otto dem Großen bestanden hatten, nicht wieder geltend zu machen wären, so erlangte er bittweise, und auch so nur mit Mühe, das Zugeständnis, daß von jedem Hause, es mochte arm oder reich sein, durch das ganze Land der Obotriten hin zwei Pfennige als Gebühr für den Bischof bezahlt werden sollten. Außerdem wurden die allbekannten Höfe Bosau und Gnissau und die übrigen Besitzungen im Lande der Wagrier dem Bischof wieder übergeben, um sie aufs neue zu bebauen. Die Güter im entfernteren Slavenland[1] aber, welche einst, wie die geschichtliche Überlieferung von altersher ausweist, zum Aldenburger Bistume gehört hatten, als Derithsewe[2], Morize und Cuzin mit Zubehör, konnte Bischof Benno auf keine Weise vom Herzoge erhalten, obwohl er sich oftmals
1021? bemühte, sie wieder zu erlangen. Als es jedoch dem

[1] Ähnlich spricht Helmold I, 84 Anfang von dem ferneren Slavenlande und meint damit die Gegend zwischen Oldenburg (Holstein) und Lübeck.

[2] Das kann nach der vorhergehenden Note sehr wohl Dassow sein, an das Lappenberg u.a. dachten; Regel schlug Darze (Darz) in Mecklenburg vor, Morize lag wohl einst am Müritzsee. Cuzin ist wahrscheinlich Quetzin am Plauer See.

frommen Kaiser Heinrich gefiel, auf der Burg Werben, welche an der Elbe liegt, einen allgemeinen Hoftag zu halten, um die Gesinnung der Slaven zu prüfen, erschienen alle Fürsten der Winuler vor dem Kaiser und erklärten feierlich, dem Reiche in Frieden und Unterwürfigkeit gehorchen zu wollen. Als nun dort der Bischof von Aldenburg vor dem Kaiser selbst seine alte Klage wegen der Güter seiner Kirche wieder vorbrachte, erkannten die Fürsten der Slaven, als man sie wegen der zu dem bischöflichen Landbesitze gehörigen Güter befragte, an, daß die gedachten Burgen samt ihren Gebieten von Rechts wegen der Kirche und dem Bischof gehörten. Außerdem gelobten alle Obotriten, Kycinen, Polaben, Wagrier und die übrigen Völker der Slaven, welche innerhalb des Gebiets der Aldenburger Kirche wohnten, den ganzen Zins zu erlegen, den Otto der Große statt des Zehnten zur Einnahme für die Kirche bestimmt hatte. Jedoch war ihr Gelöbnis voll Trug und Falschheit. Denn sowie der Kaiser den Hoftag auflöste und sich anderswohin begab, kümmerten sie sich um das Versprochene gar nicht mehr. Auch beschwerte der Sachsenherzog Bernhard, welcher im Kriege zwar tapfer, aber durch Habsucht ganz verderbt war, die Slaven in seiner Nachbarschaft, die er durch Krieg oder durch Verträge unterworfen hatte, mit so drückenden Steuern, daß sie weder Gottes eingedenk, noch den Priestern irgendwie zugetan blieben. Deshalb begab sich der Bekenner Christi, Benno, da er sah, daß er in Ausübung seines Sendamtes von den weltlichen Fürsten nicht nur nicht unterstützt, sondern vielmehr durchaus gehindert werde, der vergeblichen Anstrengung müde, weil er nicht fand, wo sein Fuß ruhen konnte, zu dem heiligen Bischof Bernward von Hildesheim, schilderte ihm seine bedrängte Lage und suchte Trost bei ihm in

seiner Trübsal. Dieser sehr mildtätige Mann nahm denn auch Benno gastlich auf, leistete dem Ermatteten alle Dienste, die die Menschlichkeit gebietet, und reichte ihm aus den Einkünften seiner eigenen Kirche seinen Unterhalt, damit er beim Aufbruch zu neuer Ausübung seines Sendamtes wie bei der Heimkehr stets einen sicheren Standort finden möchte, wo er ruhig weilen könnte. Damals gründete der erwähnte Bischof Bernward in dem Besitztume, das ihm erblich zugefallen war, mit sehr bedeutendem Kostenaufwande, wie man sehen kann, eine große Kirche zu Ehren des heiligen Erzengels Michael, wo er auch eine zahlreiche Schar von Mönchen zum Dienste Gottes versammelte.
24. 9. 1022 Als nun die Kirche nach Wunsch vollendet war, kam an dem zur Einweihung bestimmten Festtage eine unermeßliche Menschenmenge zusammen; als dort unser Bischof Benno die linke Seite der Kirche einweihte, wurde er vom Volke so gedrängt und verletzt, daß er nach einigen Tagen, da die Krankheit immer schlimmer wurde, seinen Geist aufgab[1]; er erhielt in der nördlichen Kapelle derselben Kirche ein ehrenvolles Grab. Ihm folgte Meinher, der von Libentius II.[2] eingesegnet wurde; diesem Abelin, den Erzbischof Alebrand ordinierte.

19.
Von Godescalk's Christenverfolgung

In jenen Tagen herrschte ein gesicherter Frieden im Slavenlande, da Konrad, der dem frommen Heinrich in der Regierung nachfolgte, die Macht der Winither in

[1] Benno starb erst am 13. Aug. 1023.

[2] Libentius folgte dem Unwan im J. 1029. Er lebte bis 1032. Alebrand regierte von 1035–1043 als Erzbischof von Hamburg.

zahlreichen Kriegen geschwächt hatte. Indes nahm das Christentum und der Dienst am Hause des Herrn wenig zu, weil die Habgier des Herzogs und der Sachsen, die alles verpraßten und den Kirchen und Priestern nichts übrig lassen wollten, hindernd in den Weg trat. Die Fürsten der Slaven waren Anadrag und Gneus, der dritte Udo, ein schlechter Christ. Daher ward er auch wegen seiner Grausamkeit von einem sächsischen Überläufer hinterrücks ermordet. Sein Sohn Godescalk wurde zu Lüneburg auf der Schule in den Wissenschaften unterrichtet. Als dieser den Tod des Vaters erfuhr, warf er den Glauben samt den Wissenschaften beiseite, setzte über den Fluß[1] und kam zum Volke der Winither. Hier sammelte er eine Schar von Räubern um sich und plünderte aus Rache wegen seines Vaters das ganze Land der Nordelbinger; ein solches Blutbad richtete er unter den Christen an, daß seine Grausamkeit alles Maß überstieg. Und nichts blieb im Gebiete der Holzaten, Sturmarn und Dithmarschen verschont, nichts entging seinen Händen, außer allein den allbekannten Vesten Itzehoe und Burg[2]. Dahin hatte sich eine Schar Bewaffneter mit Weibern und Kindern und mit einiger Habe begeben, die der Plünderung entgangen war. Eines Tages also, als der erwähnte Fürst nach Räuberart durch Feld und Busch dahinritt und sah, wie die einst an Kirchen und Einwohnern so reichgesegnete Landschaft nun eine wüste Einöde war, erschrak er vor dem Werke seiner eigenen Grausamkeit „und es bekümmerte ihn in seinem Herzen"[3], und er sann darüber nach, wie er endlich von seinem verruchten Treiben ablassen könnte. Er trennte sich also ein wenig von

[1] Elbe.
[2] Bokeldeburg.
[3] 1. Mos. 6.6.

seinen Genossen, als wenn er auf einen Überfall ausgehen wolle und stieß dabei unvermutet auf einen Sachsen, der ein Christ war. Da dieser vor dem aus der Ferne herankommenden bewaffneten Manne floh, so erhob Godescalk seine Stimme und rief ihm zu, er solle stehen bleiben, schwor ihm auch, ihm kein Leides tun zu wollen. Als nun der furchtsame Mann Zutrauen faßte und still stand, begann er ihn zu fragen, wer er sei, und was er neues wisse? Jener antwortete: „Ich bin ein armer Mann aus Holsatia. Wir bekommen täglich schlimme Botschaft zu hören, weil jener Fürst der Slaven, Godescalk, unserm Lande und Volk viel Böses zufügt und in unserem Blute seine Grausamkeit zu befriedigen begehrt. Es wäre wahrhaftig Zeit, daß Gottes strafende Hand unsere Unbill rächte." Ihm erwiderte Godescalk: „Hart beschuldigst du jenen Mann, den Fürsten der Slaven. In der Tat hat er eurem Lande und Volke viele Ängste bereitet, ein gewaltiger Rächer für den Mord seines Vaters. Ich aber bin der Mann, von dem wir jetzt sprechen, und bin gekommen, um mit dir zu reden. Denn es schmerzt mich, daß ich gegen Gott und die Verehrer Christi so großes Unrecht verübt habe, und ich wünsche gar sehr, mich wieder mit denen zu versöhnen, denen ich, ich bekenne es, unverdienterweise so schweren Schaden zugefügt habe. So höre denn auf meine Worte und kehre heim und sage deinen Landsleuten, sie möchten an einen bestimmten Ort zuverlässige Männer senden, um mit mir heimlich über Frieden und Bündnis zu verhandeln. Geschieht dies, so werde ich diese ganze Schar von Räubern, an die mich mehr die Not, als mein freier Wille fesselt, ihnen in die Hände liefern." Mit diesen Worten bezeichnete er ihm zugleich Ort und Zeit. Als nun der Mann in die Burg kam, wo die noch übrig gebliebenen Sachsen in großer

Furcht versammelt waren, hinterbrachte er den Ältesten jene heimliche Botschaft, und suchte sie auf alle Weise zu bewegen, Männer an den zu der Unterredung bestimmten Ort zu senden. Jene aber gingen nicht darauf ein, indem sie es für eine List hielten, um sie in einen Hinterhalt zu locken. – Einige Tage nachher wurde der Fürst vom Herzoge gefangen genommen und wie ein Räuberhauptmann in Ketten gelegt. Da jedoch der Herzog erwog, daß der tapfere und kampftüchtige Mann ihm noch nützlich werden könne, so schloß er ein Bündnis mit ihm und entließ ihn ehrenvoll beschenkt. Er aber begab sich, als er frei war, zu Kanut, dem Könige der Dänen, und blieb bei ihm viele Tage und Jahre, während welcher Zeit er sich durch manche Kriegstaten in der Normandie und in England Ruhm durch seine Tapferkeit erwarb. Daher wurde er auch mit der Hand der Tochter eines Königs beehrt[1].

20.
Von Godescalk's Glaubenseifer

Nach dem Tod König Kanuts[2] also kehrte Godescalk 1035
in das Land seiner Väter zurück, und da er sein Erbe im Besitze einiger Machthaber fand, beschloß er darum zu kämpfen, und gewann, da ihn der Sieg begleitete, seine Besitzungen samt seiner Herrschaft vollständig wieder. Sofort aber dachte er darauf, wie er sich Ehre und Ruhm bei Gott erwerben könne, und bemühte sich, die Slaven, bei denen das einst angenommene Christentum schon in Vergessenheit geraten war, der Gnade des

[1] Sie hieß Siritha, und war eine Tochter Suein Estrithsons von Dänemark.
[2] Er starb im November 1035.

Glaubens wieder teilhaftig zu machen, und sie zur Sorge für die Kirche aufs neue zu bewegen. Und das Werk Gottes gedieh in seinen Händen, so daß eine unzählige Menge zur Taufe hinströmte. Durch das ganze Land der Wagrier sowohl, als der Polabingen und der Obotriten wurden die einst zerstörten Kirchen wieder aufgebaut, und schon sandte man in alle Lande nach Priestern und Dienern des Wortes Gottes, welche die noch unwissenden Gemüter der Heiden in die Lehre des Glaubens einführen sollten. Darum frohlockten die Gläubigen[1] über das Gedeihen der jungen Pflanzung, und es kam dahin, daß die Provinzen voll von Kirchen, die Kirchen voll von Priestern waren.

Aber auch die Kycinen und die Circipanen und alle an der Peene wohnenden Völker nahmen das Christentum an. Die Peene ist ein Fluß, an dessen Mündung die Burg Demmin liegt. Bis dahin erstreckte sich einst die Grenze des Aldenburger Sprengels. Alle Völker der Slaven nun, welche zu dem Bezirk der Seelsorge von Aldenburg[2] gehörten, hielten die ganze Zeit hindurch, solange Godescalk lebte, eifrig fest am christlichen Glauben. In der Tat soll dieser Mann von großer Frömmigkeit in solchem Eifer für die christliche Religion entbrannt gewesen sein, daß er häufig selbst in der Kirche an das Volk Ermahnungsreden hielt, indem er das, was von den Bischöfen und Priestern in bildlich dunkler Weise geredet wurde, in slavischer Sprache deutlicher

[1] Nach Adam: ‚Frohlockte der Erzbischof (Adalbert von Bremen)'. Helmold hat jedes Lob dieses Mannes bei Adam sorgfältig getilgt und übergangen.

[2] Nach Adam ‚von Hamburg'. Helmold setzt zweimal das untergeordnete Teilbistum an Stelle des Hamburger Erzbistums, ohne die Erzählung direkt zu verfälschen. Aber eine Verdunkelung der Verdienste von Hamburg-Bremen um die Mission ist sicher die Folge seiner Änderungen, und zweifellos von ihm beabsichtigt.

zu machen versuchte. Ohne Zweifel hat sich im ganzen Slavenland nie einer zu größerer Macht erhoben als Godescalk, und ist nie einer ihm an Eifer für das Christentum vergleichbar gewesen. Denn er hatte die Absicht, wenn ihm ein längeres Leben zuteil würde, alle Heiden zum Christentum zu zwingen, und er bekehrte wirklich ungefähr den dritten Teil derer, die vordem unter seinem Großvater Mistiwoi wieder ins Heidentum zurückgefallen waren. Damals entstanden auch in den einzelnen Städten Stifter, in denen heilige Männer nach kanonischer Regel lebten; ebenso auch Mönchs- und Nonnenklöster, wie das die bezeugen, welche sie in Lubeke, Aldenburg, Ratzeburg, Lenzen und in anderen Städten gesehen haben. In Mecklenburg aber, welches eine berühmte Stadt der Obotriten ist, sollen drei Vereine von solchen, die Gott dienten, gewesen Sein.

21.
Der Krieg der Tholenzen

In jenen Tagen entstand eine große Bewegung im öst- 1057?
lichen Teil des Landes der Slaven, welche sich untereinander im inneren Kriege bekämpften. Die aber, welche Lutizen oder Wilzen heißen, bestehen aus vier Stämmen, von denen, wie es sicher ist, die Kycinen und die Circipanen jenseits[1] der Peene, die Riaduren und Tholenzen diesseits derselben wohnen. Unter diesen erhob sich ein gewaltiger Streit um die Herrschaft und Obergewalt. Denn die Riaduren und Tholenzen wollten wegen des hohen Alters ihrer Burg und des großen Ansehens jenes Tempels, in welchem das Bild des Radigast zu sehen ist, herrschen, da sie sich einen besonderen

[1] Umgekehrt wäre es richtig, wie Helmold oben Kap. 2 schreibt.

Grad von Ansehen und Ehre beimaßen, weil sie von allen slavischen Völkern wegen der Antworten des Gottes und der alljährlich dargebrachten Opfer häufig besucht würden. Dagegen weigerten sich die Circipanen und Kycinen, Knechte zu werden, ja sie waren entschlossen, ihre Freiheit mit den Waffen zu verteidigen. Da also die Bewegung immer zunahm, kam es zuletzt zum Kriege, in dem die Riaduren und Tholenzen in sehr blutigen Schlachten geschlagen wurden; daher wurde der Krieg zum zweiten und zum dritten Male angefangen, und wieder wurden dieselben von jenen völlig besiegt. Viele tausend Männer fielen auf beiden Seiten, die Circipanen und Kycinen[1], die die Not zum Kriege gedrängt hatte, blieben Sieger. Die Riaduren und Tholenzen aber, die um ihren Ruhm kämpften, riefen, über ihre schimpfliche Niederlage von Scham ergriffen, den sehr mächtigen König der Dänen[2] und den Herzog der Sachsen, Bernhard, samt Godescalk, dem Fürsten der Obotriten, alle mit Heeresmacht zur Hilfe herbei und unterhielten diese ganze Menschenmenge sechs Wochen lang auf eigene Kosten. So wurde der Krieg gegen die Circipanen und Kycinen furchtbarer und sie waren, von einer solchen Übermacht bedrängt, nicht imstande zu widerstehen, und es fiel eine sehr große Anzahl der Ihrigen im Kampfe, sehr viele wurden gefangen hinweggeführt. Zuletzt erkauften sie den Frieden um fünfzehntausend Mark. Die Fürsten teilten das Geld unter sich. Des Christentums geschah keine Erwähnung, und nicht gaben sie Gott die Ehre, der ihnen doch den Sieg im Kriege verliehen hatte. Daran ist die unersättliche Habsucht der Sachsen zu

[1] Nach Adam waren die Kycinen auf seiten der Riaduren und Tholenzen.

[2] Svein Estrithson.

erkennen, die, obwohl sie vor den übrigen den Barbaren nahe wohnenden Völkern sich durch Kriegsmacht und Erfahrung auszeichnen, doch immer mehr danach trachten, höhere Abgaben zu erlangen, als Gott dem Herrn Seelen zu gewinnen. Denn schon längst würde im Slavenland das Ansehen des Christentums durch die Wirksamkeit der Priester bedeutend geworden sein, wäre die Habsucht der Sachsen nicht hindernd in den Weg getreten. Gepriesen sei deshalb und mit jeglichem Lobe erhoben der würdige Godescalk, der, obwohl er einem Barbarenvolke entstammte, das Geschenk des Christentums, die Gnade des Glaubens seinem Volke mit dem vollen Eifer der Liebe wieder verschaffte. Tadel dagegen werde den Fürsten der Sachsen zuteil, die, christlichen Vorfahren entsprossen und im Schoße der heiligen Mutter Kirche aufgezogen, stets unfruchtbar und unnütz im Werke des Herrn befunden sind.

22.
Von den Aufständen der Slaven

In der Zeit also, in der durch Gottes Barmherzigkeit und des frommen Helden Godescalk Verdienste der Zustand der Kirche und die Pflege des Gottesdienstes in
angemessener Blüte stand, wurde nach dem Tode des 1052–1054?
Bischofs Abelin[1] die Kirche von Aldenburg in drei Bistümer geteilt. Dies wurde aber keineswegs durch kaiserliche Verfügung herbeigeführt, sondern es ist ausgemacht, daß es ein Einfall des großen Adalbert, Erzbischofs von Hamburg, war. Dieser hochgestellte und im Reiche übermächtige Mann nämlich, der die Gunst des tapferen Kaisers Heinrich, des Sohnes Konrads, wie

[1] Er ist nach 1049 gestorben.

auch die des Papstes Leo besaß, so daß diese allen seinen Wünschen Gehör gaben, hatte über alle Reiche des Nordens, über Dänemark, Schweden und Norwegen erzbischöfliche Gewalt und das Amt eines päpstlichen Legaten. Aber auch damit noch nicht zufrieden, wollte er die Würde eines Patriarchen erlangen, so nämlich, daß er innerhalb seines Sprengels zwölf Bistümer errichten wollte, wovon weiter zu reden überflüssig ist, weil dies verständigen Männern als ein abgeschmacktes und an Wahnsinn grenzendes Hirngespinst erschienen ist. Daher fand an seinem Hofe ein Zusammenfluß von vielen Priestern und Geistlichen, besonders auch Bischöfen statt, die, aus ihren Sitzen vertrieben, an seiner Tafel teilnahmen. Um sich nun dieser Last zu entledigen[1], schickte er sie weit hinaus unter die Heiden, indem er manchen feste, manchen wandelbare Sitze anwies. So machte er den Ezo zum Nachfolger des Abelin in Aldenburg, einen gewissen Aristo aber, der von Jerusalem kam, setzte er in Ratzeburg ein; den Johannes bestimmte er für Mecklenburg. Dieser Johannes hatte aus Lust zur Pilgerschaft Schottland verlassen und war nach Sachsen gekommen, wo er, wie alle, vom Erzbischof gütig aufgenommen, und bald darauf zum Fürsten Godescalk ins Land der Slaven geschickt wurde. Bei diesem hielt er sich damals auf und taufte, wie geschrieben wird, viele tausend Heiden.

Es herrschte Friede und Sicherheit im ganzen Reiche, da der tapfere Kaiser Heinrich die Ungarn, die Böhmen, die Slaven und alle benachbarten Reiche mit ge-
1056 waltiger Hand bezwungen hatte. Als er von dieser Erde genommen wurde, folgte ihm in der Regierung sein Sohn Heinrich, ein Knabe von acht Jahren. Sofort bra-

[1] Adalberts ganz entgegengesetzte Gesinnung schildert ausführlich Adam III, 35.

chen im Reiche mancherlei Unruhen aus, weil die Fürsten, die es nach Fehden gelüstete, die Kindheit des Königs verachteten. Und es erhob sich ein jeglicher gegen seinen Nächsten und „ist allenthalben in der Welt viel Jammers geworden“[1], Plünderung, Brand und Totschlag.

Nicht lange nachher starb auch Herzog Bernhard von Sachsen, der die Angelegenheiten der Slaven und Sachsen vierzig Jahre hindurch voll Rüstigkeit verwaltet hatte. In seine Erbschaft teilten sich seine Söhne Ordulf und Hermann. Ordulf erlangte dabei die Regierung des Herzogtums, obwohl er an Tapferkeit, Kriegserfahrung und Glück seinem Vater bei weitem nicht gleichkam. Kaum waren auch nach seines Vaters Tode fünf Jahre vergangen, als schon die Slaven auf Empörung sannen und vor allem zuerst den Godescalk erschlugen[2]. Dieser für alle Zeiten unvergeßliche Mann wurde nämlich wegen der Treue, die er Gott und den Fürsten bewiesen hatte, von den Barbaren erschlagen, die er zum Glauben zu bekehren persönlich bemüht war. „Denn die Missetat der Amoriter ist noch nicht alle“, und „nicht gekommen die Zeit, sich ihrer zu erbarmen“. Daher war es „notwendig, daß Ärgernis kam“, „auf daß die, so rechtschaffen waren, offenbar würden“[3]. Es litt aber jener zweite Machabäus in der Stadt Leontium, die mit anderem Namen Lenzen heißt, am 7. Juni 1066 nebst dem Priester Eppo, der auf dem Altare hingeopfert wurde, und vielen anderen, Geistlichen und Laien, welche um Christi willen verschiedene Todesqualen erduldeten. Der Mönch Ansver und andere mit ihm wurden zu Ratzeburg gesteinigt. Ihr Leidenstag ist der 15. Juli.

29.6.1059

1066

[1] 1. Macc. 9,10.
[2] Am 7. Juni 1066, also 7 Jahre nach Bernhards Tod.
[3] 1. Mose 15,16 – Psalm 102,14 – Matth. 18,7 – 1. Kor. 11,9.

Derselbe Ansver soll, als er zum Leiden kam, die Heiden angefleht haben, daß doch vorher seine Gefährten gesteinigt werden möchten, weil er befürchtete, sie könnten wieder abfallen. Als nun aber diese die Märtyrerkrone erlangt hatten, da kniete er selbst, wie einst Stephanus, voll Freuden nieder.

23.
Leiden und Tod des heiligen Bischofs Johannes

Der greise Bischof Johannes wurde nebst den übrigen Christen in Magnopolis, d.i. Mecklenburg, als Gefangener zum Triumphe aufbewahrt. Er wurde also, weil er Christum bekannte, mit Stöcken geschlagen, dann durch die einzelnen Städte der Slaven zur Verhöhnung umhergeführt, und weil er von Christi Namen nicht abwendig zu machen war, so wurden ihm Hände und Füße abgehauen und sein Körper auf die Straße hinausgeworfen. Das Haupt aber wurde abgeschnitten, und die Barbaren pflanzten es wie ein Siegeszeichen auf einen Spieß und opferten es ihrem Gotte Radigast. Dies
1066 geschah in der Hauptstadt der Slaven, in Rethra, am 10. November.

24.
Der erste Abfall der Slaven vom Glauben

Die Tochter des Königs der Dänen wurde aus Mecklenburg, der Stadt der Obotriten, samt den übrigen Frauen nackend fortgeschickt. Denn sie hatte, wie oben gesagt[1], Fürst Godescalk zur Frau gehabt und mit ihr

[1] Kap. 19.

einen Sohn, namens Heinrich, gezeugt. Eine andere aber hatte ihm den Butue geboren; beide waren sehr zum Verderben der Slaven auf die Welt gekommen.

Die Slaven, die also den Sieg erlangt hatten, verheerten nun die ganze Landschaft von Hamburg mit Feuer und Schwert, die Sturmarn und Holzaten wurden beinahe alle entweder erschlagen oder gefangen hinweggeführt. Die Veste Hamburg wurde von Grund aus zerstört, und zur Verhöhnung unseres Erlösers selbst die Kreuze von den Heiden verstümmelt. Eben zu derselben Zeit wurde auch Schleswig, welches mit anderem Namen Heidibo heißt, eine sehr wohlhabende und volkreiche Stadt der Überelbischen, die an der Grenze des dänischen Reiches liegt, durch einen unvorhergesehenen Überfall der Barbaren von Grund aus zerstört. So wurde uns die Prophezeiung erfüllt, welche sagt: „Herr, es sind Heiden in dein Erbe gefallen, die haben deinen heiligen Tempel verunreinigt"[1] und alles weitere, was dort über die Zerstörung Jerusalems vorausgesagt und beklagt wird. Der Urheber dieser Verheerung soll Blusso gewesen sein, der eine Schwester Godescalks zum Weibe hatte und, als er nach Haus kam, auch selbst einen gewaltsamen Tod erlitt. So also fielen alle Slaven, indem sie sich insgesamt miteinander verschworen, wieder ins Heidentum zurück, nachdem sie die, welche im Glauben verharrten, erschlagen hatten. Herzog Ordulf kämpfte in den zwölf Jahren, um die er seinen Vater überlebte, oftmals vergebens gegen die Slaven, und konnte niemals einen Sieg erlangen, sondern wurde so oft von den Heiden überwunden, daß er selbst den Seinen zum Gespötte wurde.

Es ereignete sich aber diese Umwälzung im Lande der Slaven im Jahre 1066 der Fleischwerdung des Herrn,

[1] Psalm 79,1.

im achten Jahre König Heinrichs IV. Der Aldenburger Bischofsitz blieb 84 Jahre lang unbesetzt.

25.
Von Cruto[1]

Nachdem also Godescalk, der wackere Mann und Verehrer Gottes, gestorben war, gelangte die erbliche Nachfolge in seinem Fürstentume an seinen Sohn Butue. Da nun die, welche den Vater ermordet hatten, befürchteten, der Sohn möchte ein Rächer für den Tod seines Vaters werden, so erregten sie einen Aufstand des Volks, indem sie sagten: „Nicht dieser soll über uns herrschen, sondern Cruto, Grin's Sohn. Denn was wird es uns helfen, daß wir den Godescalk getötet haben und mit Gewalt die Freiheit zu erringen suchten, wenn dieser die Fürstenwürde erbt? Er wird uns ja noch härter drücken, als der Vater, und wird, verbündet mit dem Volk der Sachsen, das Land mit neuer Trübsal erfüllen." Darum verschworen sie sich und setzten sich den Cruto zum Fürsten, während sie die Söhne Godescalks, denen dem Rechte nach die Herrschaft gebührte, ausschlossen. Der jüngere derselben, Heinrich mit Namen, floh zu den Dänen, weil er vom königlichen Stamme dieses Volkes war; der ältere aber, Butue, begab sich zu den Barden[2] und suchte bei den Fürsten der Sachsen, denen sein Vater stets treu und ergeben gewesen war, um Hilfe nach. Diese erzeigten sich denn auch für die erwiesenen Dienste dankbar, nahmen den Kampf um seinetwillen auf und setzten ihn nach vielen mühseligen Feldzügen wieder ein. Jedoch blieb Butue's Macht

[1] Cruco ist eine andere Lesart desselben Namens.
[2] Im Bardengau, bei Bardowiek und Lüneburg.

immer gering und konnte nicht erstarken, weil er, einem christlichen Vater entsprossen und ein Freund der Fürsten, bei seinem Volke für einen Verräter an der Freiheit galt. Denn nach jenem Sieg, infolge dessen zuerst durch Godescalks Ermordung das Land der Nordelbinger erschüttert wurde, schüttelten die Slaven mit bewaffneter Hand das Joch der Knechtschaft ab und waren so hartnäckig bemüht, die Freiheit zu verteidigen, daß sie lieber sterben als den Namen von Christen wieder annehmen oder den Fürsten der Sachsen Zins zahlen wollten. Aber diese Schmach haben sich die Sachsen durch ihre unselige Habsucht selbst zugezogen, die, als sie noch im vollen Besitze ihrer Macht und durch häufige Siege berühmt waren, nicht erkannten, daß „der Streit des Herrn ist“[1] und von ihm selber der Sieg kommt, sondern vielmehr die Völker der Slaven, die sie durch Krieg oder Verträge unterworfen hatten, mit so großen Auflagen belasteten, daß sie durch die bittere Not gezwungen wurden, den göttlichen Gesetzen und dem Joche der Fürsten zu widerstreben. Diese Schuld büßte Ordulf, der Herzog von Sachsen, der, von Gott völlig verlassen, so lange er den Vater überlebte, über die Slaven keinen Sieg davon zu tragen vermochte. Daher kam es auch, daß Godescalks Söhne, die ihre Hoffnung auf den Herzog setzten, „auf ein schwankendes Rohr und einen gebrochenen Stab“[2] sich stützten[3].

Nach Ordulfs Tod folgte ihm im Herzogtume sein Sohn 28.3.1072
Magnus, geboren von einer Tochter des Königs der Dänen[4]. Er nun verwandte gleich im Anfang seiner

[1] 1. Sam. 17,47.
[2] Jos. 36,5.
[3] Ab hier erzählt Helmold selbständig. In diesem Absatz sind die letzten Entlehnungen von Adam zu finden.
[4] Wulfhilde

Regierung alle Kräfte seines Geistes wie seines Arms auf die Unterjochung der aufrührerischen Slaven, wozu ihn Butue, der Sohn Godescalks, anreizte. Jene aber begannen einmütig sich zu widersetzen, geleitet von Cruto, dem Sohne Grins, der gegen den Namen Christi und gegen die Hoheit der Fürsten Feindseligkeit übte. Zuerst trieben sie den Butue aus dem Lande, indem sie die Burgen, in denen er Zuflucht fand, zerstörten. Als er sich nun der Herrschaft beraubt sah, floh er zum Herzog Magnus, der sich damals gerade zu Lüneburg aufhielt, und redete ihn also an: „Deine Erhabenheit, du größter aller Männer, weiß, wie mein Vater Godescalk die Verwaltung des slavischen Landes zu Ehren deines Vaters stets getreulich geübt hat, da er von allem, was zum Dienste Gottes und zur Treue gegen die Fürsten rechtmäßig gehörte, nichts unterließ. So habe nun auch ich, meines Vaters Bescheidenheit nachahmend, in jeder Hinsicht treu und ergeben den Geboten der Fürsten gehorcht und mich unzähligen Gefahren ausgesetzt, um mir einen freilich fast leeren Titel, euch aber den Vorteil davon zu bewahren. Welch ein Lohn aber sowohl mir als meinem Vater zuteil geworden ist, weiß jeder, da unsere Feinde ihn des Lebens, mich des Vaterlandes beraubt haben; unsere Feinde, sage ich, aber es sind auch deine Feinde. Willst du also für deine Ehre und das Heil der Deinigen sorgen, so mußt du Waffengewalt anwenden. Denn wir sind jetzt bis zum Äußersten getrieben, und müssen eilen, damit nicht die weiter vorrückenden Feinde auch das Land der Nordelbinger heimsuchen." Als der Herzog das vernahm, antwortete er: „Ich kann in diesem Augenblick nicht selbst ins Feld ziehen, weil große Hindernisse mich zurückhalten, allein ich will dir die Barden, Sturmarn, die Holzaten und die Dithmarschen geben, mit deren Hilfe du den Angriff der Feinde vorläufig abzuhalten imstande sein wirst. Ich werde auch selbst, wenn es nötig ist, sobald wie möglich nachkommen.“ Der Herzog wurde nämlich für den Augenblick durch seinen Hochzeitstag[1], der nahe war, verhindert mitzugehen.

Butue also nahm die Tapfersten unter den Barden zu 1074/75?
Hilfe, ging über die Elbe und eilte voraus ins Land der Wagrier. Auch durchzogen die Boten des Herzogs das ganze Land der Nordelbinger und trieben das Volk an auszuziehen, dem Butue zu Hilfe, der von den Feinden bedrängt wurde. Er aber war mit mehr als 600 Kriegern voraufgezogen, und als er nach Plön hinkam, fand er die Burg wider Erwarten offen und ohne Verteidiger. Er zog also in dieselbe hinein; da redete ihn ein deutsches Weib, welches man dort fand, so an: „Nimm, was deine Hand findet und eile, schnell wieder hinauszukommen; denn nur aus List hat man die Stadt offen und unbewacht gelassen. Wenn nämlich den Slaven dein Einzug kund wird, so werden sie morgen mit einem sehr großen Heere kommen und die Stadt ringsum einschließen und belagern.“ Er aber beachtete die Worte der Warnerin nicht, sondern blieb die Nacht über in der Burg. Diese ist aber, wie man noch heutigen Tages sehen kann, von allen Seiten von einem sehr tiefen See umschlossen, und eine lange Brücke gewährt den Ankommenden den Zutritt. Sowie nun der Morgen anbrach, siehe, da umzingelten unabsehbare Scharen der Slaven die Stadt, wie es am Abend vorher dem Butue vorausgesagt war. Man hatte aber dafür gesorgt, daß nicht ein einziger Nachen auf der Insel zu finden war, auf dem die Belagerten hätten entkommen können. Butue also erlitt mit seinen Gefährten in großer

[1] Mit Sophia, der Tochter des K. Bela I. von Ungarn, Witwe des Markgrafen Udalrich von Istrien.

Hungersnot die Belagerung. Sobald jedoch die Kunde von diesem Unglücke erscholl, flogen die Tapfersten der Holzaten, Sturmarn und Dithmarschen herbei, die Stadt zu entsetzen. Und als sie an den kleinen Fluß Suale[1] kamen, der die Sachsen von den Slaven trennt, schickten sie einen der slavischen Sprache kundigen Mann vorauf, der erforschen sollte, was die Slaven täten und wie sie die Eroberung der Stadt betrieben. Dieser von seinen Gefährten abgeschickte Mann kam also zum Heere der Slaven, welches das ganze Feld ringsum bedeckte und verschiedene Belagerungswerkzeuge baute. Er redete sie also an: „Was tut ihr, Männer? Ihr greift eine Stadt und Männer an, welche den Fürsten und den Sachsen freund sind? Das Unternehmen kann euch auf keinen Fall Glück bringen. Es befiehlt euch aber der Herzog und die übrigen Fürsten, die Belagerung sofort aufzuheben. Wenn ihr das nicht tut, so werdet ihr in kurzem die Rache spüren." Als diese nun ängstlich fragten, wo der Herzog sei? antwortete er, er sei ganz in der Nähe mit einer unzählbaren Menge von Kriegern. Darum nahm der Fürst der Slaven, Cruto, den Boten beiseite und fragte ihn bestimmter nach dem wahren Sachverhalt. Da sprach jener: „Was für einen Lohn gibst du mir, wenn ich dir das verrate, wonach du fragst, und dir diese Stadt und die drinnen sind, nach Wunsche in die Hände liefere?" Er einigte sich mit ihm auf zwanzig Mark. Sofort nachdem das Versprechen gegeben war, sagte jener Verräter zu Cruto und dessen Gefährten: „Jener Herzog, den du fürchtest, hat noch nicht die Elbe überschritten, weil große Hindernisse ihn zurückhalten; nur die Sturmarn, Holzaten und Dithmarschen sind mit einer kleinen Anzahl ausgezogen; diese werde ich leicht mit einem Worte irreleiten und

[1] Die Schwale, welche unterhalb Neumünster in die Stoer mündet.

zur Heimkehr bewegen." Nachdem er das gesagt, ging er über die Brücke und sagte zu Butue und dessen Gefährten: „Siehe zu, dich und die Männer zu retten, die bei dir sind, denn die Sachsen, auf die du rechnetest, werden dir diesmal nicht zu Hilfe kommen." Da antwortete er voll Bestürzung: „Ach, ich Elender, warum werde ich von meinen Freunden verlassen? So wollen die trefflichen Sachsen einen Hilfeflehenden und ihres Beistandes Bedürftigen in der Not verlassen? Ich bin schlimm getäuscht, der ich zu den Sachsen immer das beste Vertrauen hegte und nun in der äußersten Bedrängnis preisgegeben bin." Darauf erwiderte jener: „Es ist Zwietracht unter das Volk gekommen, und da sie sich gegeneinander erhoben haben, so ist jeder nach Hause zurückgekehrt. Also mußt du einen anderen Entschluß fassen." Nachdem der Kundschafter auf diese Weise alles in Verwirrung gesetzt, kehrte er zu den Seinigen zurück, und als nun die eiligst einherziehenden Sachsen fragten, wie es stehe, antwortete er: „Ich bin nach der Burg hingekommen, wohin ihr mich geschickt habt: es ist, Gott sei Dank, daselbst keine Gefahr und man besorgt keine Belagerung. Vielmehr habe ich den Butue und die bei ihm sind, fröhlich und gar nicht beunruhigt gefunden." Auf diese Weise hielt er das Heer zurück, daß sie die Belagerten nicht entsetzten. Dieser Mensch wurde dem Butue und dessen Gefährten der Urheber ihres Verderbens. Denn sobald die Belagerten, von dem Verräter überlistet, die Hoffnung auf Entsatz aufgegeben hatten, fingen sie an, die Feinde zu fragen, ob sie für ihr Leben ein Lösegeld annehmen würden? Worauf jene entgegneten: „Gold und Silber nehmen wir von euch nicht; das Leben und die Unversehrtheit des Leibes, die ihr wünscht, gewähren wir euch nur, wenn ihr herauskommt und uns die Waffen überliefert.“ Als Butue das vernahm, sprach er: „Ein harter Vorschlag ihr Männer, wird uns gemacht, daß wir hinauskommen und die Waffen abgeben sollen. Freilich weiß ich, daß der Hunger sehr zur Übergabe drängt; allein wenn wir nach der uns vorgeschlagenen Bedingung unbewaffnet hinausziehen, so werden wir nicht minder eine Gefahr zu bestehen haben. Denn wie schwankend und unzuverlässig die Redlichkeit der Slaven sei, habe ich oft erfahren. Daher scheint es mir dem Heile aller angemessener zu sein, daß wir, wenn auch mit Mühe, durch längeres Aushalten das Leben zu retten suchen und warten, ob Gott uns vielleicht von irgend welcher Seite Helfer sendet.“ Dem aber widersetzten sich seine Gefährten, indem sie sagten: „Zwar gestehen wir zu, daß die uns vom Feinde gestellte Bedingung zweideutig und in hohem Grade Besorgnis erregend ist. Jedoch darf man sie nicht verwerfen, weil es keinen andern Ausweg aus dieser Gefahr gibt. Denn was hilft ein Aufschub, wo niemand da ist, uns zu entsetzen? Der Hunger bringt einen schlimmeren Tod als das Schwert, und besser ist es, rasch das Leben zu enden, als lange sich zu quälen.“

26.
Vom Tod Butue's

Als nun Butue seine Gefährten entschlossen sah abzuziehen, ließ er sich feinere Kleider bringen, mit denen angetan er mit seinen Genossen die Stadt verließ. Sie gingen dann über die Brücke, zwei bei zweien, übergaben ihre Waffen und wurden so vor Cruto gebracht. Als sie alle vorgeführt waren, richtete eine sehr angesehene

Frau aus der Burg an Cruto und die übrigen Slaven folgende Aufforderung: „Vernichtet die Männer, die sich euch ergeben haben und schonet ihrer nicht; denn sie haben euren Ehefrauen, die mit ihnen in der Stadt zurückgelassen waren, auf das schändlichste Gewalt angetan; so tilgt denn eure Schmach!" – Als Cruto und seine Genossen dieses hörten, stürzten sie auf jene los und töteten die ganze Schar mit der Schärfe des Schwertes. So wurden an jenem Tage[1] Butue und die ganze Blüte der kriegerischen Jugend der Barden vor der Burg Plön erschlagen. Cruto aber wurde mächtig, und das Werk seiner Hände gedieh, und er erlangte die Herrschaft über das gesamte Land der Slaven. Und aufgerieben wurden die Streitkräfte der Sachsen, sie selbst aber wurden dem Cruto zinspflichtig, nämlich das ganze Land der Nordelbinger, welches unter drei Völker verteilt ist: unter die Holzaten, die Sturmarn und die Dithmarschen. Diese alle trugen das harte Joch der Knechtschaft während Cruto's ganzer Lebenszeit. Und das Land wurde voll Raubgesindels, das unter dem Volke Gottes Mordtaten verübte und die Menschen gefangen hinwegführte. Und sie verschlangen die Stämme der Sachsen mit gierigem Rachen. Damals machten sich von dem Volke der Holzaten mehr als sechshundert Familien auf, setzten über den Fluß und zogen weithin, um sich geeignete Sitze zu suchen, wo sie der Wut der Verfolgung entrinnen möchten. Sie kamen ins Harzgebirge und blieben dort, sie selbst und ihre Söhne und ihre Enkel bis auf den heutigen Tag.

[1] An einem 8. August, wahrscheinlich des Jahres 1074 oder 1075.

27.
Von der Erbauung der Harzburg[1]

Es ist aber nicht zu verwundern, wenn „unter dem
unschlachtigen und verkehrten Geschlecht“, „in dem
Lande des Schreckens und der wüsten Einöde“[2] un-
glückliche Ereignisse vorfielen, da durch das ganze
Reich hin damals Kriegsstürme brausten. Denn die Re-
gierung des Reiches, die während der Kindheit Hein-
richs in nicht geringem Grade geschwächt war, lief, als
er herangewachsen war, nicht weniger Gefahr. Denn
sowie er ein Mann und nach Entfernung des Erziehers[3]
selbständig geworden war, begann er das Volk
der Sachsen hart zu verfolgen. Zuletzt nahm er dem
1070 Otto, weil er ein Sachse war, das Herzogtum Bayern
und gab es dem Welpo. Darauf errichtete er zur Unter-
drückung von ganz Sachsen auf dem Rücken des Har-
1073 zes eine sehr feste Burg, genannt die Harzburg. Dar-
über ergrimmt, vereinigten sich die Fürsten der Sachsen
und zerstörten die Burg, die zu ihrer Unterjochung be-
stimmt war, von Grund aus. Und die Herzen der Sach-
sen wurden verhärtet gegen den König, und ihre Für-
sten waren Wicelo, Bischof von Magedeburg, Bucco,
Bischof von Halberstadt, Herzog Otto, Herzog Mag-
nus, Markgraf Udo und viele andere Edle. Ihre Kühn-
1075 heit zu brechen, kam der König schnell mit einem
Heere, begleitet vom Herzog Rudolf von Schwaben

[1] Die hier folgende Darstellung bietet, besonders im Anfang, wörtliche Anklänge an die Annalen von St. Disibod, ist aber eine ganz eigentümliche Legendenbildung, welche im Verlauf immer mehr für den Kaiser günstig wird. Die groben geschichtlichen Fehler sind leicht zu erkennen.

[2] Philipp. 2,15 – 5. Mose 32,10.

[3] Es ist wohl Adalbert von Bremen († 1072) gemeint.

und vielen Fürsten des Reiches. Aber auch die Sachsen säumten nicht, sondern eilten mannhaft zum Kampfe, und die Heere trafen sich an der Unstrut. Und als der Ausbruch der Schlacht nicht fern war, einigten sich beide Parteien darauf, daß ein Waffenstillstand auf zwei Tage geschlossen wurde, weil man hoffte, den Krieg friedlich beilegen zu können. Die Sachsen also freuten sich des Friedens, legten sofort die Waffen ab, verbreiteten sich weithin über das Feld, schlugen ein Lager auf und pflegten ihren Leib. Um die neunte Stunde des Tages meldeten die Kundschafter des Königs, als sie 9.6.1075
sahen, daß die Sachsen aufgelöst und über das Feld hin zerstreut waren und nichts Böses ahnten, eilends ihrem Herrn, daß sich die Sachsen zum Kampfe bereiteten. So erhob sich das Heer des Königs, ging über den Fluß, fiel über die ruhig und unbewaffnet Daliegenden her und tötete viele tausend Sachsen an jenem Tage. Und als nun die Sachsen zum Schutze ihrer Freiheit doch noch auf Fortsetzung des Krieges dachten, da erlangte der Herzog von Schwaben, ein biederer Mann und ein Freund des Friedens, der einesteils für die Ehre des Königs, andernteils für das Beste der Sachsen sorgte, von den letzteren die Einwilligung, daß sich ihre Führer, die Bischöfe Wicelo von Magdeburg und Bucca von Halberstadt, sowie die Herzoge Otto und Magnus und Markgraf Udo der Gewalt des Königs überliefern wollten, jedoch unter der Bedingung, daß sie weder Gefangenschaft noch irgend eine körperliche Verletzung zu erdulden hätten. So wie aber die Sachsen, durch diese Ratschläge verlockt, sich in die Hand des Königs gaben, befahl er sie in enge Haft zu legen, ohne vor einem Bruche seines gegebenen Wortes Scheu zu empfinden. Herzog Rudolf aber ward sehr betrübt, weil er sein Versprechen nicht halten konnte.

28.
Von König Heinrichs öffentlicher Buße

Wenige Tage nachher wurden die Fürsten der Sachsen wider den Willen des Königs von der Gefangenschaft erlöst und kehrten nach Hause zurück, glaubten aber fortan den Versprechungen des Königs nie wieder. Danach kamen sie beim apostolischen Stuhle mit einem Berichte über das Vorgefallene ein und beklagten sich bei dem hochwürdigsten Papste Gregor[1] darüber, daß der König als Verächter des göttlichen Gesetzes den Kirchen Gottes bei der Einsetzung von Bischöfen jegliche Freiheit kanonischer Wahl entziehe, indem er nach eigenem Belieben und mit Gewalt Bischöfe anstelle; ferner, daß er, wie die Nicolaiten zu tun pflegen[2], seine Ehefrau zu einer öffentlichen Metze mache, indem er sie mit Gewalt den Lüsten anderer preisgebe, und sehr vieles andere, was gegen alle gute Sitte zu verstoßen schien und mit Widerwillen vernommen wurde. Deshalb sandte der apostolische Herr, getrieben vom Eifer der Gerechtigkeit, Abgeordnete hin und berief den König zum Verhör vor den apostolischen Richterstuhl. Jener, der selbst auf die zweite und dritte Vorladung nicht achtete, ließ sich endlich doch durch den Rat seiner Vertrauten, welche befürchteten, er möchte mit Recht seines Reiches entsetzt werden,
1077 bewegen, nach Rom[3] zu gehn, wo er sich über das, weswegen er mit Recht belangt war, der Entscheidung des Papstes unterwarf. Er wurde also angewiesen, er

[1] Gregor VII.
[2] S. Offenb. Joh. 2,6.14.15. Die Nicolaiten, eine Sekte, trieben unter dem Vorwand, über das Gesetz erhaben zu sein, Unzucht.
[3] Nach Canossa.

solle ein ganzes Jahr lang sich nicht aus Rom entfernen, kein Roß besteigen, sondern in niederer Kleidung an den Türen der Kirchen umhergehen und durch Gebet und Fasten rechtschaffene Früchte der Buße bringen. Dies zu befolgen war der König demütig bemüht.

Da nun die Kardinäle und die zur Kurie gehörten, sahen, wie aus Furcht vor dem apostolischen Stuhle die weltlichen Mächte erzitterten und die stolzen Herren sich beugten, gaben sie dem Papst an die Hand, er möchte das Reich einem anderen Manne übertragen, weil ein solcher, der öffentlichen Schandtaten überführt sei, nicht würdig sei zu regieren. Als nun der Papst sich erkundigte, wer denn in Deutschland so hoher Stellung würdig sei, wurde ihm Herzog Rudolf von Schwaden bezeichnet, der ein biederer Mann, ein Freund des Friedens sei, der Kirche und ihren Dienern ergeben und zugetan. Diesem übersandte der Papst eine goldene Krone mit folgendem Verse als Inschrift:

Petra[1] *gab Roma dem Petrus, die Krone der Papst dir.*

Und er gab den Erzbischöfen von Mainz und Köln und 1077
den übrigen Bischöfen und Fürsten die Weisung, die Partei Rudolfs zu nehmen und ihn als König einzusetzen. So erwählten alle, die nun auf das Wort des Papstes hörten, Rudolf zum König, und die Sachsen und Schwaben erklärten sich für ihn. Die übrigen Fürsten aber und die Städte am Rhein nahmen ihn nicht an, so wenig wie das ganze Volk der Franken, weil sie Heinrich geschworen hatten und ihren Eid nicht brechen wollten. Heinrich aber blieb in Rom, um das ihm Befohlene zu verrichten, ohne von den Anschlägen, die gegen ihn ins Werk gesetzt wurden, etwas zu ahnen.

[1] D.h. der Fels, nämlich Christus. S. Matth. 16,18.

29.
Der Tod Rudolfs von Schwaben

Da machte sich ein Bischof von Straßburg[1], ein großer Freund König Heinrichs, auf und eilte nach Rom, wo er nach langem Suchen den König an den Gräbern der Märtyrer weilend fand. Der König, über seine Ankunft hoch erfreut, fing an, sich nach dem Zustande des Reiches zu erkundigen und zu fragen, ob alles in Frieden sei? Da teilte jener ihm mit, es sei ein neuer Herrscher gewählt und es sei notwendig, daß er so bald wie möglich wieder nach Deutschland komme, um den Mut seiner Freunde zu stärken und die Unternehmungen der Feinde zu unterdrücken. Und als nun der König äußerte, er dürfe durchaus nicht ohne päpstliche Erlaubnis abreisen, antwortete jener: „So wisse denn, daß diese ganze unselige Verschwörung in römischer Treulosigkeit ihre Wurzel hat; ja, wenn du der Gefangenschaft entrinnen willst, mußt du heimlich die Stadt verlassen." Also verließ der König in der Nacht die Stadt und Italien[2], und kam, nachdem er die Verhältnisse der Lombardei für den Augenblick befestigt hatte, nach Deutschland. Da freuten sich alle Rheinstädte und alle, die seiner Partei anhingen, über die unverhoffte Ankunft des Fürsten. Er aber sammelte ein großes Heer, um Rudolf zu bekriegen, und mit ihm war der sehr berühmte Herzog Godefrid[3], der späterhin Jerusalem befreite, und viele Große. Die Heere der Sachsen und

[1] Der Bischof hieß Werner II., die ganze Geschichte ist jedoch eine Sage.
[2] Die Lombardei gehört nach Helmolds Sprachgebrauch nicht zu Italien; vgl. besonders Kap. 82 Anfang.
[3] Vielmehr sein Vetter, Gotfried III. (Gozelo), war bis zu seinem Tode (1076) ein Anhänger Heinrichs.

Schwaben aber waren bei Rudolf. Und die Könige kämpften miteinander[1], Rudolfs Partei aber ward besiegt und die Sachsen und Schwaben fielen. Rudolf aber, der an der rechten Hand verwundet war, floh nach Merseburg und sagte, als er dem Tode schon nahe war, zu seinen Freunden: „Sehet ihr meine rechte Hand wund und verstümmelt? Mit dieser habe ich Heinrich, meinem Herrn, geschworen, ihn nicht zu kränken, noch seinen Ruhm gefährden zu wollen. Allein der apostolische Befehl und das Verlangen der Bischöfe hat mich verleitet, meinen Eid zu brechen und eine mir nicht gebührende Würde in Anspruch zu nehmen. Welch ein Ende ich nun nehme, seht ihr, da ich gerade an der Hand, mit der ich meinen Eid gebrochen habe, diese tödliche Wunde empfangen habe. So mögen nun die, die mich hierzu angereizt haben, sehen, wohin sie mich gebracht haben, ob ich vielleicht gar von ihnen in den Abgrund ewigen Verderbens gestürzt bin." Und mit diesen Worten gab er voll schweren Herzeleides den Geist auf. 1080

30.
Die Vertreibung des Papstes aus Rom

Da berief König Heinrich, durch seine glücklichen Erfolge aufgeblasen, ein großes Konzil von Bischöfen, und ließ daselbst den Papst Gregor als einen Reichsverräter und Störer des Kirchenfriedens verurteilen. Dann zog er eine große Kriegsmacht zusammen und ging nach Italien, besetzte Rom, die Mutter des Reiches, wobei viele Bürger daselbst ums Leben kamen, vertrieb Gre- 1080

[1] An der Elster am 15. Oktober 1080.

gor und ließ, nachdem er sich der Stadt und des Senats nach Wunsch bemächtigt hatte, Wibert, den Bischof
1084 von Ravenna, zum Papste weihen; worauf auch er von demselben eingesegnet und vom römischen Volke als Kaiser und Mehrer des Reiches begrüßt wurde. Dieses Wort aber wurde zu einem großen Fallstricke für Israel, weil von jenem Tage an in der Kirche Gottes solche Spaltungen ausbrachen, wie bisher seit alter Zeit nicht gewesen waren. Denn diejenigen, die für die Vollkommneren und die Säulen im Hause Gottes galten, hingen dem Gregor an, die anderen, die sich entweder durch die Furcht vor dem Kaiser oder durch das Streben nach seiner Gunst leiten ließen, folgten dem Wibert, der auch Clemens hieß; und diese Spaltung dauerte 25 Jahre. Auf Gregor nämlich folgte nach seinem Tode Desiderius, dann Urbanus, dann Paschalis, die alle den Kaiser samt seinem Papst in den Bann taten, während sie sich bei den Königen von Frankreich, Sizilien und Spanien aufhielten, welche die katholische Partei schützten. Auch die Sachsen, nachdem sie sich von der Niederlage wieder erholt hatten, setzten sich einen gewissen Her-
1081 mann, mit dem Beinamen Clufloch[1], zum König, und erneuerten den Krieg gegen Kaiser Heinrich. Und als der neue Fürst der Sachsen, nachdem er zum zweiten
1082 Male gesiegt hatte, als Eroberer in eine Burg einzog, ereignete es sich vermöge eines wunderbaren göttlichen Gerichtes, daß das aus seinen Angeln gerissene Tor den König samt vielen anderen zerquetschte, und so fand das Unternehmen der Sachsen auch diesmal ein erfolgloses Ende; sie wagten nicht wieder, einen neuen König zu wählen, oder die Waffen gegen Kaiser Heinrich zu führen, da sie sahen, daß ihm nach Gottes Willen und Gewähr die Krone erhalten wurde.

[1] Knoblauch.

31.
Vom Brief des Mönchs Peter

Eine Begebenheit, wert, berichtet zu werden und im Gedächtnis der Nachwelt zu bleiben, ereignete sich in den letzten Tagen Kaiser Heinrichs des Älteren. Peter nämlich, von spanischer[1] Abkunft, seinem Berufe nach ein Mönch, kam ins römische Reich und erhob im ganzen Umfange desselben die Stimme der Predigt, indem er die Völker aufforderte, nach Jerusalem zu ziehen, um die heilige Stadt zu befreien, die die Barbaren in Besitz hatten. Er wies aber einen Brief vor, der, wie er versicherte, vom Himmel gekommen war, und worin geschrieben stand, „die Zeit der Heiden sei erfüllt" und „die Stadt, welche von den Heiden zertreten werde"[2], müsse befreit werden. Da also traten in allen Ländern obrigkeitliche Personen, Bischöfe, Herzoge, Statthalter, Männer vom Adel wie vom Volke, Äbte, Mönche die Reise nach Jerusalem an unter Führung des tapferen Godefrid und im Vertrauen auf die göttliche Hilfe, und eroberten Nicäa, Antiochien und viele andere von den Barbaren in Besitz genommene Städte. Weiter vorrükkend befreiten sie dann die heilige Stadt aus der Hand der Barbaren, und es begann danach an demselben Orte das Lob Gottes mehr und mehr zu ertönen, und der Herr wurde verehrt von den Völkern der Erde „an der Stelle, wo seine Füße gestanden hatten"[3].

[1] Er war bekanntlich aus Amiens gebürtig.
[2] Lucas 21,24.
[3] Psalm 132,7.

32.
Die Absetzung Kaiser Heinrichs

1100 Danach starb Wibert, auch Clemens genannt, und die Spaltung wurde beigelegt, und die ganze Kirche kehrte wieder zu Paschalis zurück, und es ward eine Herde und ein Hirte. Sobald nun Paschalis fest auf dem päpstlichen Stuhle saß, ließ er den Kaiser von allen Bischöfen und Dienern der katholischen Kirche exkommunizieren, und dieses Urteil hatte eine solche Wirkung, daß die Fürsten einen allgemeinen Hoftag hielten und entschieden, dem Heinrich müsse das Diadem genommen und seinem gleichnamigen Sohne übertragen werden. Dieser aber war schon längst auf Anhalten seines Vaters zum künftigen König gewählt. Darum kamen zum Kö-
Dez. 1105 nige, der sich damals gerade auf dem königlichen Hofe zu Ingelheim aufhielt, von den Fürsten abgeordnet, die Erzbischöfe von Mainz und Köln und der Bischof von Worms, und überbrachten ihm im Namen der Fürsten folgende Aufforderung: „Laß uns die Krone, den Ring und den Purpur ausliefern und was sonst zur Krönung eines Kaisers gehört und jeweils seinem Sohne auszuhändigen ist.“ Auf seine Frage, womit er eine solche Demütigung verschuldet habe, antworteten sie: „Was fragst du nach dem, was du gar wohl weißt? Dein Gedächtnis lehrt dich, wie die gesamte Kirche durch deine Schuld nun schon viele Jahre lang in der größten Verwirrung und Zwietracht notleidet; wie du Bistümer, Abteien, ja alle Kirchenämter feilgeboten hast, und wie bei Einsetzung der Bischöfe gar keine gesetzmäßige Wahl, sondern allein die Rücksicht auf Geld stattfand. Aus diesen und anderen Gründen hat die apostolische Hoheit festgesetzt, und haben die Fürsten einstimmig ihre Einwilligung gegeben, daß du nicht nur des Rei-

ches zu entsetzen, sondern auch von der kirchlichen Gemeinschaft auszuschließen seiest." Darauf erwiderte der König: „Ihr sagt, daß wir geistliche Würden um Geld verkauft haben. Euch freilich kommt es zu, eine solche Anklage gegen uns zu erheben. Sprich also du, Erzbischof von Mainz, sage es beim Namen des ewigen Gottes, was haben wir gefordert oder bekommen, als wir dich über Mainz gesetzt haben? Auch du, Erzbischof von Köln, wir fragen dich auf dein Gewissen, was hast du uns für den Sitz gegeben, den du durch unsere Gnade einnimmst?" – Da jene bekannten, dafür sei weder Geld geboten noch angenommen, sagte der König: „Gelobt sei Gott, daß wir wenigstens in diesem Stücke treu erfunden sind. Sicherlich sind diese beiden Würden doch die vornehmsten, und hätten unserm Schatze großen Gewinn bringen können. Der Wormser Herr aber, wie der von uns behandelt, wie befördert ist und ob wir Zuneigung oder Gewinnsucht gegen ihn bewiesen haben, ist weder euch, noch ihm selbst unbekannt. Ihr vergeltet also unsere Wohltaten auf eine würdige Weise! Werdet doch nicht, ich bitte euch, Mitschuldige derer, die gegen ihren Herrn und König die Hand erhoben und Treue und Eidschwüre gebrochen haben! Sehet, wir sind schon schwach geworden, und haben nur noch einen kleinen Weg vor uns, Alter und Mühsal haben uns aufgerieben; so haltet denn noch ein wenig aus, und trachtet nicht, unserem Ruhme ein schmähliches Ende zu geben. Erklärt ihr aber, daß wir durchaus weichen müssen, und ist das eure feste Meinung, so setzt eine Frist, ordnet einen Gerichtstag an; spricht sich dann der Hoftag dafür aus, so wollen wir unserem Sohne die Krone mit eigenen Händen übergeben. Wir verlangen also einen allgemeinen offenen Hoftag."

Da jene jedoch auf ihrem Verlangen bestanden und sagten, sie würden das Geschäft, weswegen sie gesandt seien, pünktlich ausführen, entfernte sich der König ein wenig von ihnen und beriet sich mit seinen Getreuen. Und weil er sah, daß die Abgeordneten mit bewaffnetem Gefolge gekommen waren und kein Widerstand möglich war, ließ er sich den königlichen Schmuck bringen, legte ihn an, setzte sich auf den Thron und redete die Abgeordneten so an: „Diese Zeichen der kaiserlichen Würde hat mir die Güte des ewigen Königs und die einstimmige Wahl der Fürsten des Reiches verliehen. Gott aber, der mich durch seine Gnade zu dieser Höhe erhoben hat, vermag mir auch zu bewahren, was er mir bewilligt hat, und eure Hände vom begonnenen Werke abzuhalten. Denn freilich müssen wir uns jetzt mehr auf Gottes Hilfe verlassen, da wir von Kriegsmacht und anderen Hilfsmitteln ganz entblößt sind. Wenn wir bisher in auswärtige Kriege verwickelt waren, so haben wir uns stets zuverlässig zu schützen gewußt und alle Angriffe und Verluste mit Gottes Hilfe entweder durch Klugheit, oder durch Tapferkeit in der Schlacht überwunden. Dieses innere Unheil aber haben wir nicht vorhergesehen, und darum auch keine Vorkehrungen dagegen getroffen. Denn wer hätte geglaubt, daß in der christlichen Welt eine solche Verruchtheit aufkäme, daß die dem König geschworenen Eide der Treue gebrochen würden, daß der Sohn gegen den Vater aufgereizt würde, kurz, daß keine Dankbarkeit für erhaltene Wohltaten, keine Scheu und Ehrerbietung mehr beständen? Des Kaisers Majestät pflegt selbst gegen ihre Feinde soviel Rücksicht und Sitte zu bewahren, daß, wenn sie verbannt oder verurteilt werden sollen, man ihnen das Rechtsmittel der Berufung und der Fristgebung nicht versagt, indem des Kaisers Gnade erst verwarnt, ehe sie straft, erst zur Ergebung auffordert, ehe sie durch Richterspruch verurteilt. Uns aber werden gegen alles Recht Frist und Verhör verweigert, und darum gerade werde ich unterdrückt, damit ich nicht zum Worte komme. Wer sollte eine solche Entfremdung von seinen treuesten Freunden, und zumal von Bischöfen erwarten? So weisen wir euch denn auf den Herrn, den Schöpfer der Welt, auf daß die Furcht vor ihm euch zügeln möge, da gerechter Sinn und Dankbarkeit euch nicht zurückhalten. Wenn ihr denn weder Gott, noch eure eigene Schande scheut, wohlan! so sind wir bereit, der Gewalt haben wir nichts entgegenzusetzen und müssen notwendig dulden, was wir nicht abwehren können." Da begannen die Bischöfe wankend zu werden und wußten nicht, was sie tun sollten; denn großer Dinge Anfang ist stets schwer. Zuletzt aber redete der Mainzer seine Genossen an und sprach: „Wie lange zaudern wir, ihr Genossen? Ist es nicht unser Amt, den König zu weihen und den geweihten einzukleiden? Was nach Beschluß der Fürsten erteilt werden kann, das sollte nach dem Willen derselben nicht auch aufgehoben werden dürfen? Warum sollen wir einen Mann, den wir, weil er es verdiente, eingekleidet haben, nunmehr nicht auch seiner Würde entkleiden können, da er sie nicht mehr verdient?" Und sofort schritten sie zur Tat, gingen auf den König zu und rissen ihm die Krone vom Haupte, dann zogen sie ihn vom Throne herunter und beraubten ihn des Purpurs und aller zur heiligen Gewandung gehörenden Gegenstände. Da sagte der König, überwältigt von der Beschimpfung: „Gott sehe darein und strafe es", denn ihr „tut unrecht an mir"[1]. Ich büße zwar die Sünden meiner Jugend, indem mir vom Herrn mit gleichem

[1] 1. Chron. 13,17 und 1. Mos. 16,5.

Maße gemessen wird; ich erdulde Schmach und Schimpf in solchem Grade, wie sie erweislich bisher kein König zu tragen hatte. Darum aber seid ihr nicht frei von der Sünde, ihr, die ihr gegen euren Herrn die Hand erhoben und den Eid, den ihr geschworen, übertreten habt. Darin möge Gott ein Einsehen haben und euch dafür strafen: „Gott, sage ich, des die Rache ist“[1]! „Möget ihr nicht emporkommen und nicht zunehmen, möge euer Wirken nicht gedeihen und möge es euch gehen wie dem, der Christus verriet, seinen Herrn!“ – Allein jene verstopften ihr Ohr und gingen zum Sohne, um ihm die kaiserlichen Abzeichen zu bringen und ihn auf den Thron zu setzen.

33.
Kaiser Heinrichs Flucht und Tod

So erhob sich der Sohn gegen den Vater und raubte ihm die Krone. Jener aber entfloh vor dem Antlitze
1106 seines Sohnes, und kam in das Herzogtum Limburg, indem er eilends davonging, um den Händen derer zu entrinnen, die ihm nach dem Leben trachteten. Es war aber in jener Gegend ein angesehener und vornehmer Fürst[2], den der Kaiser zur Zeit seiner Macht des Herzogtums Limburg entsetzt hatte, um es einem andern zu geben. Nun traf es sich, daß eben dieser Fürst in der Nähe der Straße der Jagd oblag, als der Kaiser, von neun Männern begleitet, vorüberkam; sogleich erkannte er, daß er vor dem Antlitz seines Sohnes flüchte, denn schon hatte man etwas davon vernommen. Und

[1] Psalm 94,1.
[2] Heinrich Graf von Limburg, den der Kaiser bekämpft, dann aber zum Herzog von Niederlothringen erhoben hatte.

alsbald setzte er sich auf sein Roß, nahm seine Ritter mit und setzte ihm hastig nach. Als ihn der Kaiser erblickte, begann er, in der Meinung, er sei sein Feind, für sein Leben zu fürchten, und bat mit lauter Stimme um Gnade. Jener aber sprach: „Ihr habt wenig Gnade von mir verdient, Herr, denn als ich Euch anflehte, habt Ihr mir jegliche Gnade verweigert und mir mein Herzogtum genommen." „Das ist es", antwortete der Kaiser, „wofür ich jetzt büße; denn mein Sohn ist gegen mich aufgestanden, und ich bin aller meiner Würden beraubt." Da nun jener Fürst den König in so trostlosem Zustande sah, ward er von Mitleid ergriffen und sagte zu ihm: „Wenn Ihr auch Eure Macht gegen mich gemißbraucht habt, so weiß doch Gott, daß ich von großem Schmerze um Euch ergriffen bin. Denn die größte Lieblosigkeit ist gegen Euch begangen, und zwar gerade von denen, gegen die Ihr Euch stets liebevoll und gütig benommen habt. Was meint Ihr also? Ist Euch nicht unter den Fürsten noch ein Helfer geblieben?" Als der Kaiser sagte, das wisse er nicht, weil er noch keinen Versuch gemacht habe, erwiderte jener: „Gott vermag Eure Ehre noch wieder herzustellen, weil gegen Euch ungerecht gehandelt ist. Tut also, was ich Euch sage, begebt Euch dort hinauf in die Burg, und pfleget Euren ermüdeten Körper; wir wollen in Stadt und Land umherschicken und versuchen, ob wir irgendwo Hilfe finden können. Vielleicht ist aus den Herzen der Menschen doch noch nicht alle Gerechtigkeit verschwunden." Und ohne Säumen schickte er ringsumher nach Kriegern und brachte an 800 Geharnischte zusammen, darauf geleitete er den Kaiser nach der großen Stadt Köln. Die Kölner aber nahmen ihn auf. Als das der Sohn vernahm, kam er mit einem großen Heere und belagerte Köln. Und als nun die Stadt sehr hart bedrängt wurde, entfloh der Kaiser aus Besorgnis für die Stadt in der Nacht nach Lüttich. Dorthin kamen zu ihm alle standhaften Männer, welcher Herz Mitleid rührte. Er aber beschloß, als er die Zahl seiner Anhänger übersah, zu kämpfen. Als ihn sein Sohn mit großer Heeresmacht verfolgte, rückte er ihm entgegen auf die Maas zu. Vor der Schlacht aber legte er den Fürsten und allen Mannen seines Heeres folgende Bitte ans Herz: „Wenn der allmächtige Gott uns heute im Kampfe hilft und wir in der Schlacht Sieger bleiben, so schonet meines Sohnes, und tötet ihn nicht." Die Schlacht begann also, und der Vater, der die Oberhand gewann, trieb den Sohn in die Flucht über die Brücke hinüber, und viele fielen durchs Schwert, noch mehrere aber ertranken im Flusse. Da aber wurde das Treffen erneuert und der alte Kaiser besiegt, umzingelt und gefangen genommen[1]. Wieviel Kränkungen und Beleidungen aber der erhabene Held in jenen Tagen erdulden mußte, das ist schwer zu erzählen und schmerzlich zu hören. Ihn kränkten seine Freunde, ihn verhöhnten nicht minder seine Feinde. Zuletzt griff ihn, wie man erzählt, ein geringer und armseliger, aber gelehrter Mann vor allem Volk an mit den Worten: „Du böser alter Schalk, jetzt treffen dich deine Sünden, die du vorhin getrieben hast, da du unrechte Urteile sprachest und die Unschuldigen verdammtest, aber die Schuldigen lossprachest." Als nun die Anwesenden, nämlich einsichtige Männer, gegen diesen in Zorn gerieten, beschwichtigte sie der Kaiser mit den Worten: „Zürnet ihm bitte nicht. Sehet, mein Sohn, der von meinem Leibe gekommen ist, stehet mir nach meinem Leben, wieviel mehr denn ein Fremder? Lasset ihn flu-

[1] Daß Kaiser Heinrich IV. in dem Treffen bei Viset am 21. März 1106 nicht gefangen genommen wurde, ist bekannt.

chen, denn Gott will es so[1]." Es war aber dort der Bischof von Speyer, einst vom Kaiser sehr geliebt[2]; denn er hatte der Mutter Gottes eine sehr große Kirche zu Speyer erbaut und außerdem vieles zur Zierde und zur Förderung der Stadt und des Bistums getan. Daher sagte der Kaiser zu diesem seinem Freunde: „Siehe, des Thrones entsetzt, habe ich alle Hoffnung verloren, und mir frommt nichts mehr, als dem Rittertume zu entsagen. Darum gib mir eine Pfründe zu Speyer, auf daß ich ein Knecht sei meiner Herrin, der Mutter Gottes, der ich stets ergeben gewesen bin. Denn ich bin auch in den Wissenschaften bewandert und kann noch auf dem Chor dienen." Da antwortete jener: „Bei der Mutter Gottes, deinen Wunsch werde ich dir nicht erfüllen." Da seufzte der Kaiser und weinte und sprach zu den Umstehenden: „Erbarmet euch mein, erbarmet euch mein, ihr wenigstens, meine Freunde; denn die Hand Gottes hat mich gerührt[3]."

Damals aber starb der Kaiser zu Lüttich und sein 7.8.1106
Leichnam stand fünf Jahre lang unbeerdigt in einer einsamen Kapelle. Denn mit solcher Strenge straften ihn der Papst und seine übrigen Widersacher, daß sie den Toten nicht einmal begraben ließen. O welch ein großes Gericht Gottes, das an einem so mächtigen Helden erfüllt wurde! Indes ist zu hoffen, daß diese Glut der Trübsal ihn von den Schlacken gereinigt und ihm den Rost genommen hat, denn so oft wir hienieden „gerichtet werden, so werden wir von dem Herrn gezüchtigt, auf daß wir nicht samt der Welt verdammet werden"[4].

[1] In Anlehnung 2. Sam. 16,11.
[2] Dieser Bischof Johannes war schon 1104 gestorben, und jetzt Gebhard Bischof, ein Gegner des Kaisers, dem dieser in Haft gegeben war.
[3] Hiob 19,21.
[4] 1. Cor. 11,32.

Der Kaiser aber war gegen die Kirchen sehr gütig, d.h. gegen die, die er als treu erfand. Den römischen Papst Gregor dagegen und die übrigen, die ihm nach der Ehre trachteten, verfolgte er, wie sie ihn verfolgten. Dazu trieb ihn, wie viele sagen, dringende Not. Denn wer ertrüge wohl mit Gleichmut nur die geringste Beeinträchtigung seiner Ehre? Wir lesen aber, daß gar manche sündigten, denen doch durch das Gnadenmittel der Reue und Buße geholfen wurde. Wenigstens blieb David, als er seine Sünden bereute und büßte, König und Prophet. König Heinrich aber, der an den Gräbern der Apostel lag und betete und büßte, demütigte sich umsonst und fand nicht in der Zeit der Gnade, was jener in der harten Zeit des Gesetzes erlangt hatte. Doch darüber mögen rechten, die es verstehen und zu tun wagen. Das eine nur muß man wissen, daß der römische Stuhl noch bis auf den heutigen Tag[1] für diese Tat büßt. Denn seit jener Zeit sind alle die, welche aus jenem Geschlechte auf den Thron gekommen sind, auf alle Weise bemüht, die Kirchen herunterzubringen, damit sie nicht wieder so viel Kräfte gewinnen sollen, um sich gegen die Könige erheben und ihnen antun zu können, was sie ihren Vätern angetan haben.

Der jüngere Heinrich aber regierte statt seines Vaters, und es herrschte Eintracht zwischen König und Papst; allein das währte nicht lange. Denn auch er war sein ganzes Leben lang nicht glücklich, weil er, wie der Vater, vom apostolischen Stuhle umstrickt war. Doch davon wird seinerzeit zu reden sein.

Nachdem ich also dies über die Erschütterungen des Reiches und die verschiedenen Kriege der Sachsen notgedrungen voraufgeschickt habe, weil diese den Slaven

[1] Helmold schrieb zur Zeit des Kampfes zwischen Friedrich I. und Alexander III.

die hauptsächlichste Veranlassung zum Abfall gaben, muß ich jetzt nach längerer Abschweifung zur Geschichte der Slaven zurückkehren.

34.
Vom Tod Crutos[1]

Es ereignete sich aber, als Cruto, der Fürst der Slaven und Verfolger der Christen, von Altersschwäche heimgesucht wurde, daß Heinrich, der Sohn Godescalks, Dänemark verließ und in das Land seiner Väter zurückkehrte. Da ihm aber Cruto jeglichen Zutritt versperrte, so sammelte er bei den Dänen wie bei den Slaven eine Anzahl Schiffe und überfiel Aldenburg und die ganze slavische Küstengegend, und führte davon eine unermeßliche Beute hinweg. Und als er das zum zweiten und dritten Male tat, kam eine große Furcht über alle Völker der Slaven, die die Inseln und das Gestade des Meeres bewohnten, so daß selbst Cruto unverhoffterweise sich mit Heinrich auf Friedensverhandlungen einließ, ihm die Heimkehr gestattete und ihm zum Wohnsitz geeignete Orte einräumte. Jedoch handelte er so nicht mit aufrichtigem Herzen. Denn er lauerte nur darauf, den jungen, tapferen und kriegskundigen Mann, den er mit Gewalt nicht überwinden konnte, durch List zu überwältigen. Daher suchte er von Zeit zu Zeit beim sorgfältig eingerichteten Gastmahle dessen Gemütsart kennenzulernen, und spähte dabei nach einer günstigen Gelegenheit, ihn aus dem Wege zu räumen. Jenem aber fehlte es, sich zu schützen, weder an Klugheit, noch an List. Denn Frau Slavina, die Gemahlin Crutos, warnte ihn wiederholt und hin-

[1] Dieses Kapitel knüpft an Kapitel 26 an.

terbrachte ihm, daß man ihm nach dem Leben trachte. Zuletzt sann sie, da ihr der nicht mehr junge Gemahl zuwider war, darauf, Heinrich womöglich zu heiraten. Daher lud dieser auf ihr Anraten den Cruto zum Gastmahl, und als derselbe, vom vielen Trinken berauscht, das Gemach, in dem sie gezecht hatten, taumelnd verließ, traf ihn ein Däne mit einer Streitaxt und schlug
1105 ihm mit einem Streiche das Haupt ab. Heinrich aber heiratete die Slavina und erhielt die Herrschaft des Landes. Und er besetzte die Burgen, die bisher Cruto inne gehabt hatte, und nahm Rache an seinen Feinden. Auch begab er sich zum Herzog Magnus von Sachsen, weil er mit ihm verwandt war[1], und wurde von demselben hoch erhoben und leistete ihm den Eid der Treue und des Gehorsams. Aber auch die Völker der Nordelbinger, welche Cruto sehr geplagt hatte, rief er zusammen und schloß mit ihnen einen festen Vertrag, den kein Kriegessturm zerreißen sollte. Und es freuten sich die Holzaten, sowie die Sturmarn und die übrigen Sachsen, deren Grenznachbarn die Slaven waren, daß ihr größter Feind, der sie dem Tode, der Gefangenschaft und der Vernichtung preisgegeben hatte, gestürzt und statt seiner ein neuer Fürst da war, welcher das Heil Israels wünschte. Ihm waren sie von Herzen ergeben, so daß sie mit ihm in manche Kriegsgefahr sich stürzten, bereit, beides, mit ihm ehrlich zu leben oder ehrlich zu sterben.

Als nun alle Völker der Slaven, die nämlich, welche gen Osten und Süden wohnten, hörten, daß sich unter ihnen ein Fürst erhoben habe, der sage, man müsse den Gesetzen des Christentums sich unterwerfen und den Fürsten Zins zahlen, verdroß sie es sehr, und sie kamen alle einstimmig überein, gegen Heinrich kämpfen zu

[1] Eine solche Verwandtschaft ist durchaus nicht sicher bezeugt.

wollen, und setzten an seine Stelle einen, der fortwährend den Christen feind war. Und es wurde Heinrich gemeldet, das Heer der Slaven sei ausgezogen, ihn zu vernichten, und sofort schickte er Boten aus, um Herzog Magnus und die Tapfersten der Barden, Holzaten, Sturmarn und Dithmarschen zu Hilfe zu rufen, die alle rasch und bereitwillig herbeieilten. Und sie rückten vor ins Land der Polaben und kamen auf ein Feld, welches 1093?
Zmilowe[1] heißt, wo das feindliche Heer sich weit über das Land verbreitet hatte. Da nun Magnus sah, daß das Heer der Slaven groß war und wohl gerüstet, so scheute er den Kampf. Und die Schlacht wurde vom Morgen bis zum Abend verschoben, weil Unterhändler den Krieg durch einen Vergleich beizulegen versuchten und der Herzog auch Hilfstruppen erwartete, auf deren Ankunft er hoffte. Und in der Tat meldete gegen Sonnenuntergang ein Kundschafter dem Herzoge, es komme eine bewaffnete Schar von ferne her. Der Anblick derselben erfreute den Herzog, den Sachsen wuchs der Mut, sie erhoben das Schlachtgeschrei und begannen den Kampf. Die Reihen der Slaven wurden durchbrochen, sie flohen hierhin und dorthin, und fielen durch die Schärfe des Schwertes[2]. Dieser Sieg der Sachsen ward hochgefeiert und ist sehr denkwürdig, weil in dieser Schlacht der Herr denen, die an ihn glaubten, Beistand leistete und durch wenige einen großen Haufen überwinden ließ. Es erzählen solche, deren Väter dabei waren, daß der Glanz der untergehenden Sonne die ihr zugekehrten Slaven so geblendet habe, daß sie nichts sehen konnten, und so der gewaltige Gott seinen Fein-

[1] Schmilau bei Ratzeburg.

[2] Dies scheint der in den Hildesh. Annalen zum Jahr 1093 erwähnte Sieg zu sein.

den im kleinsten das größte Hindernis erweckte. Von dem Tag an waren alle Stämme der östlichen Slaven Heinrich zinsbar und untertan, und er wurde bei den Stämmen der Slaven sehr bekannt, da er sich durch Ehrenhaftigkeit und Sicherung des Friedens einen schönen Ruhm erwarb. Er unterwies das Volk der Slaven so, daß jeder Mann seinen Acker baute und nützlicher und zweckmäßiger Arbeit oblag; er vertilgte Räuber und trieb herumschweifendes Gesindel aus dem Lande. Da verließen die Nordelbinger ihre festen Plätze, in denen sie sich aus Furcht vor Kriegsgefahr eingeschlossen hatten, und jeder kehrte in sein Dorf oder auf sein Gut zurück; die Häuser aber und die Kirchen, welche vordem in den Kriegszeiten zerstört waren, wurden wieder erbaut. Jedoch war in ganz Slavenland damals noch keine Kirche und kein Priester, außer nur in der Burg, welche jetzt Alt-Lubika[1] heißt, weil sich dort Heinrich mit seiner Familie häufig aufhielt.

35.
Vom Tod Godefrids

3.8.1106 Nach diesen Begebenheiten starb Herzog Magnus von Sachsen, und der Kaiser gab dem Grafen Liudger das Herzogtum, da Magnus keinen Sohn, sondern nur Töchter hinterließ. Die eine derselben, Namens Eilike, heiratete den Grafen Otto[2], und ihr Sohn war Markgraf Adalbert, mit dem Beinamen der Bär. Die andere,

[1] Alt-Lübeck am Einfluß der Schwartau in die Trave.
[2] Von Vallenstedt.

Wulfildis, wurde dem Herzoge Welf[1] von Bayern vermählt, dem sie Heinrich den Löwen gebar. Liudger aber erhielt das Herzogtum Sachsen, und regierte mit Mäßigung sowohl über die Slaven als über die Sachsen.
Es ereignete sich aber in jenen Tagen, daß slavische 1110
Räuber nach Sturmarn kamen, und Menschen und Vieh als Beute hinwegführten aus dem Gebiete der Stadt Hamburg. Sowie aber die Kunde von dieser Begebenheit erscholl, erhob sich der Graf jener Provinz, Godefrid, mit einer Anzahl von Hamburger Bürgern und verfolgte die Räuber. Als er jedoch merkte, daß ihrer viele waren, machte er einen Augenblick Halt, um auf Verstärkung zu warten. Da schalt ein Bauer, dem Frau und Kinder gefangen hinweggeschleppt waren, den Grafen vorübereilend mit den Worten: „Was zauderst du, feigster aller Männer? Du hast das Herz eines Weibes, nicht eines Mannes. Gewiß, sähest du dein Weib und deine Kinder wegführen, wie jetzt die meinigen, so würdest du nicht stehen bleiben. Laufe, eile, befreie die Gefangenen, wenn du fortan im Lande geehrt sein willst." Durch die Worte gereizt, brach der Graf auf, eilends dem Feinde nachsetzend. Dieser aber hatte einen Hinterhalt zurückgelassen, und als nun der Graf mit seiner kleinen Schar vorüberzog, erhoben sich
die im Versteck am Wege liegenden, erschlugen den 2.11.1110
Grafen und mit ihm etwa zwanzig Mann, und gingen ihres Weges mit der Beute, die sie gemacht. Die Landesbewohner aber, die auch nachkamen, fanden den Grafen tot, seinen Kopf aber fanden sie nicht, weil ihn die Slaven abgeschnitten und mitgenommen hatten. Dieser wurde späterhin um einen hohen Preis eingelöst und in heimatlicher Erde bestattet.

[1] Ihr Gemahl war aber Heinrich der Schwarze, der Großvater Heinrichs des Löwen.

36.
Von der Niederlage der Rugianer

Die erledigte Grafschaft verlieh Herzog Liudger einem Manne aus edlem Geschlechte, Adolf von Schaumburg. Und es herrschte Friede zwischen dem Grafen Adolf und Heinrich, dem Fürsten der Slaven. Eines Tages[1]
1111? nun, als Heinrich sich in der Burg Lubeke aufhielt, erschien plötzlich ein Heer der Rugianer oder Ranen, die die Trave hinauffuhren und die Stadt mit ihren Schiffen umringten. Die Ranen aber, sonst auch Runer genannt, sind ein blutdürstiges Volk, welches mitten im Meere wohnt, dem Götzendienst übermäßig ergeben; es behauptet unter allen Slavenländern den Vorrang und hat einen König und einen sehr berühmten Tempel. Daher nehmen sie, weil sie vor allen den Dienst an diesem Tempel ausüben, auch selbst an Würden und Ehren die erste Stelle ein, und während sie vielen das Joch der Knechtschaft auflegen, dulden sie es selbst von niemand, da sie wegen der Beschaffenheit ihres Landes unzugänglich sind. Die Völker, die sie mit ihren Waffen unterwerfen, lassen sie an ihren Tempel Zins zahlen; sie ehren den Oberpriester höher als den König. Ihr Heer senden sie, wohin das Los weist. Nach dem Siege legen sie Gold und Silber in den Schatz ihres Gottes nieder, das übrige teilen sie unter sich. Diese also kamen, getrieben von Eroberungssucht, nach Lubeke, in der Absicht, das ganze Land der Wagrier und Nordelbinger in Besitz zu nehmen. Als nun Heinrich das Unheil der Belagerung unversehens hereingebrochen sah, sprach er zu

[1] Die Chronologie der in Kap. 36–38 berichteten Ereignisse ist sehr unsicher.

seinem Befehlshaber: „Wir müssen zusehen, uns und die Männer zu retten, die bei uns sind; mir scheint es notwendig, daß ich fortgehe, um Hilfsvölker zusammenzuholen und so womöglich die Stadt zu entsetzen. Sei also tapfer, erhalte die Krieger, die hier in der Stadt sind, bei gutem Mute, und bewahre mir die Stadt vier Tage lang. Dann werde ich, wenn ich das Leben behalte, auf jenem Berge dort erscheinen." Also entschlüpfte er in der Nacht mit zwei Männern, kam ins Land der Holzaten, und benachrichtigte sie von der drohenden Gefahr. Sofort zogen sie ihr Heer zusammen, eilten mit ihm zum Kampfe und kamen in die Nähe der vom Feinde bedrängten Veste. Heinrich aber verlegte seine Bundesgenossen an verborgene Orte und ermahnte sie, stille zu sein, damit die Feinde nicht etwa die Stimmen der Menschen oder das Wiehern der Pferde vernehmen möchten. Dann trennte er sich von ihnen und kam, nur von einem Diener begleitet, an die Stelle, die er vorher bezeichnet hatte, wo er von der Burg aus zu sehen war. Der Befehlshaber der Burg, der eifrig nach ihm ausspähte, zeigte ihn sofort seinen Freunden, die bereits ganz niedergeschlagen waren. Denn es war ein Gerücht ihnen zu Ohren gekommen, Heinrich sei in der Nacht, in der er fortgegangen war, von den Feinden gefangengenommen. Heinrich nun beobachtete die Gefahr der Seinigen und die Heftigkeit der Belagerung und kehrte zu seinen Gefährten zurück, und auf einem heimlichen Wege führte er das Heer an der Küste entlang an die Mündung der Trave, und zog den Weg hinunter, den die Reiterei der Slaven einschlagen sollte. Als nun die Ranen den Zug auf dem Wege von der See her herabkommen sahen, meinten sie, es seien ihre Reiter, verließen ihre Schiffe und kamen ihnen mit Jubel und Freuden entgegen. Jene aber begannen plötzlich laut betend und Loblieder singend ihre Stimme zu erheben, drangen auf den Feind ein und trieben die über den unerwarteten Angriff Bestürzten bis zu den Schiffen zurück. An dem Tage ward eine große Niederlage angerichtet im Heere der Ranen, und sie fielen durchs Schwert vor der Veste Lubeke, und nicht geringer war die Zahl derer, welche ertranken, als die der Erschlagenen. Man machte einen großen Grabhügel, in welchen man die Leichname der Gefallenen warf, und zum Andenken an diesen Sieg wurde jener Hügel Raniberg genannt und heißt so bis auf den heutigen Tag[1]. Der Ruhm des Herrn unsers Gottes ward also an diesem Tage erhöhet durch die Hand der Christen, und diese setzten fest, daß der erste August alle Jahre gefeiert werden sollte, zum Zeichen und zur Erinnerung daran, daß der Herr die Ranen vor den Augen seines Volkes getötet hatte. Und das Volk der Ranen diente Heinrich und zahlte ihm Zins, wie die Wagrier, die Polaben, die Obotriten, die Kycinen, die Circipanen, die Lutizen, die Pommern und alle Nationen der Slaven, die zwischen der Elbe und dem Baltischen Meere wohnen und sich weithin bis nach dem Lande der Polen ausdehnen. Über diese alle gebot Heinrich und ward König genannt im ganzen Lande der Slaven und Nordelbinger.

37.
Vom Sieg Mistues

1112? Als nun einstmals die Völker der Brizanen und Stoderanen, nämlich die, welche Havelberg und Brandenburg bewohnen, sich zur Empörung anschickten, hielt Heinrich gegen diese die Anwendung von Waffengewalt für

[1] Rugenberg ostnordöstlich von Alt-Lübeck.

notwendig, damit nicht der Trotz zweier Stämme dem ganzen Osten zur Empörung Anlaß gäbe. Er zog also mit den ihm so sehr befreundeten Kriegern der Nordelbinger aus und kam, durch das Land der Slaven hindurcheilend, mit außerordentlicher Gefahr nach Havelberg, welches er belagerte. Dann befahl er dem ganzen Volke der Obotriten, zur Eroberung der Veste herbeizukommen, und die Belagerung dehnte sich über Tage und Monate aus. Unterdes wurde Mistue, dem Sohne Heinrichs, mitgeteilt, es sei ein Volk in der Nachbarschaft, das an allen Gütern reich sei und aus ruhigen und durchaus friedfertigen Leuten bestehe. Diese Slaven hießen Liner oder Linoger. Mistue nun nahm 200 Sachsen und Slaven, alles auserlesene Krieger, brach, ohne den Vater gefragt zu haben, auf, überfiel, nachdem er zwei Tage lang durch Waldschluchten, durch Gewässer und einen sehr großen Sumpf mit großer Schwierigkeit gezogen war, die sorglosen und sich keines Überfalls versehenden, machte unermeßliche Beute und eine Menge Gefangener und zog schwerbeladen mit den Seinigen davon. Als sie nun, zurückzukommmen eilend, den unwegsameren Teil des Sumpfes durchzogen, stürzten plötzlich die Bewohner der umliegenden Orte vereint zum Kampfe hervor, um die Gefangenen zu befreien. Da sich Mistues Gefährten von einer unzählbaren Schar von Feinden ringsum eingeschlossen sahen und erkannten, daß sie sich mit dem Schwerte einen Weg bahnen müßten, so ermunterten sie sich gegenseitig und nahmen alle Kraft zusammen und töteten so die ganze feindliche Übermacht mit der Schärfe des Schwertes. Dazu nahmen sie auch noch den Führer derselben als Gefangenen mit und kamen zu Heinrich und zum Heere, das in der Belagerung begriffen war, zurück, nicht nur wohlbehalten, sondern als Sieger und mit großen Schätzen beladen. Wenige Tage nachher hielten auch die Brizanen und die übrigen aufständischen Völker um Frieden an, indem sie die von Heinrich verlangten Geiseln stellten; und nachdem so die Empörer zur Ruhe gebracht waren, kehrte Heinrich heim in sein Land, auch die Völker der Nordelbinger suchten ihre heimischen Sitze wieder auf.

38.
Der Feldzug der Slaven gegen Rügen

Danach ereignete es sich, daß ein Sohn Heinrichs, namens Woldemar, von den Ranen getötet wurde. Von Schmerz und Zorn darüber ergriffen, richtete der Vater all sein Sinnen darauf, Vergeltung zu üben. Er schickte also Boten in alle slavischen Länder, um Hilfstruppen zusammenzuziehen, und es kamen alle gleich bereitwillig und einmütig zusammen, den Befehlen des Königs zu gehorchen und die Ranen zu überwinden, und sie waren unzählbar, wie der Sand am Meer. Aber damit noch nicht zufrieden, schickte er hin, die Sachsen herbeizuholen, nämlich die in Holzatia und Sturmarn, indem er sie an ihre persönliche Freundschaft mit ihm erinnerte, und sie folgten seiner Aufforderung freudigen
1113/14? Herzens, etwa 1600 Mann an der Zahl. Sie setzten über die Trave und zogen fort durch das weite Gebiet der Polaben und Obotriten, bis sie an die Peene kamen. Diese überschreitend lenkten sie ihren Weg nach der Veste hin, welche gemeiniglich Woligost, von den Gebildeteren aber nach ihrem Erbauer Julius Cäsar Julia Augusta genannt wird. Dort fanden sie Heinrich ihrer harrend, und übernachteten, indem sie nicht weit vom Meere ihr Lager aufschlugen. Als es aber Morgen

wurde, berief Heinrich das Volk zur Versammlung und redete sie so an: „Großen Dank bin ich euch schuldig, ihr Männer, die ihr, um eure gute Gesinnung und unwandelbare Treue zu zeigen, von weither gekommen seid, um uns gegen die wildesten Feinde Hilfe zu leisten. Oft zwar habe ich Beweise eurer Kühnheit gesehn und eure Treue erprobt, die in verschiedenen Gefahren mir vielfachen Gewinn, euch aber Ruhm brachte, wie das bekannt ist. Allein nichts tritt so glänzend hervor, als dieser Beweis von Ergebenheit, den ich stets im Gedächtnis behalten und stets mit allem Eifer zu verdienen trachten werde. So tue ich euch denn zu wissen, daß die Ranen, gegen die wir jetzt ausziehen, in der Nacht Abgeordnete an mich geschickt haben und den Frieden um 200 Mark zu erkaufen wünschen. In dieser Angelegenheit will ich nichts ohne euren Rat abschließen: entscheidet ihr euch für die Annahme dieser Bedingungen, so nehme ich sie an, lehnt ihr sie ab, so werde ich es auch tun." Darauf antworteten die Sachsen und sprachen: „Obwohl wir, o Fürst, an Zahl gering sind, so streben wir doch nach Ansehn und Ehre, und haben stets den Ruhm für den größten Gewinn erachtet. Du meinst also, auf unser Anraten die Ranen, welche deinen Sohn ermordet haben, für 200 Mark zu Gnaden annehmen zu sollen? Wahrhaftig, eine deines großen Namens würdige Entschädigung! Fern sei von uns ein solches Unrecht, daß wir je zu so etwas unsere Zustimmung geben sollten; denn nicht darum haben wir Weib und Kind und Heimat verlassen, um den Feinden zum Spotte zu werden und unsern Kindern einen ewigen Schimpf zu hinterlassen. Fahre vielmehr fort, wie du angefangen hast, überschreite das Meer, bediene dich der Brücke, die dir der große Werkmeister gebaut hat, und greife deine Feinde an; du wirst sehen, daß wir einen glorreichen Tod für den größten Gewinn halten." Durch diese Worte ermutigt, brach der Fürst von dort auf und zog ans Meer. Der Meeresarm daselbst aber, der sehr schmal ist und den man mit den Augen überschauen kann, war damals mit dickem Eise überdeckt, da es heftig fror. Und als sie nun, nachdem sie durch die Wälder und durch das Schilfrohr hindurch gekommen waren, aufs Meer gelangten, siehe, da waren die Scharen aller slavischen Länder insgesamt über die Fläche des Meeres hin ausgebreitet, aufgestellt nach Fähnlein und Rotten, der Befehle des Königs gewärtig. Und es war dies ein sehr großes Heer. Während nun alle vorsichtig und wohlgeordnet in den verschiedenen Abteilungen stehen blieben, traten allein die Führer vor, um den König und das fremde Heer zu begrüßen, und neigten das Antlitz und verehrten sie. Heinrich, sie wieder grüßend und anredend, begann nach dem Wege zu forschen und fragte, welche beim Vorrücken die Ersten sein sollten. Sofort wetteiferten die einzelnen Führer sich anzubieten, die Sachsen aber fragten: „Offenbar kommt es uns zu, daß wir unter den zum Kampfe Ausrückenden als die Ersten, unter den Heimkehrenden als die Letzten erfunden werden. Diesen uns von unsern Vätern her überlieferten und bisher beobachteten Brauch glauben wir auch hier keineswegs vernachlässigen zu dürfen." Und der König pflichtete ihnen bei. Denn wenngleich die Anzahl der Slaven groß war, so wollte doch Heinrich sich ihnen nicht anvertrauen, weil er selbst sie alle kannte. Als man also die Feldzeichen erhob, nahmen die Sachsen die erste Stelle ein, die übrigen Scharen der Slaven aber folgten nach ihrer Ordnung. Nachdem sie darauf den ganzen Tag über durch Eis und Schnee hindurchgewatet waren, erschienen sie endlich um die neunte Stunde im Lande der Rugianer, und sogleich wurden die dem Ufer nahen Dörfer in Brand gesteckt. Heinrich aber sagte zu seinen Genossen: „Wer von euch will hingehen, um auszukundschaften, wo das Heer der Ranen ist? Denn mir scheint, wenn ich recht sehe, von fern her eine Schar heranzukommen." Ein darauf mit einer Anzahl von Slaven abgesandter sächsischer Kundschafter kam sogleich zurück mit der Meldung, der Feind sei da. Da sagte Heinrich zu seinen Gefährten: „Bedenkt, ihr Männer, woher ihr gekommen seid und wo ihr jetzt euch befindet. Sehet, der Tisch ist bereitet, an den wir getrosten Mutes hinangehen müssen; es ist kein Entrinnen möglich, wir müssen den kostbaren Schmaus mitmachen. Sehet, wir sind ringsum vom Meere eingeschlossen: Feinde stehen vor uns, Feinde hinter uns[1], und für den Rückzug ist uns jede Zuflucht abgeschnitten. Stärket euch also in dem Herrn, dem höchsten Gott, und seid tapfer; denn von zweien Dingen bleibt uns nur eins zu wählen: als Männer zu siegen oder zu sterben." Er stellte also sein Heer in Schlachtordnung, und stand selbst mit dem Kerne der Sachsen voran. Als nun die Ranen das Ungestüm des Helden sahen, fürchteten sie sich sehr und sandten ihren Priester, um mit ihm über den Frieden zu verhandeln. Dieser bot zuerst vierhundert, dann achthundert Mark. Und als das Heer voll Unwillens zu murren begann und darauf drang, den Kampf zu beginnen, da stürzte er dem Fürsten zu Füßen und sprach: „Unser Herr zürne doch nicht über seine Knechte[2]. Siehe, das Land liegt vor deinen Augen, tue damit, wie dir's gefällt; wir sind alle unter deiner Gewalt; was du uns

[1] Nämlich die unzuverlässigen, zum Teil erst kürzlich unterworfenen Slaven. Der sächsische Standpunkt des Berichtes tritt hierin, wie überall, schroff hervor.

[2] Nach 1. Mos. 31,35 und 1. Mos. 16,6.

auferlegst, wollen wir tragen.“ So erlangten sie denn für 4400 Mark den Frieden. Heinrich aber kehrte nach Empfang von Geiseln in sein Land zurück und entließ sein Heer, einen jeden wieder in seine Stadt. Dann schickte er Boten ins Land der Rugianer, um das Geld zu holen, welches sie gelobt hatten. Nun aber haben die Ranen kein gemünztes Geld und bedienen sich dessen im Verkehre nicht, sondern was man auf dem Markte kaufen will, erhält man gegen Leintücher. Das Gold und Silber, das sie etwa durch Raub oder Gefangennahme von Menschen oder sonstwie erwerben, verwenden sie entweder zum Schmuck ihrer Frauen, oder legen es im Schatze ihres Gottes nieder. Heinrich aber ließ ihnen zum Zuwägen eine Waage mit schwerstem Gewicht hinstellen. Und als sie nun ihren öffentlichen Schatz und was sich in den Familien an Silber und Gold gefunden, erschöpft hatten, war doch kaum die Hälfte des Geldes bezahlt, ich vermute, weil sie mit der Waage hintergangen waren. Deshalb aber rüstete Heinrich, zürnend darüber, daß sie die versprochene Summe nicht voll bezahlt hatten, zu einem zweiten Feldzuge ins
1114? Land der Rugianer. Er rief also den Herzog Liudger[1] zu Hilfe und zog mit ihm im nächsten Winter, der das Meer wieder wegbar machte, mit einem großen Heere von Slaven und Sachsen daselbst ein. Sie hatten sich aber dort kaum drei Nächte aufgehalten, so begann der Frost sich zu legen und das Eis zu schmelzen, und so ereignete es sich, daß sie unverrichteter Dinge heimkehrten und den Gefahren der See kaum entrannen. Und die Sachsen unternahmen es seitdem nicht wieder, das Land der Ranen zu betreten, weil Heinrich nur

[1] Einen Zug desselben gegen die Wenden und Rügener verzeichnen verschiedene Quellen zum Jahre 1114; weitere werden zu den Jahren 1121 und 1125 gemeldet.

noch eine kurze Zeit danach lebte und der Streit durch seinen Tod[1] beendigt wurde.

39.
Die Niederlage der Römer

Es wurde aber um diese Zeit ein gewaltiger Krieg ge- 1115
führt von Kaiser Heinrich gegen den Herzog Liudger und die Sachsen. Heinrich der Jüngere nämlich sah, als er nach Vertreibung oder vielmehr nach dem Tod seines Vaters die Alleinherrschaft erlangt hatte, daß im ganzen Lande Friede war vor seinem Angesicht, und
ließ alle Fürsten des Reiches zu einem Zuge nach Ita- 1110
lien sich eidlich verpflichten, da er der Sitte gemäß die Fülle der kaiserlichen Würde aus der Hand des höchsten Priesters empfangen wollte. So überstieg er die Alpen und zog nach Rom mit ungeheurer Heeresmacht. Als aber der Papst Paschalis von seiner Ankunft hörte, freute er sich nicht wenig, sandte in die umliegenden Gegenden und ließ die Geistlichkeit zahlreich zusammenkommen, um den König, der mit großer Pracht heran kam, auch selbst desto würdevoller zu empfangen.
Der König wurde also mit großem Jubel von Stadt und 1111
Geistlichkeit begrüßt. Als es aber zur Weihe kam, ver-
langte der Papst von ihm einen Eid, daß er in Beobach- 12. Febr.
tung des Glaubens pünktlich, zur Ehrerbietung gegen den apostolischen Stuhl bereitwillig und auf Verteidigung der Kirchen eifrig bedacht sein wolle. Allein der stolze König weigerte sich zu schwören, indem er erklärte, der Kaiser dürfe niemandem schwören, da ihm

[1] Am 22. März 1127. Diese Angabe steht allein der hier vermutungsweise befolgten Chronologie entgegen und könnte sehr wohl auf einem Irrtum Helmolds beruhen.

selbst von allen Eide zu leisten seien. So entstand denn ein Streit zwischen dem Papst und dem König, und das Werk der Weihe wurde unterbrochen. Sofort geriet das Heer des Königs in wilden Zorn, und die Krieger legten Hand an den Klerus und beraubten die Priester der heiligen Gewande, wie Wölfe, die im Schafstalle wüten. Die Römer aber stürzten, wie sie dies hörten, hervor, um sich diesem Unwesen zu widersetzen, da sie sahen, daß dem Klerus Gewalt geschah, und es entstand im Dome St. Peters ein so blutiger Kampf, wie dergleichen seit alter Zeit nicht erhört war. Allein das Heer des Königs behielt die Oberhand und rieb die Römer in einem über alle Maßen furchtbaren Kampfe auf, wobei zwischen Geistlichen und Weltlichen kein Unterschied gemacht wurde: Alle verzehrte das Schwert. Da[1]
13. Febr. kämpfte jeder Tapfere, bis das Schwert seinen Händen entsank. Und das Haus der Weihe wurde erfüllt mit Mord und Totschlag, und den Haufen der Erschlagenen entquollen Ströme Bluts, so daß die Wellen des Tiber die Farbe des Blutes annahmen. Doch wozu verweile ich dabei noch lange? Der Papst und die anderen, die dem Tode entgangen waren, wurden gefangen hinweggeführt. Da konnte man die Kardinäle mit Stricken um den Hals, nackt, mit auf den Rücken gebundenen Händen fortschleppen, und Bürger in unzählbaren Scharen mit Ketten beladen abführen sehen. Als sie nun, Rom verlassend, an den ersten Rastort kamen, traten einige Bischöfe und Geistliche an den Papst heran und sagten: „Großer Schmerz, heiligster Vater, erfüllt unsere Herzen über eine solche Freveltat, die an dir und deinem Klerus und den Bürgern deiner Stadt

[1] Die hier gegebene Schilderung paßt auf den Kampf des 13. Februar, die Gefangennahme des Papstes gehört zum 12.; doch verlegt Helmold alles auf einen Tag.

verübt ist. Allein diese Leiden trafen uns, weil unsere Sünden es also erheischten, mehr unvorhergesehener als vorsätzlicher Weise. Also höre auf uns und versöhne dich mit unserm Herrn, auf daß er auch selbst dir sich geneigt erweise, und vollende an ihm das Werk deines Segens!"– Ihnen antwortete jener: „Was sagt ihr, geliebte Brüder? Diesen ungerechten, blutgierigen und falschen Mann soll ich einsegnen? Gar schön hat er seine Hände gereinigt zum Empfang des Segens, der die Altäre Gottes mit dem Blute der Priester übergossen und das Haus der Weihe mit den Leichen Erschlagener angefüllt hat! Fern sei es von mir, daß ich einwilligen sollte, einem Menschen den Segen zu erteilen, der sich selbst des Fluches würdig gemacht hat." Als nun jene entgegneten, daß es für seine und seiner Mitgefangenen Rettung ratsam sei, daß er den König versöhne, antwortete er unverzagt: „Ich fürchte euren Herrn, den König, nicht. Er töte den Leib, wenn er will, danach kann er nichts mehr tun. Zwar ist ihm das Hinmorden der Bürger und des Klerus herrlich geglückt, aber ich sage euch in Wahrheit, im übrigen wird er den Sieg nicht erreichen, und wird den Frieden nicht sehen in seinen Tagen, auch wird er keinen Sohn erzeugen, der auf seinem Throne sitze."[1] Als aber dies in Gegenwart des Königs wieder erzählt wurde, entbrannte er in heftigem Zorne und befahl, alle Gefangenen in Gegenwart des Papstes zu enthaupten, um ihn vielleicht so zu schrecken. Dieser jedoch ermahnte sie inständig, um der Gerechtigkeit willen mutig zu sterben, und verhieß ihnen die unvergängliche Krone des ewigen Lebens. Sie aber fielen ihm einmütig zu Füßen und baten um Schonung ihres Lebens. Da rief der Papst, in Tränen zerfließend, den, der die Herzen kennet zum Zeugen

[1] In Anlehnung an Luc. 12,4, Luc. 4,25 und Jes. 22,30.

an, daß er lieber sterben als nachgeben würde, wenn ihn nicht das allen Christen[1] geschuldete Mitleid daran hinderte. Daher tat er, wozu die Not ihn zwang, und versprach, den König weihen zu wollen, damit die Gefangenen frei kämen. Nach der Stadt zurückgekehrt, taten also der Papst und die Kardinäle dem Könige den Willen, freilich mit erzwungener Nachgiebigkeit, und gaben ihm eine Urkunde über alles, was sein Herz begehrte.

40.
Von der Schlacht bei Welpesholt

18. 3. 1112 Nachdem also der Kaiser nach erzwungener Weihe nach Deutschland zurückgekehrt war, versammelte sich in Rom eine Synode von hundertundzwanzig Vätern, vor der der Papst sehr scharf angeklagt wurde, darum, daß er den tempelschänderischen König, nachdem er den höchsten Priester gefangen genommen, die Kardinäle mißhandelt, das Blut der Geistlichkeit und der Bürger vergossen, auf den Kaiserthron erhoben, und obenein die Einsetzung von Bischöfen, welche seine Vorgänger als Gerechtsame der Kirche bis in den Tod und mit Gefahr der Verbannung verteidigt hätten, diesem ganz unwürdigen Manne sogar durch eine besondere Urkunde bestätigt habe. Er nun begann sich mit der Not zu entschuldigen, und sagte, die größten Gefahren seien durch eine geringere Einbuße abgewandt, die blutige Hinopferung des Volkes, die Einäscherung der Stadt habe nicht anders gehemmt werden können.

[1] Der lateinische Text ist hier nicht ganz in Ordnung, die Übersetzung setzt voraus: omnibus Christi fidelibus, doch ist fidelibus nicht überliefert.

Wohl habe er gefehlt, aber er sei dazu von anderen verleitet; er werde nach dem Gebote des heiligen Konzils diese Schuld abbüßen. Da nahm man diese Entschuldigung an, und es legte sich die Leidenschaft der Ankläger, und man kam zuletzt zu dem Beschlusse, daß jene erzwungene Urkunde in Wahrheit nicht ein Gnadenbrief, sondern ein Schandenbrief zu nennen und darum durch Verfluchung ungültig zu machen, der Kaiser selbst aber überdies von der Schwelle der Kirche auszuschließen sei.

Die Kunde von dem Geschehenen durcheilte alsbald den ganzen Erdkreis, und alle, die nach Neuerungen strebten, ergriffen die günstige Gelegenheit und begannen sich zu empören. Unter diesen stand vornean der vielgenannte Bischof Adelbert von Mainz, der gar viele, zumal sächsische Fürsten, an sich gezogen hatte, die teils die Not, teils die alte Gewohnheit der Empörung zum Abfall bewogen. Hatten sie doch außer den neuen Kämpfen, die damals vorbereitet wurden, mit dem tapferen Helden, Heinrich dem Älteren, vordem neunmal sich geschlagen. Doch was halte ich mich noch länger auf? Als der Kaiser merkte, daß ganz Sachsen von ihm abfiel und das Gift der Empörung sich immer weiter verbreitete, nahm er vor allem zuerst den Urheber der Empörung, den Mainzer Bischof selbst fest, dann überzog er ganz Sachsen mit Krieg und richtete durch das ganze Land hin ein fürchterliches Blutbad an, wobei er die Fürsten entweder dem Tod oder wenigstens dem Kerker übergab. Darauf vereinten sich von den Fürsten 1115
der Sachsen die, welche noch übriggeblieben waren, nämlich Herzog Liudger, Reinger[1], Bischof von Halberstadt, Friedrich, Graf von Arnsberg, und viele Edlen, warfen sich dem Kaiser, der von neuem mit

[1] Sonst Reinhard genannt.

1. Febr. Heeresmacht nach Sachsen kam, an einem Orte namens Welpesholt[1] entgegen und führten ihre Scharen wider die seinigen, obwohl sie ihnen an Zahl nicht gewachsen waren; denn es standen ihrer drei gegen fünf. Und diese Schlacht, die berühmteste unserer Tage, wurde geliefert am 1. Februar[2], in der die Sachsen sich als den überlegenen Teil erwiesen und den tapfer streitenden König überwanden. In dieser Schlacht fiel Hoier[3], der Heerführer des Königs, der, selbst ein geborener Sachse, zum Herzoge von Sachsen bestimmt war, falls die Sache glücklich ausgegangen wäre. Da waren die Sachsen, durch den Sieg ermutigt und wohl erwägend, daß der Kaiser in seinem Zorne eine solche Niederlage nicht ungerächt werde hingehen lassen, in häufigen Zusammenkünften bemüht, ihre Sache zu sichern; sie befestigten die Erhebungen im Lande durch Bündnisse der einzelnen untereinander, zogen von auswärts her Hilfsvölker herbei, und zuletzt verpflichteten sich, damit die einzelnen Teilnehmer die Bundesverträge nicht brechen möchten, alle eidlich zum Kampfe für die Verteidigung des Landes. Was aber soll ich vom Mainzer reden, der mehr als alle gegen den Kaiser wütete? Sowie er durch die Bemühung seiner Untertanen, die den Kaiser zu Mainz belagert hatten, aus der Haft befreit war und seine Würde wieder erlangt hatte, zeigte er nicht so sehr durch sein abgezehrtes Äußere, als vielmehr durch die Bitterkeit seines Hasses, wie vielfach er in der Gefangenschaft den Tod erduldet hatte. Da er auch Legat des römischen Stuhles war, so trug er in häufigen Versammlungen der Bischöfe und anderer, die mit richterlicher Gewalt bekleidet waren, auf Ban-

[1] Zwischen Hofstedt und Biderstedt bei Mansfeld.
[2] Vielmehr am 11. Februar.
[3] Graf von Mansfeld.

nung des Kaisers an. Über diese Umtriebe erbittert, zog der Kaiser in die Lombardei mit seiner Gemahlin Mathilde, einer Tochter des Königs von England. Und er schickte Gesandte an den Papst Paschalis, indem er um Erlaß des Bannes bat. Jener aber verschob die Sache bis zur Vernehmung eines heiligen Konzils, und setzte dem König eine nach Recht und Gesetz bestimmte Frist, milderte aber unterdes vorläufig die Strenge des Bannes. 1116

Währenddes starb Paschalis, und der Kaiser setzte an seine Stelle einen gewissen Burdinus, mit Verwerfung des Gelasius, den die kanonische Wahl getroffen hatte. So entstand wiederum eine Spaltung in der Kirche Gottes. Gelasius nämlich entkam fliehend und blieb bis an seinen Tod in Fankreich. 21. 1. 1118

Jedoch es würde zu weit führen, wollte ich die stürmischen Bewegungen jener Zeiten einzeln schildern, und auf solche Dinge einzugehen, ist heutzutage[1] nicht am Platze. Auch verlangt die Geschichte der Slaven, von der ich etwas weit abgeschweift bin, dringend, daß ich wieder einlenke. Jedenfalls wurde deren Bekehrung von den beiden Heinrichen in nicht geringem Maße verzögert, da diese Kaiser von den innern Angelegenheiten allzu sehr in Anspruch genommen waren. Wer aber ihre Taten und die Beendigung der Kirchenspaltung genauer kennenlernen will, der lese die Geschichte des Magister Eggehard, und zwar das fünfte Buch, welches er an Heinrich den Jüngern richtet, und worin er seine guten Handlungen außerordentlich preist, seine Übeltaten aber entweder durchaus verschweigt, oder günstig auslegt.

Indes glaube ich nicht übergehen zu dürfen, daß damals ein durch seine Heiligkeit ausgezeichneter Mann,

[1] Helmold schrieb zur Zeit des großen Schismas (1159–1177).

1124 Bischof Otto von Bamberg, sich hervortat. Dieser unternahm, aufgefordert und unterstützt von Herzog Bolizlaw von Polen, eine gottgefällige Reise zu dem Volk der Slaven, die die Pommern heißen und zwischen der Oder und Polen wohnen. Und er predigte den Barbaren das Wort Gottes, „und der Herr wirkte mit und bekräftigte das Wort durch mitfolgende Zeichen“[1], und so bekehrte er jenes ganze Volk samt dessen Fürsten Wertezlaw zum Herrn. Das Wort Gottes aber verblieb daselbst und trieb Frucht bis auf den heutigen Tag.

41.
Die Wahl Liudgers

1125 Danach im Jahre der Fleischwerdung des Worts 1126
23. Mai starb zu Utrecht Kaiser Heinrich, und ihm folgte auf den Thron des Reiches Liudger, Herzog von Sachsen. Die Franken indes, voll Unwillens darüber, daß ein Sachse zur Regierung gekommen war, versuchten einen andern König zu erheben, nämlich Konrad, einen Vetter Kaiser Heinrichs. Jedoch gewann die Partei Liud-
6. 1133 gers die Oberhand, und er zog nach Rom, wo er von der Hand des Papstes Innocenz zum Kaiser geweiht wurde. Mit Innocenz' Hilfe wurde Konrad auch so weit gebracht, daß er sich der Macht Liudgers, der auch Lothar hieß, übergab, dem er aus einem Feinde ein vertrauter Freund wurde. Zur Zeit Liudgers aber begann ein neues Licht sich zu erheben, nicht nur innerhalb des sächsichen Gebietes, sondern im gesamten Reich, nämlich Ruhe und Friede, Überfluß und ein gutes Vernehmen zwischen dem Königtum und dem

[1] Marc. 16,20.

Papste. Auch die Slavenvölker zeigten sich friedfertig, weil Heinrich, der Beherrscher der Slaven, dem Grafen Adolf und den ihm benachbarten Völkern der Nordelbinger das größte Wohlwollen bewies. Damals gab es keine Kirche und keinen Priester im ganzen Volke der Lutizen, Obotriten und Wagrier, außer in der Veste Lubeke, weil dort nämlich Heinrich mit seiner Familie zu wohnen pflegte. Um diese Zeit erhob sich ein Prie- 1126
ster, Namens Vicelin, und kam zum Könige der Slaven nach Lubeke, und bat um die Erlaubnis, das Wort Gottes in den ihm unterworfenen Ländern predigen zu dürfen. Wer aber dieser Mann gewesen und welche hohe Meinung man von ihm gehabt, wissen viele noch jetzt Lebende; damit es indes den Nachkommen nicht verschwiegen bleibe, glaube ich es in diese Erzählung aufnehmen zu müssen, weil er diesem Volke zum Heile verliehen war, um unter dem unschlachtigen und verkehrten Geschlecht dem Herrn den Weg zu bereiten.

42.
Vom Bischof Vicelin

Vicelin also war gebürtig im Sprengel von Minden aus einer dem Reiche gehörigen Besitzung, namens Hameln, die am Ufer der Weser lag, von Eltern, die sich mehr durch Zucht und Sitte, als durch Adel der Geburt und des Geschlechts auszeichneten, erzeugt. In den Anfängen des Wissens wurde er von den dortigen Domgeistlichen unterrichtet, dann aber blieb er beinahe bis ins Mannesalter vernachlässigt, weil er seine Eltern verlor und nun seine Jünglingsjahre, wie es in diesem Alter zu geschehen pflegt, in Leichtfertigkeit und Sinnenlust verbrachte. Nachdem er zuletzt sein väterliches Haus eingebüßt hatte, suchte er auf einer Burg, die nicht fern davon lag, Obdach. Sie hieß Everstein[1], und die edle Herrin derselben, die Mutter des Grafen Konrad, beherbergte ihn eine Zeitlang, da sie mit dem verlassenen Jüngling Mitleid hegte, und nahm sich seiner voll Barmherzigkeit an, so daß der Burgkaplan, der dies sah, ihn zu beneiden anfing und Anlaß suchte, ihn wieder aus dem Hause zu treiben. Eines Tages also fragte er in Gegenwart vieler Zeugen den Vicelin, was er in der Schule gelesen habe? Als dieser darauf antwortete, er habe des Statius Achilleis gelesen, fragte er weiter, was denn der Stoff des Statius sei? Auf Vicelins Erwiderung, das wisse er nicht mehr, wandte sich der Priester an die Umstehenden mit den beißenden Worten: „Ach, ich dachte, dieser junge Mann, der eben erst frisch von der Schule kommt, bedeute etwas, aber da ist meine Erwartung sehr getäuscht. An dem ist gar nichts." Aber weil geschrieben steht: „Die Worte der Weisen sind Stacheln und gleich Spießen und Nägeln"[2], so erschrak der bescheidene Jüngling über eine so höhnische Rede, und verließ eilends und ohne Abschied zu nehmen die Burg, wobei er so sehr von Tränen überströmte und die Beschämung so tief empfand, daß man sich kaum eine Vorstellung davon machen kann. Ich habe ihn oft sagen hören, daß in dem Worte jenes Priesters Gottes Barmherzigkeit und Fürsorge ihm entgegengetreten sei. Er ging also nach Paderborn, wo damals die wissenschaftlichen Studien unter dem berühmten Magister Hartmann[3] blühten. Er wurde sogar sein Tisch- und Hausgenosse, und studierte mehrere Jahre hindurch mit un-

[1] Auf dem Burgberg bei Holzminden am rechten Ufer der Weser.
[2] Pred. 12,11.
[3] Er kommt 1123 urkundlich als Domherr in Paderborn vor.

beschreiblichem Eifer und Fleiße. Denn indem er häufig

Sich abmühte im Geist und schwitzte wie auf dem Ringplatz,
Zähmt' und bezwang er den Sinn durch die veredelnde Kunst.

Ihn zog nicht Spiel, nicht Schmaus von dem gefaßten Vorsatze ab: immer las er oder diktierte oder schrieb zum mindesten. Überdies besorgte er den Chordienst auf das fleißigste,

Denn es erstarket' in ihm der Frömmigkeit keimender Anfang
Und zu dienen dem Herrn nannt' er so Pflicht wie Genuß.

Da aber sein trefflicher Lehrer sah, daß sein Schüler und Hausgenosse über seine Kräfte arbeitete, sagte er oft zu ihm:

o Vicelinus,
Jählings eilst du dahin: halt in den Studien Maß!

Denn noch hast du vor dir

Längerer Zeit Spielraum: gar viel noch zu lernen vermagst du!

Jener aber, von diesen Worten durchaus nicht getroffen, antwortete

sieh', ich bedenke,
Daß ich den Büchern erst spät Eifer gewidmet und Fleiß.
Eilender Mühe bedarf's, solange die Jugend uns Zeit läßt.

Der Herr aber verlieh dem Mann Verstand und einen gelehrigen Geist, so daß er seine Gefährten überflügelte und bald in der Leitung der Schule ein Gehilfe des Lehrers wurde. So stand er also seinen Schulgenossen mit Eifer vor, indem er sie durch Lehre und Beispiel unterwies. Mitunter gab er sich auch dem Gebete hin und bat alle Heiligen um ihren Beistand, besonders aber den heiligen Nikolaus, dessen Dienste er sich insbesondere geweiht hatte. So ereignete es sich, daß er einstmals, um dieses Heiligen Geburtstag zu feiern, seine Genossen in der Kapelle der heiligen Brigida versammelte. Als nun daselbst die Vesper und die Mette feierlich abgehalten waren, vernahmen einige von ihnen Engelstimmen, die nach geistlichem Brauch das Responsorium anstimmten: „Der heilige Nikolaus schon des Sieges mächtig." Vicelin aber freute sich des Wunders, und die Freude vergrößerte seine Verehrung für den Heiligen.

43.
Vom Tod des Priesters Ludolf

Übrigens war für Vicelin bei der Einführung in den Dienst des Herrn ein Antrieb zu allem Edeln und Guten der ruhmvolle Name seines Oheims Ludolf, des Pfarrers von Feule[1], der als ein Mann von größter Heiligkeit und erfahrener Beichtvater häufig von denen, die in jener Gegend ihre Sünden zu beichten und durch das Gnadenmittel der Buße dem zukünftigen Zorn Gottes zu entgehen sich sehnten, aufgesucht wurde. Zu diesem ging auch Vicelin auf seine Aufforderung oftmals hin und suchte durch die Beichte seine Vergehungen zu sühnen; da beobachtete er denn an dem Priester die Einfältigkeit seines Wesens, die Reinheit seines Wandels und vor allem seine große Wohltätigkeit und seine durch keine Ausschweifung erschütterte Lebensart. Als nun dieser ehrwürdige Geistliche, der trotz seines hinfälligen Alters noch stets frischen Geistes war, in eine tödliche Krankheit verfiel, ließ er alle Priester und Klostergeistlichen rufen, und nachdem er der heiligen Ölung teilhaftig geworden war, klagte er sehr, daß er der Gegenwart seiner beiden inniggeliebten Freunde, des Rotholf, Domherrn von Hildesheim, und

[1] Fuhlen bei Rinteln.

des Vicelin entbehren müsse. Aber siehe da! Kaum war sein Gebet hierum erschollen, so kamen beide unverhoffter Weise an, und sie fanden den ehrwürdigen Mann, wie er die Stunde seines Hinscheidens mit großer Ergebung erwartete. Auch erkannte er sie und empfing sie mit herzlichem Danke. In der letzten Nacht nun wandte er sich an Gott im Zwiegespräche des Gebetes, und als die Morgendämmerung nahete, ließ er sich vom Diakonus die Leidensgeschichte des Herrn vorlesen, und als er sie mit großer Aufmerksamkeit angehört hatte, sagte er plötzlich zum Diakonus: „Bringe mir schnell die heiligen Sterbesakramente, denn schon ist die Zeit der Wanderung da." Sofort wurde er der lebenbringenden Mysterien teilhaftig; da sagte er zu den Umstehenden: „Sehet, da kommen sie, die mich hinwegführen wollen, da kommen die Boten meines Herrn, erhebet mich von meinem Lager". Als jene nun bestürzt waren, sagte er: „Was zittert ihr, Freunde? Sehet ihr nicht, daß die Boten meines Gottes alle da sind?" Und alsbald wurde seine Seele von den Banden des Fleisches befreit. Als es nun Morgen wurde und viele zur Bestattung des großen Mannes zusammenkamen, entstand ein Streit über den Ort seiner Beerdigung, weil die Gemeinde ihn in der Kirche, seine Freunde aber auf dem Kirchhofe, wie er selbst gewünscht hatte, bestatten wollten. Inzwischen wurde für die Seele des Verstorbenen die heilbringende Hostie dargebracht, als ein gewisser Theoderich, der noch am Leben ist[1], von der Anstrengung der Vigilien vor dem Begräbnis ermüdet, in tiefem Schlafe auf seinem Lager hingestreckt lag; da war es ihm, als träte ein Mann ehrwürdigen Ansehens zu ihm und spräche: „Wie lange

[1] In Kap. 74 wird ein Theoderich unter den Mönchen in Högersdorf bei Segeberg genannt, der vielleicht derselbe wie der hier genannte ist.

schläfst du? Steh auf, und laß den Pfarrer begraben, wo seine Gemeinde es will." So siegte nach Gottes Anordnung der Wille der Gemeinde, und man bestattete ihn innerhalb der Mauern der Kirche, der er lange Jahre hindurch treu gedient hatte.

44.
Vom Propst Thetmar

Nach dem Tod seines Oheims blieb Vicelin so lange an der Paderborner Kirche, bis er nach Bremen berufen wurde, um daselbst der Schule vorzustehen. Er war zu diesem Amte sehr geeignet, sorgte für den Chor, erzog die Jugend zu Zucht und Ehrbarkeit; kurz, er machte die Schüler, die bis dahin haltlos sich hatten gehen lassen, durch seinen Unterricht zu gebildeten Menschen, welche auch im Gottesdienste und im Besuchen des Chors sich eifrig bewiesen. Deshalb liebte ihn der Bischof Friedrich[1] und die übrigen, die durch ihr Amt oder Ansehen in der Kirche hervorragten. Denen nur wurde er lästig, die gewohnt waren, den Dienst der Kirche und die geistliche Zucht hintanzusetzen und in den Schenken zu zechen, in den Häusern und Straßen herumzuspazieren und eitlen Lüsten zu frönen: diese fürchteten, daß ihre schlechten Streiche von ihm gerügt würden. Daher suchten sie ihn auch häufig mit Schmäh- und Stachelreden zu reizen und zu verkleinern. Allein nichts fehlte seinem Betragen zur Vollkommenheit, nichts ließ den Verleumdungen seiner Nebenbuhler Spielraum, außer daß er in der Züchtigung der Zöglinge mit Schlägen nicht Maß hielt. Daher liefen

[1] Erzbischof von Bremen von 1105–1123.

auch gar viele Schüler davon, und er wurde der Grausamkeit beschuldigt. Alle diejenigen aber, die, fester von Charakter, sein Joch und seine Zucht aushielten, hatten großen Gewinn davon; denn sie nahmen zu an Umfang des Wissens und Klugheit, wie an Würde und Anstand.

Damals war in seiner Schule ein Jüngling von vortrefflichen Anlagen, namens Thetmar, dessen hochachtbare Mutter in der Nacht, wo sie mit einer solchen Last befruchtet werden sollte, ein Gesicht hatte: es war ihr nämlich, als nähme sie ein goldenes, mit Edelsteinen besetztes Kreuz in ihren Schoß auf. Das war in der Tat eine herrliche Hinweisung, daß das Kind, welches sie gebären sollte, vom Glanze der Heiligkeit umstrahlt werden würde. Als nun der Sohn geboren wurde, weihte ihn die Mutter, der Verkündigung wohl eingedenk, dem Dienste des Herrn und der Gottesgelehrtheit. Er wurde aber zuerst, weil die Schule zu Bremen in Verfall geraten war, gar sehr vernachlässigt, bis zum Glücke der Meister Vicelin kam und die Leitung der Schule erhielt. Seiner Obhut wurde nun der junge Thetmar übergeben, und wurde sein Schüler und Hausgenosse.

45.
Vicelins Reise nach Frankreich

Nach Verlauf gar vieler Jahre faßte Vicelin, da er die 1122/23
guten Fortschritte und die Menge seiner Schüler erwog, den Plan, nach Frankreich zu gehen, um sich den höheren Studien zu widmen, und bat Gott, er möchte doch seine Gedanken in dieser Beziehung selbst lenken. Wäh-

rend er mit diesem Plane umging, trat eines Tages Adelbert, der Probst der Hauptkirche, zu ihm und sagte: „Warum verbirgst du deinem Freunde und Verwandten, was du auf dem Herzen hast?“ Als er sich nun dringend erkundigte, warum er so frage, antwortete dieser: „Ich weiß, daß du nach Frankreich zu reisen beabsichtigst und willst, daß niemand etwas davon wissen soll. So wisse denn, daß Gott dir den Weg weist. Denn in der Nacht im Traume glaubte ich vor dem Altare zu stehen und eifrig zu Gott zu beten. Da redete mich das auf dem Altare stehende Bild der Mutter Gottes so an: Gehe hin und verkündige dem Manne, der vor der Türe liegt, daß er Freiheit hat, zu reisen, wohin er will. Diesem Befehl gehorchte ich, und zur Türe schreitend fand ich dich im Gebet hingestreckt. Ich meldete dir, was mir geheißen war; du hörtest es und freutest dich[1]. Da du also jetzt die Erlaubnis bekommen hast, so gehe wohin du es wünschest.“ Also ermutigt und gestärkt durch diesen göttlichen Wink gab er die Schule auf, jedoch zu großem Leidwesen des Bischofs und der Kirchenoberen, die eines solchen Mannes Dienste nur ungern entbehrten. Er nahm also den ehrenwerten Jüngling Thetmar mit und begab sich nach Frankreich. Dort besuchte er die Vorträge der ehrwürdigen Lehrer Radolf und Anselm[2], die in der Erklärung der Heiligen Schrift damals ausgezeichnet waren. Diese ehrten ihn hoch wegen seines brennenden Lerntriebes und seines verdienstlichen, lobenswerten Lebenswandels. Während er nämlich leere, zwecklose

[1] So weit reicht der Traum des Adelbert.
[2] Zwei Brüder, Lehrer in Laon, von denen Anselm schon 1117 gestorben war. Vicelins Aufenthalt muß in die Jahre 1123–1126 fallen.

Fragen und Wortkämpfe, die nicht bessern, sondern nur stören und verwirren, durchaus mied, strebte er nur nach dem, was einem klaren Verstande zusagte und geeignet war, seinen Charakter zu festigen. Zuletzt als er den Samen des göttlichen Wortes empfangen hatte, nahm er an Seelenstärke so zu, daß er schon damals sich entschloß, Gott zuliebe einen strengeren Lebenswandel zu beginnen, nämlich dem Genusse des Fleisches zu entsagen, ein härenes Gewand auf bloßem Leibe zu tragen und dem Dienste der Kirche sich vollständig hinzugeben. Bisher nämlich war er nur Akoluth gewesen, weil er sich von einem höheren Grade aus Furcht vor der Schwäche und Sinnlichkeit, die der Jugend eigen ist, ferngehalten hatte. Sobald nun das reifere Alter und eine lange Übung in der Enthaltsamkeit ihm
als Mann Festigkeit des Charakters verschafft hatten, 1126
beschloß er, nachdem er drei Jahre den Studien obgelegen, die Heimat wiederzusehen und zu den höheren geistlichen Graden sich weihen zu lassen. Da traf es sich, daß in jenen Tagen sein geliebter Schüler Thetmar erkrankte. Der fürchtete den Tod und weinete gar sehr, wie Hiskia[1], und bat, Gott möge ihm um der Verdienste seines Lehrers willen ein längeres Leben schenken. Auch Vicelin flehete für ihn zum Herrn, und so wurde er, Gott sei Dank! wieder gesund. Darauf kehrten sie wieder heim, wurden aber nachher voneinander getrennt. Der ehrwürdige Thetmar wurde nämlich Domherr zu Bremen, Meister Vicelin dagegen schlug diese Würde, die auch ihm angeboten wurde, aus, weil er nach Gottes Fügung zu einem anderen Werke bestimmt war.

[1] Vgl. 2. Kön. 20; Jesaia 38.

46.
Vicelins Ankunft im Slavenland

1126 In dem Jahr nämlich, in dem er aus Frankreich zurückkehrte, begab er sich zu dem ehrwürdigen Northbert, Bischof von Magdeburg[1], und wurde gewürdigt, sich seines Umganges zu erfreuen und von ihm die Priesterweihe zu erlangen. Wie er nun sogleich in heißem Eifer entbrannte und wünschte, einen Wirkungskreis und eine Tätigkeit zu erhalten, darin er der Kirche nützlich sein könnte, bekam er Kunde von Heinrich, dem Fürsten der Slaven, und vernahm, daß derselbe nach Bezwingung der Barbarenvölker sich willig und geneigt zeige, den Dienst am Hause des Herrn zu verbreiten. Da meinte er, daß er zur Verkündigung des Evangelii von Gott berufen werde, und ging zu dem ehrwürdigen Adalbero, Erzbischof von Hamburg, der sich gerade zu Bremen aufhielt, um ihm die Meinung seines Herzens zu enthüllen. Dieser freute sich nicht wenig, billigte seinen Entschluß und verlieh ihm das Sendamt am Worte Gottes, es an seiner Statt unter dem Volke der Slaven zu predigen und das Heidentum auszurotten. Sofort trat er seine Reise in das Land der Slaven an, in Begleitung der ehrwürdigen Priester Rudolf von Hildesheim und Ludolf, Domgeistlichen von Verden, welche sich diesem Dienste gewidmet hatten. Sie fanden den Fürsten Heinrich, den sie aufsuchten, in Lubeke, und baten ihn um die Erlaubnis, den Namen des Herrn verkündigen zu dürfen. Dieser erhob, ohne sich zu bedenken, diese würdigen Männer zu hohen Ehren vor seinem Volke, und

[1] Norbert wurde am 25. Juli 1126 zum Erzbischof von Magdeburg geweiht. Diese Chronologie ist bestätigt durch eine Urkunde Vicelins vom 25. Sept. 1150, dem ersten Anniversar seiner Bischofsweihe, in welcher er sagt, daß er 23 Jahre vorher zu den Slaven gekommen sei.

übergab ihnen die Kirche zu Lubeke, damit sie sich dort in Sicherheit bei ihm aufhalten und das Werk Gottes betreiben könnten. Nachdem dies in Ordnung gebracht war, kehrten sie nach Sachsen zurück, um ihre häuslichen Angelegenheit zu ordnen und sich zur Reise ins Slavenland zu rüsten. Allein plötzlich wurden ihre Herzen von heftigem Schmerze erschüttert; schnell verbreitete sich nämlich die Kunde, Heinrich, der König 22. 3. 1127
der Slaven, sei gestorben, und so wurde für den Augenblick die Ausführung ihrer frommen Absichten gehemmt. Denn die Söhne Heinrichs, Zventepolch und Kanut, die ihm in der Herrschaft folgten, gerieten durch innere Kriege in so verwirrte Verhältnisse, daß sie ihre ganze ruhige Lage und die Tribute der Länder, die ihr Vater im tapferen Kampfe errungen hatte, einbüßten.

47.
Von der Buße der Nordelbinger

Um dieselbe Zeit ging der Erzbischof Adalbero über die Elbe, um Hamburg und das Land der Nordelbinger zu besuchen, und kam so nach der Stadt Meldorf; in seinem Gefolge befand sich der ehrwürdige Priester Vicelin. Es gibt drei Völker der Nordelbinger, Sturmarn, Holzaten und Dithmarschen, welche weder durch ihr Äußeres, noch durch die Sprache sehr voneinander verschieden sind und sächsisches Recht, sowie den Namen von Christen haben, nur daß sie wegen der Nachbarschaft der Barbaren Räubereien und Diebstähle zu verüben pflegen. Der Gastfreundschaft sind sie eifrig ergeben. Denn bei den Holzaten muß man stehlen und schenken, um etwas von sich her zu machen. Wer nicht etwas zu erraffen versteht, gilt für schwach und ist ohne Ansehen. Als nun der Bischof in Meldorf sich aufhielt, kamen zu ihm die Bewohner von Faldera[1] und baten um einen Pfarrer. Der Gau von Faldera aber begrenzt Holzatien nach der Seite hin, wo es die Slaven berührt. Sogleich wandte sich der Erzbischof zu Vicelin mit den Worten: „Wenn du die Absicht hast, im Slavenlande zu arbeiten, so gehe mit diesen Männern und übernimm ihre Kirche; denn sie liegt an der Grenze beider Länder, und du hast so deinen festen Aufenthalt am Ein- und Ausgange des Slavenlandes." Auf seine Erwiderung, er werde seinem Rate folgen, sagte jener zu den Männern aus Faldera: „Wollt ihr einen klugen und tüchtigen Priester haben?" Als sie erklärten, das wünschten und darum bäten sie von ganzem Herzen, nahm er den Vicelin bei der Hand und übergab ihn als Priester einem gewissen Marchrad, einem sehr angesehenen Manne, und den übrigen Falderern mit der Ermahnung, ihn seiner Stellung gemäß würdig zu behandeln. Als sie nun an Ort und Stelle angelangt waren, betrachtete Vicelin die Beschaffenheit der Örtlichkeit und sah, wie das Land durch eine wüste und unfruchtbare Heide ganz abscheulich, dazu das Wesen der Einwohner roh und ungebildet war, und daß sie von der Religion nichts weiter als den Namen von Christen hatten. Denn die Verehrung von Hainen und Quellen und sonst noch mancherlei Aberglauben herrschte bei ihnen. Da er also mitten „unter dem unschlachtigen und verkehrten Geschlecht", „in dem Lande des Schreckens und der wüsten Einöde"[2] zu wohnen sich anschickte, so empfahl er sich dem Schutze Gottes um so dringender, je mehr er von menschlicher Hilfe verlassen war. Allein der Herr

[1] Später Neumünster.
[2] Philipp. 12,15 – 5. Mose 32,10.

ließ ihn Gnade finden vor den Augen dieses Volkes. Sobald er nämlich die Herrlichkeit Gottes und die Freuden der zukünftigen Welt und die Auferstehung des Fleisches zu predigen begann, wurde das rohe Volk von der Neuheit der ihm bisher ganz unbekannten Lehre wie durch ein Wunder im Innersten ergriffen, und die Finsternis der Sünden wurde erleuchtet und schwand vor dem Glanze der Gnade Gottes. Und kaum glaublich ist es, in wie zahlreichen Scharen damals die Menschen herbeiströmten, des Gnadenmittels der Buße teilhaftig zu werden, und Vicelins Wort und Predigt ertönten im ganzen Lande der Nordelbinger. Und er begann voll frommen Eifers die umliegenden Kirchen zu besuchen, indem er die Gemeinden mit Gottes Wort tröstete, die Irrenden zurechtwies, die Uneinigen versöhnte, und überdies die Haine und alle abgöttischen Gebräuche vertilgte. Als sich nun der Ruf von seiner Heiligkeit verbreitete, kamen viele, sowohl Geistliche als Weltliche zu ihm, unter denen die ersten und vorzüglichsten die ehrwürdigen Priester Ludolf, Eppo, Luthmund, Volkward waren, und außerdem sehr viele andere, von denen etliche schon entschlafen sind, andere aber noch leben. Diese verbanden sich durch heilige Gelöbnisse miteinander und beschlossen, ein eheloses Leben zu führen, in Gebet und Fasten zu verharren, Werke der Frömmigkeit zu üben, die Kranken zu besuchen, die Dürftigen zu nähren, und sowohl für ihr eigenes, als für ihrer Nächsten Seelenheil zu sorgen[1]. Vor allem aber lag ihnen die Bekehrung der Slaven am Herzen, und sie fleheten zum Herrn, er möchte ihnen doch die Tür des Glaubens so bald wie möglich auftun.

[1] Zwei Handschriften weisen an dieser Stelle auf die Regel des h. Augustin hin, die ja in Neumünster galt; dort findet sich allerdings wörtlich Entsprechendes nicht.

Indes verschob Gott längere Zeit die Erhörung ihres Gebets, denn die Missetat der Amoriter ist noch nicht alle, und, nicht ist gekommen die Stunde der Erbarmung.[1]

48.
Von Zventepolch

1127/1129 Die Söhne Heinrichs nämlich erregten innere Kriege und verursachen den nordelbischen Völkern wiederum Mühe und Not. Zventepolch, der Ältere, fügte, da er allein herrschen wollte, seinem Bruder Kanut viel Unrecht zu und belagerte ihn zuletzt mit Hilfe der Holzaten in der Burg zu Plön. Kanut aber wehrte seinen Gefährten, daß sie nach den Belagerten nicht mit den Wurfspießen schossen, bestieg die Zinne der Mauer und sprach zu dem versammelten Heere: „Höret, ich bitte euch, mein Wort, ihr trefflichen Männer von Holzatia. Aus welchem Grunde erhebt ihr euch doch gegen mich, euren Freund? Bin ich nicht Zventepolch's Bruder, von demselben Vater wie er gezeugt, Heinrich's Sohn so gut wie er und von Rechts wegen Miterbe des väterlichen Reiches? Warum sucht mich also mein Bruder meiner väterlichen Erbschaft zu berauben? Laßt euch doch nicht ohne Grund gegen mich aufreizen, sondern lenket wieder ein in den Pfad der Gerechtigkeit und beweget meinen Bruder dazu, daß er mir den mir gebührenden Anteil herausgebe.“ Durch diese Worte wurden die Belagerer milder gestimmt und beschlossen, dem Manne seine gerechte Forderung zu erfüllen. Sie bewirkten durch ihre Vermittelung die Versöhnung der entzweiten Brüder und teilten das Land unter sie. Allein nicht

[1] 1. Mose 15,16 – Psalm 102,14.

lange nachher wurde Kanut zu Lütjenburg erschlagen, und Zventepolch bemächtigte sich allein der Regierung. Er rief nun den Grafen Adolf mit den Holzaten und Sturmarn zu Hilfe und unternahm mit ihnen einen Feldzug in das Land der Obotriten, und belagerte eine Burg, namens Werlo[1]. Nachdem er sich derselben bemächtigt hatte, zog er weiter vorwärts und erschien vor der Burg der Kycinen[2] und belagerte sie fünf Wochen lang. Als er endlich auch diese erobert und Geiseln empfangen, kehrten sie, er nach Lubeke, die Nordelbinger aber in ihre Heimat zurück. Da nun der Priester Vicelin sah, daß sich der Fürst der Slaven gegen die Christen ganz freundlich benahm, so begab er sich zu ihm und erneuerte bei ihm sein dem Vater vorgetragenes Gesuch. Er erlangte auch die Gunst des Fürsten und sandte nach der Stadt Lubeke die ehrwürdigen Priester Ludolf und Volkward, um für das Seelenheil des Volkes zu sorgen. Diese wurden gütig aufgenommen von den Kaufleuten, die sich dort infolge der Redlichkeit und Gerechtigkeit des Fürsten Heinrich zu einer nicht unbedeutenden Ansiedlung zusammengefunden hatten. Und sie wohnten in der Kirche, die auf dem Hügel stand, der der Burg gegenüber, jenseits des Flusses[3] liegt. Es währte aber nicht lange, so zerstörten die Rugianer, als sie die Stadt von Schiffen entblößt fanden, den Flecken samt der Burg. Die berühmten Priester aber entflohen, während die Barbaren in die eine Tür der Kirche hereinbrachen, durch die andere, fanden zunächst in dem nahen Walde Schutz und dann eine sichere Zufluchtsstätte in Faldera. Zventepolch wurde

[1] Werle oder Wurle lag zwischen Schwaan und Bützow, wo heutzutage das Dorf Wyck sich befindet.
[2] Kessin bei Rostock.
[3] Trave.

bald hernach durch die Hinterlist eines gewissen Daso, eines sehr reichen Holzaten, ermordet. Noch war ein Sohn Zventepolchs, Zvinike, vorhanden, aber auch dieser wurde getötet zu Artlenburg, einer Burg jenseits der Elbe. So erlosch Heinrichs Geschlecht und verlor die Herrschaft über die Slaven mit dem Tode seiner Söhne und Enkel. Er selbst aber hatte, ich weiß nicht durch welche himmlischen Zeichen belehrt, schon vorausgesagt: sein Geschlecht werde bald vergehen.

49.
Von Kanut

Danach wurde die Herrschaft über die Slaven auf den hochangesehenen Fürsten Kanut[1], den Sohn des Kö-
1102 nigs Herich von Dänemark übertragen. Denn Herich, der mächtige König, empfahl, da er einen Zug nach Jerusalem gelobt hatte, sein Reich und seinen Sohn in die Hände seines Bruders Nikolaus, den er schwören ließ, seinem Sohne Kanut, wenn er selbst nicht wiederkäme, die Regierung übergeben zu wollen, sobald er erwachsen wäre. Als nun aber den König auf der Heim-
1103 reise von Jerusalem der Tod ereilte, behielt Nikolaus, obwohl nur von einem Nebenweibe geboren, doch die Regierung der Dänen, weil Kanut noch ein kleines Kind war. Allein auch Nikolaus hatte einen Sohn, namens Magnus. Diese beiden Sprößlinge wurden nun königlich und glänzend erzogen, was einst zu vielen Kriegserschütterungen und vieler Dänen Untergang führen sollte. Als aber Kanut heranzuwachsen anfing, begab er sich, weil er fürchtete, daß er leicht einmal

[1] Knut Laward.

einem Anschlage seines Oheims erliegen könne, zum Kaiser Lothar[1] und blieb bei ihm viele Tage und Jahre, wurde auch seinem königlichen Range gemäß auf das ehrenvollste behandelt. Darauf kehrte er heim 1115?
und wurde von seinem Oheim, der ihn gütig empfing, zum Herzoge über ganz Dänemark erhoben. Nun begann der friedliebende Mann das Land sicher zu machen, indem er herumschweifendes Gesindel aus dem Lande wies. Besonders wohltätig aber bewährte er sich den Schleswigern. Einst traf es sich, daß man in der Heide, die zwischen der Schlei und der Eider liegt, Räuber ergriff und sie vor Kanut brachte. Als er sie nun zum Strange verurteilte, rief einer von ihnen, um sein Leben zu retten, aus, er sei mit ihm verwandt und aus königlichem Stamme der Dänen. Da antwortete Kanut: „Für unsern Verwandten ziemt es sich nicht, wie gemeine Leute behandelt zu werden; es gebührt sich, daß wir ihm Auszeichnung zuteil werden lassen.“ Und so ließ er ihn vor allem Volke an einen Mastbaum aufhängen.

Indes begann er sich in Gedanken damit zu beschäftigen, daß die Herrschaft über die Slaven erledigt sei, da Heinrich gestorben und seine Söhne aus dem Wege geräumt waren. Er begab sich also zum Kaiser Lothar 1128?
und erkaufte um vieles Geld das Königtum über die Obotriten, nämlich alle Gewalt, welche Heinrich besessen hatte. Und der Kaiser setzte ihm eine Krone aufs Haupt, auf daß er König wäre über die Obotriten, und machte ihn zu seinem Lehensmann. Darauf begab sich 1128/1130
Kanut ins Land der Wagrier und besetzte dort den Berg, der von alters her Alberg[2] heißt, und legte auf

[1] Damals noch Herzog.
[2] Vgl. Kap. 14.

demselben kleine Wohnungen an, in der Absicht, dort eine feste Burg aufzuführen. Und er nahm im Lande der Holzaten jeden tapfern Mann zu sich, und machte mit ihnen Einfälle ins Land der Slaven, wo er alle, die ihm entgegentraten, tötete oder überwältigte. Auch einen Vetter Heinrichs, den Pribizlaw, und Niclot, den Ältesten des Landes der Obotriten, nahm er gefangen und setzte sie zu Schleswig ins Gefängnis; hier mußten sie so lange eiserne Handschellen tragen, bis sie sich mit Geld und Geiseln lösten und einsahen, was Untertanen ziemt. Oft besuchte er auch das Land der Wagrier, wo er dann in Faldera einkehrte und sich gegen Vicelin und alle dort Wohnenden freundlich bezeigte, ihnen auch viel Gutes verhieß, wenn der Herr seine Unternehmungen im Slavenlande leiten würde. So kam er auch nach Lubeke, und ließ dort die von Heinrich erbaute Kirche einweihen, in Gegenwart des ehrwürdigen Priesters Ludolf und der übrigen Geistlichen aus Faldera, die für diesen Ort bestimmt waren.

1130 In jenen Tagen starb Graf Adolf[1]. Er hatte zwei Söhne. Der ältere derselben, Harthung, ein kriegerischer Mann, sollte die Grafschaft erhalten, der jüngere
1126 Sohn Adolf aber war den Wissenschaften ergeben. Es traf sich aber, daß Kaiser Lothar mit großer Heeresmacht nach Böhmen zog. Als nun dort Harthung nebst
19. Feb. vielen Edlen im Kampfe fiel, wurde die Grafengewalt über das Land der Nordelbinger Adolf, einem klugen und in göttlichen wie in irdischen Dingen sehr wohlbewanderten Manne, zuteil. Denn außerdem, daß er Lateinisch und Deutsch mit Geläufigkeit sprach, verstand er auch die slavische Sprache.

[1] Wahrscheinlich am 13. Nov. 1130.

50.
Von Nikolaus

Um diese Zeit[1] geschah es, daß Kanut, der König der Obotriten, nach Schleswig kam, um mit seinem Oheim Nikolaus einen Hoftag zu halten. Als nun das Volk zur Versammlung zusammengekommen war und der ältere König sich, angetan mit dem königlichen Schmuck, auf den Thron niedergelassen hatte, setzte sich Kanut ihm gegenüber, gleichfalls auf seinem Haupte eine Krone tragend, nämlich die des Reiches der Obotriten, und umringt von einer Schar von Trabanten. Da aber der königliche Oheim seinen Neffen im Herrscherschmucke sah und bemerkte, daß er weder vor ihm aufstand, noch ihn der Sitte gemäß küßte, unterdrückte er seine Empfindlichkeit und ging auf ihn zu, um ihn mit einem Kusse zu begrüßen. Sogleich eilte ihm Kanut, jedoch nur bis in die Mittes des Raumes, entgegen, und stellte sich überhaupt dem Range und der Würde nach dem Oheim durchaus gleich. Dieses Benehmen zog ihm tödlichen Haß zu. Denn Magnus, der Sohn des Nikolaus, der mit seiner Mutter[2] diesem Schauspiele beiwohnte, entbrannte in außerordentlichem Zorne, als seine Mutter zu ihm sagte: „Siehst du nicht, daß dein Vetter bereits das Zepter trägt und König ist? Erkläre ihn denn für einen Staatsfeind, da er noch bei Lebzeiten deines Vaters sich nicht gescheut hat, den Königstitel anzunehmen. Wenn du das länger unbeachtet lässest und ihn nicht tötest, so wisse, daß er dich des Lebens und des Thrones berauben wird.“ Durch diese Worte angereizt, begann er auf Mittel und Wege zu sinnen, um Kanut

1130

[1] Nov.–Dez. 1130.
[2] Margarete, die aber nach anderen Nachrichten vielmehr für die Versöhnung ihres Sohnes und ihres Neffen wirkte.

aus dem Wege zu räumen. Als das König Nikolaus merkte, berief er alle Fürsten des Reiches und bemühte sich, die feindlichen Jünglinge zu versöhnen. Auch schien sich die Zwietracht in Frieden verwandeln zu wollen, denn von beiden Seiten wurde ein Sühnevertrag beschworen. Dieser wurde von Kanut aufrichtig gehalten, von Magnus aber nur aus Hinterlist eingegangen. Sowie er nämlich nach der scheinbaren Festigung ihres Verhältnisses Kanuts Gesinnung erforscht hatte und ihn frei von allem Verdacht fand, bat er ihn, zu einem Gespräche mit ihm allein zusammenzukommen. Kanuts Frau[1] aber riet ihm, nicht hinzugehen, da sie Hinterlist fürchtete und zugleich auch durch einen Traum, den sie die Nacht vorher gehabt hatte, beunruhigt war. Indes ließ er sich, seinem Worte getreu, nicht
7. 1. 1131 zurückhalten, sondern begab sich, wie er versprochen, von nicht mehr als vier Männern begleitet, an den Ort der Zusammenkunft. Magnus war mit eben soviel Gefährten da und umarmte und küßte seinen Vetter, worauf sie beide sich niederließen, um über Geschäfte zu verhandeln. Alsbald aber brachen die von Magnus Versteckten aus ihren Schlupfwinkeln hervor, und verwundeten und töteten den Kanut, dessen Leichnam sie sogar gliederweise zerstückten, weil sie selbst an dem Toten noch ihre Wut zu befriedigen dürsteten. Von dem Tage an vermehrten sich die Wirren und die inneren Kriege in Dänemark, deren im Nachfolgenden des öfteren zu gedenken sein wird, weil sie das Land der Nordelbinger stark berührten. Als nämlich Kaiser Lothar und seine Gemahlin Rikenza die unglückliche Botschaft vernahmen, wurden sie nicht wenig betrübt, weil ein dem Reiche so freundlich gesinnter Fürst seinen Untergang gefunden hatte. Darum erschien der Kaiser

[1] Ingeborg.

mit einem großen Heere in der Nähe von Schleswig vor jenem wohlbekannten Walle Dinewerch[1], um den traurigen Tod des trefflichen Kanut zu rächen. Ihm gegenüber hatte sich Magnus gelagert, mit einem unermeßlichen Heere von Dänen, um sein Land zu verteidigen. Erschreckt indes durch die Tapferkeit der deutschen Krieger erlangte er vom Kaiser für eine ungeheuere Summe Goldes und durch Leistung des Lehenseides Straflosigkeit.

51.
Von Herich

Da nun Herich, Kanuts Bruder, der mit einer Nebenfrau gezeugt war, sah, daß des Kaisers Zorn abgekühlt war, begann er sich zu rüsten, um das Blut seines Bruders zu rächen; er durchzog Länder und Meere, und sammelte eine Menge Dänen um sich, die alle die ruchlose Ermordung Kanuts verwünschten. Er nahm den Königstitel an, und begann Magnus in wiederholten Kämpfen anzugreifen, wurde aber besiegt und in die Flucht geschlagen. Daher wurde er auch wegen seines beständigen Fliehens Herich Hasenfuß genannt. Zuletzt aus Dänemark vertrieben, floh er nach der Stadt Schleswig. Die Bewohner derselben, eingedenk der Wohltaten, die ihnen Kanut erwiesen hatte, nahmen ihn auf, entschlossen für ihn Gut und Blut daran zu setzen. Darum befahlen Nikolaus und sein Sohn Magnus dem ganzen Volke der Dänen, hinabzuziehen zur 1131/32
Bekämpfung von Schleswig, und die Belagerung dehnte sich über eine sehr lange Zeit aus. Nun aber war der See, der bei der Stadt liegt, mit Eis überzogen und

[1] Dannewerk.

wegbar, und so bestürmten sie die Stadt von der Wasserseite und von der Landseite. Da sandten die Schleswiger Boten an den Grafen Adolf und boten ihm 100 Mark, wenn er mit dem Volke der Nordelbinger die Stadt verteidigen wollte. Allein Magnus bot ebensoviel, wenn er den Krieg unterlassen würde. Der Graf also, ungewiß was er tun sollte, fragte die Ältesten des Landes um Rat. Jene rieten ihm, der Stadt zu helfen, weil sie häufig Waren von derselben bezogen. So zog denn Graf Adolf ein Heer zusammen und ging über die Eider, dann fand er für gut, eine Zeitlang stehenzubleiben, bis sein ganzes Heer zusammen käme, da man sich mit wohl überlegter Vorsicht in Feindesland bewegen müsse. Allein das beutelustige Kriegsvolk ließ sich nicht halten; sie stürzten mit solcher Hast vorwärts, daß, als die ersten bereits bei dem Holze Thievela[1] ankamen, die letzten die Eider kaum erreicht hatten. Sobald also Magnus von der Ankunft des Grafen hörte, wählte er aus seinem Heere tausend Geharnischte aus, eilte mit denselben den von Holzatia herangezogenen Scharen entgegen und lieferte ihnen ein Treffen. Der Graf wurde in die Flucht geschlagen, und die Nordelbinger erlitten eine sehr große Niederlage. Adolf aber und alle, die aus der Schlacht entkamen, gingen über die Eider zurück, und waren so gerettet. Magnus ging nach dem Siege wieder an die Belagerung von Schleswig, allein seine Mühe war vergeblich; denn er bekam weder die Stadt, noch den Feind in seine Gewalt. Da nämlich mit dem Winter auch die Einschließung aufhörte, so entkam Herich an die Küste von Sconen, und klagte überall

[1] Das jetzige Dorf Jagel in der Kropperheide, drei Meilen von der Eider, hieß einst Dyavel.

seines unschuldigen Bruders Tod und sein eigenes Miß-
geschick. Als daher Magnus die Kunde bekam, daß
Herich wieder erschienen war, unternahm er bei Her-
annäherung des Sommers mit einer zahllosen Flotte 1134
einen Zug nach Sconen. Herich aber hatte sich, obwohl
nur von einer geringen Zahl von Eingeborenen umge-
ben, ihm gegenüber gelagert. Denn die Sconer allein
widerstanden den gesamten Dänen. Als nun Magnus 4. 6. 1134
am heiligen Pfingsttage darauf drang, den Kampf zu
beginnen, sagten zu ihm die ehrwürdigen Bischöfe:
„Gib dem Herrn des Himmels die Ehre und achte den
so festlichen Tag: ruhe heute, morgen kannst du ja
kämpfen.“ Er aber beachtete die Mahnung nicht, son-
dern begann die Schlacht. Auch Herich führte sein
Heer zur Schlacht und trat ihm wohlgerüstet entgegen.
An diesem Tage fiel Magnus, und die ganze dänische
Heeresmacht wurde von den Sconern besiegt und bis
auf den letzten Mann aufgerieben. Herich wurde durch
diesen Sieg berühmt und man gab ihm einen neuen
Beinamen; man nannte ihn nämlich Herich Emun, d.h.
den Gefeierten. Nikolaus aber, der ältere König, ent-
kam zu Schiff nach Schleswig, wurde jedoch von den
Männern der Stadt dem Sieger zulieb erschlagen. So 25. 6. 1134
rächte der Herr das Blut des Kanut, den Magnus, sei-
nen geschworenen Eid brechend, ermordet hatte. He-
rich aber regierte in Dänemark, und erzeugte mit einer
Nebenfrau Thunna einen Sohn namens Svein. Aber
auch Kanut hatte einen edlen Sohn erzeugt, den Wal-
demar, und Magnus hatte gleichfalls einen Sohn, den
Kanut. Diese königlichen Sprößlinge blieben den
Dänen, damit sie immer in Übung bleiben und nicht
etwa das beständige Kriegführen aufgeben und schließ-
lich übermütig werden sollten. Denn nur in inneren
Kriegen zeichnen sich die Dänen aus.

52.
Von den Gebräuchen der Slaven

1131 Nachdem also Kanut, mit dem Beinamen Laward, der König der Obotriten, gestorben war, traten an seine Stelle Pribizlaw und Niclot; sie teilten sich in die Herrschaft, so daß der eine das Land der Wagrier und Polaben, der andere das der Obotriten regierte. Dies waren zwei wilde Bestien, welche die Christen auf das wütendste verfolgten. In jenen Zeiten griff überhaupt wieder verschiedenerlei Götzendienst und Aberglauben im ganzen Slavenlande um sich. Außer den heiligen Hainen und Hausgöttern, an denen Fluren und Dörfer Überfluß hatten, waren die ersten und vorzüglichsten unter den Göttern Prove, der Gott des Aldenburger Landes, Siwa, die Göttin der Polaben, und Radigast, der Gott des Obotritenlandes. Diesen waren Priester geweiht und wurden besondere Opfer dargebracht, und man verehrte sie auf mancherlei Weise. Die Feste nämlich, die zu Ehren der Götter zu feiern sind, sagt der Priester nach dem Ausfall des Loses an, und dann kommen Männer, Frauen und Kinder zusammen, und bringen ihren Götzen Opfer dar, bestehend in Rindern und Schafen; ja sehr viele opfern auch Menschen, Christen nämlich, weil sie erklären, am Blute derselben hätten die Götter Wohlgefallen. Nachdem das Opfertier getötet ist, kostet der Priester von dem Blute desselben, um sich zum Empfange göttlicher Weisung mehr zu befähigen. Denn daß die dämonischen Wesen durch Blut leichter anzulocken sind, ist die Meinung vieler. Wenn dann das Opfer dem Brauche gemäß vollzogen ist, wendet sich das Volk zu Schmaus und Freude. Die Slaven haben aber einen sonderbaren abergläubischen Gebrauch; bei ihren Schmäusen und Zechgelagen lassen sie nämlich eine Schale herumgehen, auf welche sie im Namen der Götter, nämlich des guten und des bösen, Worte, nicht der Weihe, sondern vielmehr der Entweihung ausschütten. Sie glauben nämlich, alles Glück werde von einem guten, alles Unglück aber von einem bösen Gotte gelenkt. Daher nennen sie auch den bösen Gott in ihrer Sprache Diabol oder Zcerneboch, d.h. den schwarzen Gott. Unter den vielgestaltigen Gottheiten der Slaven ist vor allen Zvantevith zu erwähnen, der Gott des Landes der Rugianer, der nämlich in Orakelsprüchen am wirksamsten sein soll; im Vergleich zu ihm betrachteten sie die andern Gottheiten nur wie Halbgötter. Daher pflegten sie ihm zur besonderen Ehre alle Jahre einen Christen, auf den das Los fällt, zu opfern. Dahin übersandten sie sogar aus allen slavischen Ländern bestimmte Summen zu den Kosten der Opfer. Den Dienst am Heiligtum aber versehen sie mit außerordentlicher Ehrfurcht und Sorgfalt; denn weder leisten sie leichthin einen Eid, noch dulden sie, daß die Heiligkeit des Tempelbezirks entweiht oder verletzt werde, selbst nicht an Feinden. Außerdem war den Slaven eine unersättliche Wildheit angeboren; unstet umherschweifend beunruhigten sie die Nachbarländer zu Wasser und zu Lande. Auf wie viele Arten sie die Christen zu töten pflegten, ist schwer zu erzählen, da sie den einen die Eingeweide aus dem Leibe rissen und sie um einen Pfahl wickelten, die andern aber ans Kreuz schlugen, um das Zeichen unserer Erlösung zu verhöhnen. Sie verurteilten nämlich die größten Verbrecher zum Kreuzestode. Die aber, die sie um des Lösegeldes willen in Gefangenschaft halten, peinigen sie mit solchen Qualen und fesseln sie so eng und drückend, daß, wer es nicht weiß, es kaum glauben kann.

53.
Von der Erbauung von Segeberg

Da der glorreiche Kaiser Lothar und seine verehrungswürdige Gemahlin Rikenze dem Dienste Gottes die andächtigste Fürsorge widmeten, so erschien vor dem
1134/36? Kaiser, als er sich zu Bardowiek[1] aufhielt, Vicelin, der Priester Christi, und legte ihm ans Herz, daß er dem Volke der Slaven nach der ihm vom Himmel verliehenen Macht ein Mittel zur Rettung ihrer Seelen darbieten möchte. Ferner wies er ihm nach, daß im wagrischen Lande ein geeigneter Berg vorhanden sei, um auf demselben zum Schutze des Landes eine königliche Burg zu errichten. Denn auch Kanut, der König der Obotriten, hatte einst denselben Berg besetzt[2], aber die dort liegenden Krieger waren von Räubern, die bei nächtlicher Weile eingelassen waren, gefangengenommen, auf Anstiften des älteren Grafen Adolf, der von Kanut, wenn derselbe mächtig würde, bedrängt zu werden gefürchtet hatte. Der Kaiser gab also dem klugen Rate des Priesters Gehör und sandte sachverständige Männer hin, um den Berg zu besichtigen, ob er zur Befestigung geeignet wäre. Als diese Vicelins Ansicht bestätigten, kam er über den Fluß[3] ins Land der Slaven an den bestimmten Ort. Und er befahl dem ganzen Volke der Nordelbingern, zum Bau der Burg herbeizueilen. Aber auch die Fürsten der Slaven erschienen dem Kaiser gehorsam und halfen am Baue, obwohl mit großem Schmerze, denn sie merkten, daß damit eigent-

[1] Wahrscheinlich im Jahre 1134, oder zwischen 1134 und 1136.
[2] Kap. 49.
[3] Elbe.

lich auf ihre Bedrückung hingearbeitet werde. Darum sagte ein Fürst der Slaven zu einem andern: „Siehst du diesen festen und emporragenden Bau? Siehe, ich prophezeihe dir, diese Burg wird eine Zwingburg für das ganze Land. Denn von hier ausrückend werden sie zuerst Plön überwältigen, dann Aldenburg und Lubeke: danach werden sie über die Trave gehen und Ratzeburg und das ganze Land der Polaben erobern. Aber auch das Land der Obotriten wird ihren Händen nicht entgehen." Jener antwortete: „Wer hat uns dieses Unglück denn bereitet und hat dem König diesen Berg gezeigt?" Da erwiderte der Fürst: „Siehst du den kleinen Mann mit dem kahlen Haupte, der dort beim König steht? Der hat dies ganze Unglück über uns gebracht." Die Burg also wurde vollendet, mit einer zahlreichen Besatzung versehen und Segeberg genannt. Der Kaiser aber setzte auf derselben als Befehlshaber seinen Getreuen Hermann ein. Damit nicht zufrieden, verordnete er auch die Gründung einer Kirche am Fuße des Berges, wobei er zur Unterhaltung des Gottesdienstes und der dort zu versammelnden geistlichen Brüder sechs und mehr Ortschaften anwies, was dem Brauche gemäß durch besondere Urkunden festgesetzt wurde. Die Verwaltung dieser Kirche aber übertrug er dem Vicelin, damit derselbe die Errichtung der Gebäude und die Herbeiziehung von Personal dafür um so eifriger betreiben möchte. Dasselbe verfügte er auch inbetreff der Lubeker Kirche, indem er dem Pribizlaw bei Verlust seiner Gnade befahl, für den genannten Priester und dessen Stellvertreter angelegentlichst Sorge zu tragen. Er nahm sich, wie er selbst bezeugte, vor, das ganze Volk der Slaven dem heiligen Glauben zu unterwerfen, und aus dem Diener Christi einen großen Bischof zu machen.

54.
Der Tod des Kaisers Lothar

Nachdem dies so vollbracht war, verlieh der Kaiser, der die Verhältnisse sowohl der Slaven als der Sachsen ge-
1136 ordnet hatte, das Herzogtum Sachsen seinem Schwiegersohne, dem Herzoge Heinrich von Baiern, den er auch mit sich nahm, als er sich zu einem zweiten Zuge nach Italien anschickte. Unterdes zog Herr Vicelin, als geschickter Versorger des ihm anvertrauten Sendamtes, zur Verkündigung des Evangelii befähigte Männer zum Werke des Herrn heran; von diesen stellte er die ehrwürdigen Priester Ludolf, Hermann und Bruno in Lubeke an, den Luthmund aber nebst andern in Segeberg. So wurde durch Gottes Barmherzigkeit und Kaiser Lothars Verdienst der Same zu einer neuen Pflanzung im Slavenlande ausgestreut. Diejenigen aber, welche Gottes Diener sein wollen, müssen sich zur Anfechtung schicken; so erlitten auch die Väter der jungen Kirche die schwersten Verluste. Der treffliche Kaiser nämlich, dessen Verdienst sich in der Bekehrung der Heiden bewährt hatte, wurde, nachdem er sich Roms und Italiens bemächtigt, auch den Roger von Sizilien aus Apulien
3. 12. 1137 vertrieben hatte, als er sich bereits zur Heimkehr rüstete, von einem frühzeitigen Tode dahingerafft. Diese Kunde brachte alle Reichsgewalten in Aufregung, auch die Macht der Sachsen, die durch einen solchen Kaiser ins hellste Licht gesetzt war, schien nun ganz gebrochen zu sein; und im Slavenlande gerieten die kirchlichen Angelegenheiten sehr ins Schwanken. Sobald nämlich die Leiche des verstorbenen Kaisers nach Sachsen gebracht und zu Königslutter bestattet war, erhob sich ein Zwist zwischen Heinrich, dem Schwiegersohne des Königs, und dem Markgrafen Adelbert, welche um das

Herzogtum Sachsen stritten. König Konrad aber, der auf den Thron erhoben wurde, bemühte sich, den Adelbert im Besitze des Herzogtums zu schützen, weil er es für unrecht erklärte, daß ein Fürst zwei Herzogtümer besitze. Heinrich machte nämlich auf zwei Herzogtümer, von Baiern und von Sachsen, Anspruch. So be- 1138
kämpften also diese beiden Fürsten, die Söhne zweier Schwestern, einander im inneren Kriege, und ganz Sachsen wurde erschüttert. Adelbert nahm die Feste Lüneburg samt den Städten Bardowiek und Bremen vorweg und bemächtigte sich des westlichen Sachsens. Aber auch das Gebiet der Nordelbinger fiel ihm zu. Daher wurde Graf Adolf aus dem Lande vertrieben, weil er seine der Kaiserin Rikenze und deren Schwiegersohne geschworene Treue nicht verletzen wollte. Seine Grafschaft, seine Städte und Lehen erlangte durch Adelberts Gnade Heinrich von Badwide. Auch die Burg Segeberg bekam er in seine Gewalt, da Hermann gestorben war und die übrigen, die der Kaiser dort eingesetzt hatte, vertrieben wurden.

55.
Pribizlaws Christenverfolgung

Als also diese Unruhen in Sachsen überall ausbrachen, drang Pribizlaw von Lubeke, eine günstige Gelegenheit wahrnehmend, mit einer Räuberschar vor, und zerstörte den Burgflecken Segeberg so wie alle umherliegenden Orte, wo Sachsen wohnten, von Grund aus. Damals wurden das neue Bethaus und das eben erbaute Kloster niedergebrannt. Volker, ein Klosterbruder von großer Einfalt, wurde mit dem Schwerte durchbohrt. Die übrigen geistlichen Brüder aber, die entkamen, fanden eine sichere Zufluchtsstätte in Faldera. Der Priester Ludolf jedoch und die mit ihm in Lubeke sich aufhielten, wurden von dieser Verfolgung nicht mit hinweggerafft, weil sie auf der Burg und unter dem Schutze Pribizlaws lebten, obwohl sie jedenfalls in einer schwierigen Lage und vielfach in Todesgefahr waren. Denn teils hatten sie selbst mit der äußersten Entbehrung und mit täglicher Lebensgefahr zu kämpfen, teils sahen sie, wie man die Christen, die die Räuber hin und wieder gefangen einzubringen pflegten, in Fesseln schlug und mit jeder Art von Martern peinigte. Bald nachher kam ein gewisser Race, aus Crutos Stamm, mit einer Flotte, in der Meinung, er werde seinen Feind Pribizlaw zu Lubeke antreffen. Die beiden Stämme Crutos und Heinrichs kämpften nämlich miteinander um die Fürstenwürde. Während also Pribizlaw einmal selbst abwesend war, zerstörten Race und seine Leute die Burg und deren Umgebungen. Die Priester aber retteten sich durch das Röhricht und erreichten dann ihre Zuflucht in Faldera.

Deshalb wurden der ehrwürdige Priester Vicelin und die übrigen Prediger des göttlichen Wortes mit Trauer erfüllt, weil die junge Pflanzung gleich beim Entstehen verkümmert war, und sie hielten sich in der Kirche von Faldera auf, eifrig auf Gebet und Fasten bedacht. Durch welche Sittenstrenge, Mäßigkeit und überhaupt durch welch einen vollendeten Lebenswandel sich jene Vereinigung von Geistlichen zu Faldera in ihren Anfängen auszeichnete, ist gar nicht genügend zu beschreiben. Deshalb verlieh ihnen der Herr die Gnadengabe, gesund zu machen, seiner Verheißung gemäß, so daß sie Kranke heilten und Teufel austrieben. Denn was soll ich von den Besessenen sagen? Von Besessenen, die von weit her herbeigebracht wurden, war das Haus so voll, daß die geistlichen Brüder gar keine Ruhe mehr hatten; sie schrien und klagten, daß durch die Gegenwart der heiligen Männer Feuer in ihnen entzündet würde. Wer aber kam dahin und wurde nicht durch Gottes Gnade von seinem Übel befreit? Damals ereignete es sich, daß eine Jungfrau, namens Ymme, die von einem bösen Geiste geplagt war, zu Vicelin gebracht wurde. Als dieser nun den Dämon mit der wiederholten Frage bedrängte: warum er, der Urheber der Unreiheit, ein reines Gefäß zu entweihen sich herausgenommen habe? so antwortete derselbe mit deutlicher Stimme: „Weil sie mich dreimal beleidigt hat." Darauf fragte Vicelin: „Womit hat sie dich beleidigt?" Er erwiderte: „Weil sie mich in meiner Wirksamkeit gestört hat. Denn zweimal habe ich Diebe gesandt, um in ein Haus einzubrechen; sie aber saß am Herde und verscheuchte sie durch ihr Geschrei. Und auch jetzt, wo ich einen Auftrag unseres Fürsten in Dänemark auszuführen habe, habe ich sie auf meinem Wege getroffen, und bin deshalb, um mich dafür zu rächen, daß sie mir zum dritten Male im Wege gewesen ist, in sie gefahren." Als aber der Mann Gottes viele Worte der Beschwörung gegen ihn aussprach, sagte er: „Was treibst du mich, da ich bereit bin, von selbst fortzugehen? Ich will ins nächste Dorf gehen, um meine Gefährten zu besuchen, die dort verborgen sind. Denn dies habe ich als Auftrag bekommen, bevor ich nach Dänemark gehe." Da fragte Vicelin: „Wie heißest du? welches sind deine Gefährten? bei wem wohnen sie?" Er antwortete: „Ich heiße Rufin; meine Gefährten aber, nach denen du fragst, sind zwei, der eine ist beim Rothest, der andere bei einer Frau in demselben Dorfe. Diese will ich also heut besuchen; morgen aber werde ich, ehe die Kirchenglocke die erste Stunde angibt, wieder hierher kommen, um Abschied zu nehmen, und dann erst nach Dänemark aufbrechen.“ Mit diesen Worten fuhr er aus, und die Jungfrau wurde von ihren Leiden befreit. Darauf befahl der Priester sie zu erquikken und sie am nächsten Morgen vor der ersten Stunde wieder in die Kirche zu bringen. Als sie nun die Eltern am andern Morgen zur Kirche brachten, begann, bevor sie die Schwelle betraten, die erste Stunde zu schlagen und die Jungfrau besessen zu werden. Jedoch ließ der gute Seelenhirt in seinen Bemühungen nicht nach, bis der Geist, getrieben von der Macht des über alles regierenden Gottes, davonging. Was er aber vom Rothest gesagt hatte, bestätigte der Verlauf der Sache; denn derselbe erhängte sich bald nachher, von dem bösen Geiste auf das heftigste gequält.

9. 1137 Auch in Dänemark brach nach der Ermordung Herichs große Verwirrung aus, so daß man es mit Händen greifen konnte, daß dorthin ein großer Teufel gekommen war, um das Volk heimzusuchen. Denn daß Kriege und Stürme, Pestilenz und andere dem Menschengeschlechte feindselige Mächte von den bösen Geistern angeregt und herbeigeführt werden, wer sollte das nicht wissen?

56.
Der Tod Herzog Heinrichs

1138/39 Es erbrausten aber, wie in Dänemark, so auch in Sachsen mancherlei Kriegsstürme, nämlich Kämpfe im Innern, welche große Fürsten miteinander führten; denn Heinrich der Löwe[1] und Adelbert stritten um das

[1] Vielmehr der Stolze.

Herzogtum Sachsen. Vor allem aber beunruhigte das Wüten der Slaven, die, zumal die Sachsen anderweitig in Anspruch genommen waren, wie mit losgelassenen Zügeln hervorbrachen, das Land der Holzaten, so daß der Gau von Faldera beinahe zur Einöde wurde wegen der tagtäglich vorfallenden Ermordungen der Menschen und Plünderungen der Dörfer. Unter diesen Qualen und Bedrängnissen ermahnte der Priester Vicelin das Volk, auf Gott zu vertrauen und mit Fasten und Zerknirschung des Herzens Litaneien zu singen, weil Tage des Leidens bevorständen. Heinrich aber, der die Grafschaft verwaltete, ein tätiger und tapferer Mann, zog heimlich ein Heer von Holzaten und Sturmarn zusammen und rückte zur Winterszeit ins Slavenland ein, und indem er die, die ihm zunächst lagen, gleichsam wie Stachel in den Augen der Sachsen, angriff, schlug er sie mit schwerer Hand, nämlich im ganzen Gebiet von Plön, Lütjenburg und Aldenburg und von der ganzen Gegend, die mit dem Schwalenbache beginnt und vom Baltischen Meere und der Trave eingeschlossen ist. Dieses ganze Land verheerten sie in einem Überfalle, plündernd und sengend; nur die Burgen, die, durch Wall und Riegel geschützt, mehr Anstrengung erheischten, blieben verschont. Im nächstfolgenden Sommer zogen 1139
die Holzaten, indem sie sich untereinander anfeuerten, sogar ohne den Grafen vor die Burg Plön und eroberten wider Verhoffen mit Gottes Hilfe diesen Ort, der fester war als die übrigen; und alle Slaven, die darinnen waren, machten sie nieder. Und so führten sie in diesem Jahre einen ungemein nützlichen Krieg und verheerten in wiederholten Einfällen das Land der Slaven; sie verfuhren mit denselben, wie jene mit ihnen zu verfahren beabsichtigt hatten, indem sie ihr ganzes Land wüst legten. So benutzten die Holzaten jenen Krieg der

überelbischen Sachsen als eine günstige Gelegenheit, weil sie dadurch die Freiheit gewonnen hatten, sich an den Slaven zu rächen, ohne daß jemand es ihnen gewehrt hätte. Denn die Fürsten pflegen die Slaven zu beschützen, um ihre Einkünfte zu vermehren.

Als nun Heinrich, der Eidam des Königs Lothar, durch Unterstützung seiner Schwiegermutter, der Kaiserin Rikenze, das Herzogtum erlangt und seinen Vetter Adelbert aus Sachsen vertrieben hatte, kehrte Graf Adolf in seine Grafschaft zurück. Da aber Heinrich von Badewid sah, daß er sich nicht halten konnte, zündete er die Veste Segeberg und die sehr starke Burg zu Hamburg an, welche letztere die Mutter des Grafen Adolf aus Mauerwerk hatte aufführen lassen, damit sie eine Schutzwehr für die Stadt gegen die Angriffe der Barbaren sein sollte. Diesen Bau also und alle ansehnlichen Gebäude, die Adolf der Ältere erbaut hatte, zerstörte Heinrich, als er flüchtig wurde.

Danach begann Heinrich der Löwe sich gegen König Konrad zu rüsten und führte gegen ihn ein Heer nach Thüringen, an einen Ort namens Creuzburg[1]. Nachdem aber der Kampf durch einen Waffenstillstand hinausgeschoben war, kehrte der Herzog nach Sachsen zu-
20. 10. rück, wo er nach wenig Tagen starb. Das Herzogtum
1139 Sachsen erhielt sein Sohn Heinrich der Löwe, damals noch ein unmündiger Knabe. Da verlieh Frau Gertrud, die Mutter des Knaben, dem Heinrich von Badewid das Land der Wagrier, für eine Summe Geldes, die sie von ihm empfing, in der Absicht, dem Grafen Adolf, dem sie nicht gewogen war, Beschwerden zu bereiten. Als aber eben diese Frau den Herzog Heinrich[2], den Bruder des Königs Konrad, heiratete und mit den Angelegen-

1142

[1] An der Werra.

[2] Von Österreich.

heiten des Herzogtums nichts mehr zu tun hatte, begab sich Graf Adolf zu dem jugendlichen Herzog und seinen Räten, um seine Sache in betreff des wagrischen Landes zu führen, und erhielt seinen Willen vermöge seines größeren Rechtes und weil er mehr Geld bot als jener. Nun wurde die Uneinigkeit, die zwischen Adolf und Heinrich geherrscht hatte, so beigelegt, daß Adolf Segeberg und das ganze Land der Wagrier bekam, Heinrich aber zur Entschädigung Ratzeburg und das Land der Polaben erhielt.

57.
Die Erbauung der Stadt Lübeck

Nachdem diese Angelegenheit so geordnet war, begann 1143
Adolf die Burg Segeberg wieder aufzuführen und umgab sie mit einer Mauer. Weil aber das Land menschenleer war, so sandte er Boten aus in alle Lande, nach Flandern und Holland, nach Utrecht, Westfalen und Friesland, und ließ alle die, die unter Landmangel litten, auffordern, mit ihren Familien hinzukommen: sie würden sehr gutes, geräumiges, fruchtbares, Fisch und Fleisch im Überfluß darbietendes Land und vorteilhafte Weiden erhalten. Den Holzaten und Sturmarn ließ er sagen: „Habt ihr nicht das Land der Slaven unterworfen und es mit dem Blute eurer Brüder und Väter erkauft? Warum wollt ihr die Letzten sein, es in Besitz zu nehmen? Seid die Ersten, in das liebliche Land[1] hinüberzuwandern, und bewohnt es, und nehmt teil an den Genüssen desselben, da euch das Beste davon gehört, die ihr es aus Feindeshand gerissen habt." Diesem Aufruf folgend erhob sich eine unzählige

[1] Nach 2. Sam. 19,11 und Psalm 106,24.

Menge aus verschiedenen Völkern, und sie kamen mit ihren Familien und mit ihrer Habe ins Land der Wagrier zum Grafen Adolf, um das Land, das er ihnen versprochen hatte, in Besitz zu nehmen. Zuerst erhielten die Holzaten Wohnsitze an ganz sicheren Orten im Westen von Segeberg an der Trave; auch das Gefilde von Zwentineveld[1] und alles was sich von der Schwale bis nach Agrimesou[2] und bis zum Plöner See erstreckt. Das Darguner Land bezogen die Westfalen, das Eutiner die Holländer, Süsel die Friesen. Das Plöner Land war noch unbewohnt. Aldenburg aber und Lütjenburg und die anderen Küstengegenden gab er den Slaven zu beziehen, und diese wurden ihm zinspflichtig.

Danach kam Graf Adolf an einen Ort, namens Bucu, und fand daselbst den Wall einer verlassenen Burg, die einst Cruto erbaut hatte, der Feind Gottes, und eine sehr große Insel, von zwei Flüssen umgeben. Denn an der einen Seite fließt die Trave, an der andern die Wakenitz vorbei, die beide ein sumpfiges und unwegsames Ufer haben. An der Seite aber, wo das Land anschließt, liegt ein ziemlich schmaler Hügel, der dem Burgwalle vorgelagert ist. Da nun der umsichtige Mann sah, wie passend die Lage und wie trefflich der Hafen war, so begann er dort eine Stadt zu erbauen, welche er Lübeck nannte, weil sie von dem alten Hafen und der alten Stadt, die einst Fürst Heinrich angelegt hatte, nicht weit entfernt war. Danach sandte er Boten an Niclot, den Fürsten der Obotriten, um mit ihm Freundschaft zu schließen, und gewann alle Angesehenen des Landes durch Geschenke in dem Grade, daß sie darin wetteiferten, ihm gefällig zu sein und sein Land mit zur Ruhe zu

[1] Bornhöved.
[2] Der Grimmelsberg zwischen Tarbek und Tensfeld, südöstlich von Bornhöved.

bringen. So begannen die Einöden des Wagrierlandes bewohnt zu werden, und die Zahl der Bewohner desselben mehrte sich. Auch der Priester Vicelin empfing, aufgefordert und unterstützt vom Grafen Adolf, die Besitzungen wieder, die ihm schon vormals Kaiser Lothar zur Erbauung eines Klosters und zur Unterhaltung von Dienern Gottes bei der Burg Segeberg verliehen hatte.

58.
Die Erbauung des Klosters von Hagersdorf

Man hielt es aber wegen der Übelstände, die der Marktverkehr zur Folge hatte, und wegen des lauten Treibens auf der Burg für zweckmäßig, das Kloster im nächsten Dorfe, das auf slavisch Cuzalina, auf deutsch Hagersdorf[1] heißt, zu erbauen. Vicelin schickte dahin den ehrwürdigen Priester Volkward mit geschickten Männern, die für die Errichtung eines Bethauses und klösterlicher Werkhäuser sorgen sollten. Ferner wurde eine Pfarrkirche für das Kirchspiel am Fuße des Berges erbaut. Damals verließ der hochangesehene Mann Thetmar, einst Herrn Vicelins Schüler und sein Studiengenosse in Frankreich, seine Pfründe und Dekanei zu Bremen und schloß sich dem Vereine in Faldera an, als ein Verächter dieser Welt, der freiwillige Armut erwählte und im geistlichen Lebenswandel zur höchsten Vollkommenheit gelangte. Seine nicht genug zu preisende Heiligkeit war mit einer so ausgezeichneten Demut und einer solchen Herzensgüte verbunden, daß man in ihm einen Engel unter Menschen sah, der Mitleid fühlte mit der Schwachheit eines jeden, und der in jeder Hinsicht geprüft war. Danach wurde er mit ande-

[1] Gegenüber von Segeberg, an der anderen Seite der Trave.

ren Brüdern nach Hagersdorf oder Cuzalina gesandt und wurde den Neueingewanderten ein Trost und eine Stütze. Auch Herr Vicelin sorgte als geschickter Versorger der ihm anvertrauten jungen Kirche mit allem Eifer dafür, daß an passenden Orten Kirchen erbaut wurden, denen er von Faldera aus Pfarrer zusandte und die er von dort mit Altargeräten versah.

59.
Von dem heiligen Bernhard, Abt von Clairvaux

In jenen Zeiten ereigneten sich unerhörte Dinge, die alle Welt in Erstaunen setzten. Denn als der heilige Papst Eugen auf dem Stuhle Petri saß und Konrad III. die Zügel des Reiches hielt, lebte Bernhard, Abt von Clairvaux, dessen Name durch so große Wunderzeichen berühmt wurde, daß aus der ganzen Welt eine Menge Volks ihm zuströmte, begierig, die Wunder zu schauen, die durch ihn geschahen. Dieser also kam auch
1147 nach Deutschland und besuchte den berühmten Hoftag zu Frankfurt[1], wohin damals gerade König Konrad mit der ganzen Menge der Reichsfürsten zu festlicher Feier gekommen war. Als nun der heilige Mann in der Kirche der Heilung der Kranken im Namen des Herrn mit Eifer sich widmete, in Gegenwart des Königs und der höchsten Reichsgewalten, da war bei der großen Anhäufung von Menschen kaum zu bestimmen, woran jeder litt oder wem nun geholfen werden sollte. Dabei war unser Graf Adolf zugegen, getrieben von dem Wunsche, aus dem Wirken Gottes in dem heiligen

[1] König Konrad nahm am 27. 12. 1146 zu Speyer das Kreuz. Der berühmte Hoftag zu Frankfurt, den Helmold meint, fand danach i. J. 1147, ein anderer vorher im Dez. 1146 statt.

Manne den Wert desselben zuverlässig zu erkennen. Unterdes wurde ein blinder und lahmer Knabe vor jenen geführt, dessen Gebrechen nicht zu bezweifeln waren. Da kam dem rührigen und scharfsinnigen Manne[1] der Gedanke, darauf zu achten, ob er nicht an diesem Knaben einen Beweis von seiner[2] Heiligkeit erkennen könnte. Indem nun der Mann Gottes, wie von oben erleuchtet, ein Mittel ersah, um den Unglauben jenes Mannes zu heilen, befahl er wider seine Gewohnheit – denn sonst behandelte er die Leidenden nur mit Segenssprüchen –, ihm das Kind selbst zu übergeben. Als man es ihm darreichte, nahm er es in die Arme und gab durch anhaltende Berührung den Augen die Sehkraft wieder, dann machte er ihm die Knie, welche zusammengebogen waren, wieder gerade, und befahl ihm, bis zu den Stufen zu laufen, zum offenen Beweise, daß er sowohl Gesicht als Gang wieder erlangt hatte.

Jener Heilige nun begann, ich weiß nicht, durch welche himmlischen Zeichen belehrt, die Fürsten und Völker der Gläubigen zu ermahnen, daß sie nach Jerusalem reisen möchten, um die barbarischen Nationen des Morgenlandes zu unterwerfen und zu Christen zu machen, weil, sagte er, die Zeit nahe, wo die Fülle der Heiden eingehen müsse und also das ganze Israel selig werde[3]. Sofort gelobte auf seine Worte der Ermah- 28. 12. 1146
nung eine unglaubliche Menge von Menschen jene Reise; unter ihnen waren die bedeutendsten König Konrad, Herzog Friedrich von Schwaben, der nachmals König wurde, Herzog Welf, samt Bischöfen und Fürsten; das Kriegsheer aber, aus Vornehmen und Geringeren und gemeinem Volk bestehend, war ganz un-

[1] Graf Adolf.
[2] Bernhards.
[3] Römer 11,25.26.

ermeßlich groß. Was aber soll ich von dem Heere der Deutschen reden, da auch Ludwig, der König der Pariser, und die ganze waffenfähige Mannschaft der Franzosen demselben Ziele sich zuwandten. Weder in unseren Zeiten, noch früher, noch überhaupt so lange die Welt steht, hat man je gehört, daß ein so großes Heer zusammengekommen wäre, ein Heer, sage ich, von unerhörter Zahl. Die Krieger aber trugen auf Kleidern und Waffen das Zeichen des Kreuzes. Die Urheber der Unternehmung hielten es aber für zweckmäßig, einen Teil des Heeres fürs Morgenland, einen andern für Hispanien und einen dritten zum Kampfe gegen die Slaven, die in unserer Nähe wohnen, zu bestimmen.

60.
Von den Königen Konrad und Ludwig

1147 Das erste Heer also, welches auch das größte war, zog auf dem Landwege fort mit dem König von Deutschland, Konrad, und König Ludwig von Frankreich, nebst den angesehensten Großen beider Reiche, und sie zogen durch das ungarische Reich, bis sie an die Grenzen von Griechenland gelangten. Darauf schickten sie Gesandte an den König von Griechenland[1] mit der Bitte um freies Geleit und freien Markt, da sie durch sein Land zu ziehen wünschten. Dieser war zwar sehr erschrocken, beschloß jedoch, ihre Bitte zu gewähren, wofern sie in Frieden kämen. Sie antworteten ihm, sie hätten keine feindseligen Absichten, da sie vielmehr, um das Reich des Friedens hienieden zu erweitern, diese freiwillige Pilgerfahrt unternommen hätten. So gab ihnen der König ihrem Wunsche gemäß freies Geleit

[1] Kaiser Manuel.

und Gelegenheit, überall wo sie lagerten, Lebensmittel im Überfluß zu kaufen. Viele Wunderzeichen aber erblickte man in jenen Tagen im Heere, als Hinweisungen auf die bevorstehende Niederlage. Das bedeutendste derselben war, daß an einem Abende ein sehr dichter Nebel das Lager bedeckte, und als derselbe sich verzog, alle Decken der Zelte und was unter dem freien Himmel gewesen war, dergestalt mit Blut besprengt aussah, daß es schien, als habe jene Wolke Blut geregnet. Als dies der König und die Fürsten sahen, schlossen sie daraus, daß sie zu den größten Mühen und Todesgefahren bestimmt seien. Und ihre Vermutung täuschte
sie nicht. Bald nachher nämlich kamen sie in eine Berg- 7. 9. 1147
gegend, wo sie ein Tal fanden, das mit seinen Wiesen und einem sie durchströmenden Bache allen ihren Bedürfnissen entsprach, weshalb sie an der abhängigen Seite des Berges ein Lager aufschlugen. Die Lasttiere aber samt den zwei- und vierspännigen Wagen, die die Lebensmittel und das Gepäck des Heeres enthielten, und eine ungeheure Masse von Schlachtvieh wurden in die Mitte des Tales gelagert nahe dem Bache auf den Wiesen. Als aber die Nacht hereinbrach, hörte man auf dem Gipfel des Berges donnern und vernahm das Brau-
sen des Sturmes, und um Mitternacht, siehe! da strömte 8. 9. 1147
jener Bergstrom, ob er nun infolge eines Wolkenbruchs oder sonst durch einen Zufall heftig anschwoll, über und spülte in einem Augenblick alles, was in der Talsohle an Menschen und Vieh sich aufhielt, hinweg und warf es ins Meer[1]. Dies war also der erste Verlust, den die Krieger jenes Kreuzzuges erlitten. Die übrigen, die am Leben geblieben waren, setzten den begonnenen Zug fort, und nachdem sie durch Griechenland hin-

[1] Das geschah am 7. Sept. 1147 bei Chörobacha.

durchgekommen waren, langten sie bei der königlichen Stadt Konstantinopel an. Nachdem das Heer sich dort einige Tage erholt hatte, kamen sie an die Meeresbucht, welche im Volksmunde der Arm des heiligen Georg genannt wird[1]. Dahin hatte der König von Griechenland ihnen Schiffe besorgt, um das Heer hinüber zu führen, und hatte Schreiber dazu bestellt, die ihm die Zahl der Krieger melden mußten. Als er diesen Bericht las, seufzte er schwer auf und sprach: „Warum, Herr, mein Gott, hast du diese ganze Menge Volkes von ihren Wohnsitzen hinweggeführt? In Wahrheit, sie bedürfen deines starken Armes, auf daß sie wiedersehen das liebliche Land, das Land, meine ich, ihrer Heimat."

König Ludwig von Frankreich aber ging übers Meer und lenkte seinen Weg nach Jerusalem, verlor jedoch im Kampfe mit den Barbaren sein ganzes Heer. Was nun soll ich vom Könige von Deutschland sagen und von denen, die bei ihm waren? Sie kamen alle um vor Hunger und Durst, weil sie durch die Hinterlist eines Abgesandten des Königs von Griechenland, der sie nach dem persischen Reiche hinführen sollte, in eine ungeheuere Einöde gebracht waren. Sie schwanden durch Hunger und Durst so dahin, daß sie den angreifenden Barbaren freiwillig den Nacken zum Todesstreiche darboten. Der König und die Kräftigeren, die dem Tode entrannen, flohen nach Griechenland zurück. O welch ein Gericht des Höchsten! So groß war die Niederlage des Heeres, so unsäglich das Elend, daß die, welche es miterlebten, es noch heute mit Tränen beklagen.

[1] Der Hellespont; doch wird die Benennung auch auf den Bosporus und die Propontis ausgedehnt.

61.
Die Eroberung von Lissabon

Das zweite Heer aber, eine Flotte, von Köln und andern Rheinstädten gebildet, und außerdem am Ufer des Weserflusses, fuhr durch die weiten Räume des Ozeans dahin, bis es nach Britannien kam. Nachdem dort in einigen Tagen die Flotte ausgebessert und eine nicht geringe Anzahl von Angeln und Briten hinzugekommen war, steuerten sie auf Hispanien zu und landeten bei der hochberühmten Stadt Portugal[1] in Galatien, um den heiligen Jakob[2] zu verehren. Der König von Galatien nun, hocherfreut über die Ankunft der Pilger, bat sie, wenn sie doch zu einem Kampfe um Gottes willen ausgezogen wären, so möchten sie ihm auch gegen Lissabon und dessen Einwohner Hilfe leisten, die das Land der Christen beunruhigten. Seiner Bitte willfahrend begaben sie sich mit einer großen Anzahl von Schiffen nach Lissabon; auch der König kam zu Lande mit einem starken Heere heran, und die Stadt wurde zu Wasser und zu Lande belagert. Eine lange Zeit verstrich also über der Belagerung der Stadt. Zuletzt wurde sie erobert und die Barbaren vertrieben, worauf der König die Pilger bat, ihm die leere Stadt zu schenken, nachdem sie vorher die Beute gemeinschaftlich untereinander geteilt hätten. So entstand dort eine Ansiedlung der Christen, und besteht noch bis auf den heutigen Tag. Dies allein ging glücklich aus von allen Unternehmungen, die das Pilgerheer vollbrachte.

[1] ad Portugalensem urbem, Oporto, dessen Lage und Zugehörigkeit Helmold unklar war.
[2] In Santiago de Compostela in Galizien.

62.
Von Niclot

Das dritte Heer der Kreuzfahrer gelobte einen Zug gegen das Volk der Slaven, nämlich die Obotriten und Lutizen, unsere Grenznachbarn, um sie zu strafen, daß sie Tod und Verderben über die Christen, besonders aber über die Dänen gebracht hatten. Die Häupter dieser Unternehmung aber waren Albero, Erzbischof von Hamburg, samt allen Bischöfen Sachsens, ferner der junge Herzog Heinrich, Herzog Konrad von Zähringen, Markgraf Adelbert von Salzwedel und Konrad von Wettin. Da nun Niclot vernahm, daß in kurzer Zeit ein Heer gebildet werden solle, ihn zu vernichten, so berief er sein ganzes Volk und begann die Veste Dubin[1] zu erbauen, als einen Zufluchtsort zur Zeit der Not. Und er sandte Boten an den Grafen Adolf, und erinnerte ihn an das Bündnis, welches sie geschlossen hatten[2], bat ihn auch, daß er ihm vergönnen möchte, sich mit ihm zu besprechen und Rats zu pflegen. Als aber der Graf das abschlug mit dem Bemerken, es würde zu unvorsichtig von ihm gehandelt sein, daß er die Fürsten nicht beleidigen dürfe, so ließ jener ihm durch Boten sagen: „Ich hatte beschlossen, dein Auge und dein Ohr zu sein im Lande der Slaven, welches du zu bewohnen angefangen hast, damit du keine Belästigungen erdulden solltest von seiten der Slaven, welche einst das Land der Wagrier besaßen und jetzt klagen, sie seien auf ungerechte Weise des Erbes ihrer Väter braubt worden. Warum verleugnest du also deinen Freund in der Zeit der Not? Bewährt der Freund sich

[1] Dobin, auf der Landenge zwischen dem Schweriner See und der Döpe, einem kleinen Rebensee.
[2] Kap. 57.

nicht durch Prüfung? Bisher habe ich die Hand der Slaven zurückgehalten, daß sie dich nicht kränken sollten: jetzt aber will ich meine Hand zurückziehen und dich dir selbst überlassen, da du mich, deinen Freund, von dir stößest und nicht eingedenk bist unseres Bündnisses und in der Zeit der Not mir dein Angesicht versagst." Da antworteten die Boten des Grafen dem Niclot: „Daß unser Herr diesmal nicht mit dir redet, daran hindert ihn der dir bekannte Zwang der Verhältnisse. Halte also noch treu zu unserem Herrn und brich nicht deinen Bund mit ihm, und warne ihn, wenn du merkst, daß sich die Slaven heimlich zum Kriege gegen ihn rüsten." Das versprach Niclot. Da sagte der Graf zu den Bewohnern seines Landes: „Bewahret ihr nur euer Vieh und eure Habe vor Räubern und Dieben; wegen der Kriegsgefahr will ich schon sorgen, daß ihr nicht von einem plötzlichen Einfall einer feindlichen Macht betroffen werden sollt." Der weise Mann meinte nämlich, plötzliche Kriegsschäden durch seine Klugheit abgewandt zu haben; jedoch fiel die Sache anders aus.

63.
Die Verbrennung der Schiffe

Da nämlich Niclot merkte, daß die Ausführung des beschworenen Feldzuges unwiderruflich war, rüstete er heimlich eine Kriegsflotte aus, fuhr über das Meer und auf die Mündung der Trave zu, um das ganze Land der Wagrier zu verheeren, bevor das Heer der Sachsen in sein Gebiet einfiele. Er schickte auch am Abend einen Boten nach Segeberg, weil er dem Grafen gelobt hatte, ihn zu warnen, jedoch unnötigerweise; denn der Graf war abwesend, und es war keine Zeit übrig, ein Heer zu

26. 6. 1147 sammeln. Als also der Tag anbrach, an dem man das Leiden der beiden Heiligen Johannes und Paulus feiert, da lief die feindliche Flotte in die Mündung der Trave ein und kam den Fluß hinauf. Einige Bürger der Stadt Lübeck aber riefen, als sie das Geräusch des Heeres vernahmen, die Männer der Stadt auf und sprachen: „Wir haben vernommen ein großes Geschrei und Gelärm, wie ein Getümmel in einem heranrückenden Heere, und wir wissen nicht, was es ist[1].“ Und sie schickten nach der Stadt und nach dem Markte hin, um ihnen die drohende Gefahr anzuzeigen. Das Volk aber war, von vielem Trinken berauscht, nicht vom Bette und von den Schiffen weg zu bringen, bis sie, von Feinden umringt, die mit Waren beladenen Schiffe, in welche Feuer geworfen wurde, verloren. Dort wurden an jenem Tage 300 und mehr Männer erschlagen. Rodolf, Priester und Mönch, wurde, als er auf die Burg zufloh, von den Barbaren aufgefangen und von tausend Wunden zerfleischt. Dann erduldeten die, welche auf der Burg waren, zwei Tage lang die heftigste Belage-
26./27. 6. 1147 rung. Auch zwei Reiterscharen durchschweiften das ganze Land der Wagrier und verheerten alles, was sie in der Vorstadt von Segeberg fanden. Auch den Bezirk von Dargune und alles Land, was unterhalb der Trave[2] von Westfalen, Holländern und andern auswärtigen Männern angebaut war, verzehrte die gierige Flamme; und sie töteten die tapferen Männer, die ihnen mit den Waffen entgegenzutreten versuchten, und führten ihre Weiber und Kinder in die Knechtschaft hinweg. Sie verschonten aber die holzatischen Männer, welche jenseits der Trave im Westen von Segeberg wohnten, machten Halt auf der Feldflur des Ortes Cu-

[1] Hesek. 1,24.
[2] Es ist offenbar gemeint: innerhalb des Travebogens.

zalina und unternahmen es nicht, weiter vorzurücken. Auch die Dörfer, die auf der Ebene von Zventinevelde[1] und vom Schwalenbache bis zum Bache Agrimesov und zum Plöner See hin liegen, verheerten die Slaven nicht und rührten von der Habe der dort Wohnenden nichts an. Damals ging durch aller Mund die Rede, einige Holzaten hätten diese unheilvolle Zerstörung aus Haß gegen die Fremdlinge herbeigeführt, die der Graf von weither zum Anbau des Landes zusammengebracht hatte. Daher wurden auch die Holzaten allein von dem allgemeinen Verluste unberührt erfunden. Aber auch die Stadt Eutin wurde durch ihre feste Lage gerettet.

64.
Vom Priester Gerlav

Ich will ein Ereignis erzählen, welches der Nachwelt überliefert zu werden verdient. Nachdem die Slaven das Land der Wagrier nach Belieben mißhandelt hatten, kamen sie zuletzt in den Bezirk von Süsel, um die dortige Ansiedlung der Friesen, deren Anzahl auf mehr als 400 Männer angeschlagen wurde, zu verheeren. Als aber die Slaven herankamen, wurden kaum hundert in der kleinen Veste gefunden, da die übrigen in die Heimat zurückgekehrt waren, um ihr dort hinterlassenes Vermögen zu ordnen. Nachdem nun die Feinde alles, was außerhalb der Veste war, in Brand gesteckt hatten, waren die, welche in derselben sich befanden, auf das heftigste von den Belagerern bedroht; denn den ganzen

[1] Bornhöved.

Tag wurden sie von 3000 Slaven nachdrücklich bedrängt, welche den Sieg als unzweifelhaft betrachteten, während sie ihr Leben durch Verlängerung des Kampfes zu retten suchten. Als aber die Slaven sahen, daß ihnen ein unblutiger Sieg nicht beschieden sein würde, versprachen sie den Friesen Leben und Unverletzlichkeit des Körpers, wenn sie aus der Veste hervorkämen und ihre Waffen ablieferten[1]. Daher begannen einige von den Belagerten die Übergabe zu verlangen, in der Hoffnung, ihr Leben zu retten. Allein der hochsinnige Priester Gerlav widerlegte sie und sprach: „Was wollt ihr tun, ihr Männer? Meint ihr durch die Übergabe euer Leben zu erkaufen? Meint ihr, die Barbaren hielten Treue? Ihr irrt euch, Landsleute; solch eine Meinung ist töricht. Wißt ihr nicht, daß unter allen Arten von Ankömmlingen kein Volk den Slaven verhaßter ist als die Friesen? In Wahrheit, unser Duft ist ihnen Gestank. Warum werft ihr also euer Leben fort und eilt freiwillig dem Untergang entgegen? Ich beschwöre euch bei dem Herrn, dem Schöpfer der Welt, dem es nicht schwerfällt, durch wenige zu helfen[2], versuchet noch eine kurze Zeit eure Kräfte und messet euch mit dem Feinde. Denn so lange uns dieser Wall umgibt, sind wir unserer Hände und unserer Waffen mächtig, dürfen wir noch an das Leben glauben; sind wir aber entwaffnet, so bleibt uns nichts übrig als schimpflicher Tod. Daher tauchet lieber eure Schwerter, deren Auslieferung sie verlangen, zuvor in ihr eigenes Mark, und seid Rächer eures Blutes. Mögen sie die Frucht eurer

[1] Vgl. Kap. 25,26, wo eine ähnliche Situation geschildert ist, aber mit anderem Ausgang.
[2] Nach 1 Sam. 14,6.

Kühnheit schmecken und nicht mit unblutigem Siege heimkehren." So sprechend zeigte er ihnen seinen hochherzigen Sinn, trat vor das Tor und warf mit nur einem Manne die Scharen der Feinde zurück und erschlug mit eigner Hand eine ungeheure Menge Slaven. Als er zuletzt ein Auge verloren hatte und am Leibe verwundet war, ließ er doch nicht nach im Kampfe, indem er eine von Gott verliehene Kraft so des Geistes wie des Körpers offenbarte. Nicht herrlicher kämpften einst die allbekannten Söhne Zerujas oder die Makkabäer als der Priester Gerlav und die gar kleine Anzahl von Männern in der Burg Süsel, und sie schützten die Veste vor der Gewalt der Verwüster. Als aber der Graf das vernahm, sammelte er ein Heer zum Kampfe gegen die Slaven, um sie aus seinem Lande zu vertreiben. Auf die Kunde hiervon kehrten die Slaven zu den Schiffen zurück, und zogen mit vielen Gefangenen und reicher Beute an mancherlei Habseligkeiten, die sie im Lande der Wagrier sich angeeignet hatten, in ihre Heimat zurück.

65.
Die Belagerung von Demmin

Währenddes verbreitete sich durch ganz Sachsen und Westfalen die Kunde, daß die Slaven einen Einfall gemacht und den Krieg zuerst angefangen hätten; da eilte jenes ganze mit dem Zeichen des Kreuzes versehene Heer ins Land der Slaven zu kommen und deren Übeltat zu strafen. Sie teilten das Heer und belagerten zwei Vesten, Dubin und Demmin, und bauten gegen dieselben viele Belagerungswerke. Auch ein Heer der Dänen kam herbei und schloß sich denen an, welche Dubin belagerten, und die Belagerung zog sich lange hin. Eines Tages nun, als die, welche eingeschlossen gehalten wurden, sahen, daß das Heer der Dänen sehr lässig war, denn die Dänen sind daheim streitsüchtig, im Felde unkriegerisch, unternahmen sie plötzlich einen Ausfall, töteten viele von ihnen und machten ihre Leiber zum Dünger der Erde. Man konnte ihnen auch, weil der See dazwischen lag, keine Hilfe bringen. Darob ergrimmt, betrieb das Heer die Belagerung um so eifriger. Die Vasallen unseres Herzogs und des Markgrafen Adelbert aber sprachen untereinander: „Ist nicht das Land, das wir verheeren, unser Land? Und das Volk, das wir bekämpfen, unser Volk? Warum zeigen wir uns denn als unsere eigenen Feinde und als Zerstörer unserer eigenen Einkünfte? Wirken diese Verluste nicht auf unsere Lehnsherren zurück?" – Seitdem begannen sie also im Heere Schwierigkeiten zu erheben, und den Belagerten durch wiederholte Waffenruhe Erleichterung zu gewähren. So oft nämlich die Slaven im Kampfe besiegt wurden, wurde das Heer davon zurückgehalten, die Fliehenden zu verfolgen und der Burg sich zu bemächtigen. Zuletzt, als die Unseren des Kampfes schon überdrüssig waren, wurde eine Übereinkunft geschlossen unter der Bedingung, daß die Slaven den christlichen Glauben annehmen und die Dänen, die sie gefangenhielten, freilassen sollten. Demnach wurden viele derselben zum Scheine getauft, und aus der Knechtschaft entließen sie alle Greise und unbrauchbaren Personen, die übrigen jedoch, welche noch im rüstigen Alter und zur Arbeit geschickt waren, behielten sie zurück. So wurde diese große Unternehmung mit geringem Erfolge beendigt. Denn gleich nachher zeigten sich die Slaven wieder schlimmer als zuvor, da sie weder der Taufe achteten, noch sich der Beraubung der Dänen enthielten.

66.
Von der Hungersnot

Unser Graf aber stellte die zerrissene Freundschaft wieder her, und schloß Frieden mit Niclot und den anderen östlichen Slaven. Jedoch traute er ihnen nicht ganz, weil sie zuerst das Bündnis gebrochen und sein Land auf das schlimmste heimgesucht hatten. Und er begann sein Volk, welches durch die feindlichen Verheerungen gelitten hatte, wieder aufzurichten und zu trösten: er bat sie, vor dem Unglücke doch nicht zu weichen, sondern zu bedenken, daß Grenzmannen, wie sie, eine harte Ausdauer haben müßten und ihres Blutes nicht sparen dürften. Auch auf die Auslösung der Gefangenen zeigte er sich eifrig bedacht. Was aber soll ich von Vicelin, dem Priester Christi sagen? In dieser Leidenszeit, wo die Wut der Barbaren so manchen schwer heimgesucht und der Mangel an Getreide eine Hungersnot erzeugt hatte, legte er allen Bewohnern von Faldera und Cuzalina ans Herz, der Armen eingedenk zu sein. Zu dieser Wirksamkeit war Thetmar, der Gottesmann, ausnehmend geschickt, indem er den Armen gab und austeilte als treuer und kluger Verwalter, überall liebreich, überall mit voller Hand spendend. Viel zu wenig ist, was ich auch zu seinem Lobe sage. Wahrlich, das von Barmherzigkeit erfüllte Herz dieses Priesters verbreitete den lieblichsten Duft um sich; vor den Toren des Klosters lagen Scharen von Dürftigen, welche aus der Hand des Gottesmannes ein Almosen erwarteten, so daß die große Freigiebigkeit desselben das ganze Stift in Mangel zu stürzen drohte. Darum verschlossen die Vorsteher die Türen der Vorratskammern, damit dem Hause kein Abbruch geschähe. Was sollte der Mann Gottes tun? Das Geschrei der Armen konnte er nicht ertragen, und hatte doch nichts in Händen, um es ihnen zu geben. Also begann er in seiner Barmherzigkeit um die Scheuern herumzugehen und voll List nach einem Zugange zu spüren, und als er einen solchen sehr versteckten gefunden hatte, da handelte er nach Diebesart, und gab den Armen täglich nach Belieben. Es wurde aber von Leuten, die mir nahe vertraut sind, berichtet, daß in jenen Tagen die ausgeleerten Getreidekammern durch Gottes Gnade wieder angefüllt wurden. Dieser Tatsache verschafft Elia's sowie Elisa's Werk Glauben; denn es ist nicht zu bezweifeln, daß es noch jetzt Menschen gibt, die mit diesen im Verdienste, wie in der Gnadengabe, Wunder zu tun, wetteifern.

67.
Vom Tod Ethelers

Danach verstrich eine kleine Zeit, in der es dem Wagrierlande vergönnt war, von den erlittenen Verlusten sich wieder zu erholen, siehe, da erhoben sich neue Kämpfe im Norden und fügten Schmerz zum Schmerze, Wunden zu Wunden. Denn nachdem Herich, mit
18. 9. 1137 dem Beinamen Emun, ermordet war, waren drei königliche Sprößlinge vorhanden, nämlich Svein, der Sohn eben jenes Herich, Waldemar, Kanut's, und Kanut, Magnus' Sohn. Da diese noch Kinder waren, so wurde ihnen nach dem Beschlusse der Dänen ein gewisser Herich, mit dem Beinamen Spac, zum Vormunde gesetzt, um das Reich samt den königlichen Kindern zu hüten[1]. Dies war ein friedliebender Mann, der das ihm anvertraute Reich mit Gelindigkeit regierte, aber dem Wüten der Slaven zu wenig Widerstand leistete.

[1] Erich, meist Lamb genannt, war König, nicht nur Reichsverweser.

Denn die Räubereien der Slaven nahmen damals ungewöhnlich überhand. Als nun Herich merkte, daß die Stunde seines Todes gekommen war, berief er die drei königlichen Jünglinge und bestimmte, nachdem er die Großen zu Rate gezogen, dem Svein das Reich, Waldemar und Kanut aber hieß er mit ihrem väterlichen Erbe zufrieden sein. Und als er so die Verhältnisse geordnet hatte, verschied er. Es währte indes nicht lange, 27. 8. 1146
so versuchte Kanut, des Magnus' Sohn, die Verfügung seines Vormunds übertretend, die Regierung an sich zu reißen, und erregte großen Streit gegen Svein. Waldemar aber unterstützte den letzteren. Und ganz Dänemark wurde aufgeregt, und man sah große Zeichen am nördlichen Himmel, nämlich Erscheinungen, die aussahen wie feurige Fackeln, und roten Schein wie von Menschenblut. Und diese Zeichen trogen nicht. Denn wer wüßte nicht, daß Blut vergossen wurde in jenem Kampfe?

Beide Könige nun wetteiferten darin, unsern Grafen für sich zu gewinnen, und schickten Boten, welche viele Geschenke überbrachten und noch größere versprachen. Der Graf aber fand Wohlgefallen an Kanut, und nachdem er eine Unterredung mit ihm gehabt, huldigte er ihm als seinem Lehnsherrn. Darob ergrimmt, nahm Svein ein Heer, fiel ins Wagrierland ein, zündete Aldenburg an und verheerte die ganze Küstenlandschaft, und von da wegziehend steckte er die Vorstadt von Segeberg in Brand; alles, was um diese herumlag, verzehrte die gierige Flamme. Der Urheber dieses Unheils aber war ein gewisser Etheler, aus Dithmarschen gebürtig, der von den reichen Dänen mit Gelde unterstützt, jeden tapferen Mann aus Holzatia zu sich genommen hatte. Vom König zum Feldherrn erhoben, wollte er den Grafen aus dem Lande treiben und sein Gebiet dem däni-

schen Reich einverleiben. Als dies der Graf erfuhr, begab er sich zum Herzog, um von demselben Schutz zu erlangen. Denn er konnte in Holzatia nicht mit Sicherheit bleiben, weil die Zahl der Lehnsmannen Ethelers, welche ihm nach dem Leben trachteten, gewachsen war. Wer ein Lehnsmann Ethelers werden wollte, kam, um ein Kleid, einen Schild oder ein Roß von ihm zum Geschenke zu erhalten, und durch solche Bestechungen verderbt, füllte sich das ganze Land mit Aufrührerischen. Darum befahl der Herzog allem Volke der Holzaten und Sturmarn, daß, wo sich Lehnsleute Ethelers fänden, sie entweder dieser Lehnsverbindung entsagen, oder das Land meiden sollten. Und so geschah es. Und das ganze Volk schwor, dem Herzog botmäßig zu sein und seinem Grafen zu gehorchen. Und die Männer von Holzatia schlossen sich damals an den Grafen an, nachdem alle Aufrührer entweder wieder zu Gnaden ge-
1149? kommen oder aus dem Lande vertrieben waren. Also sandte der Graf Boten an Kanut und forderte ihn auf, so schnell wie möglich mit Heeresmacht zu kommen, um Svein zu überwältigen. Diesem eilte er auch selbst mit 4000 Bewaffneten entgegen in die Nähe von Schleswig. Und sie schlugen weit voneinander ihr Lager auf. Svein aber hielt sich in der Stadt Schleswig auf mit einer nicht geringen Heeresmacht. Als nun Etheler, Sveins Oberfeldherr, sah, daß sich seine Gefahr verdoppelte und daß ein großes Heer kam, sie anzugreifen, begab er sich mit hinterlistigem Anschlag zu Kanut, bestach seine Heerführer und verleitete den jugendlich unerfahrenen Kanut selbst, daß er ohne Wissen des Grafen heimzog und „sein Heer entließ, einen jeden in seine Stadt“[1]. Auch schloß er vorläufig einen Waffenstillstand und versprach, den Dänen ohne Krieg Frie-

[1] 1. Macc. 11,38.

den verschaffen zu wollen. Nachdem er dies nach Wunsch ausgeführt hatte, kehrte er nach Schleswig zurück, um am nächsten Morgen mit dem Grafen zu kämpfen und ihn plötzlich zu überfallen. An jenem Abend befand sich einer von des Grafen Vertrauten in Schleswig, der, als er merkte, was man im Schilde führte, eiligst über den See[1] fuhr, zum Grafen ins Lager kam und zu ihm sagte: „Du bist getäuscht, o Graf, du bist getäuscht und ins Verderben gestürzt. Denn Kanut und sein Heer, denen zu helfen du gekommen bist, sind nach Hause zurückgekehrt, und du liegst hier allein. Siehe, Etheler wird morgen früh kommen, um mit dir zu kämpfen." Der Graf, über diese Falschheit äußerst erstaunt, sagte zu den Seinigen: „Da wir uns mitten in der Heide befinden und unsere Pferde Hunger leiden, so wird es besser sein, wenn wir uns von hier wegbegeben und einen passenden Lagerort suchen." Da merkte das Heer, daß das Gemüt des Grafen von einer schlimmen Botschaft getroffen war. Und sie brachen von einem Ort, namens Cuningis-Ho[2], auf und wandten sich der Eider zu. Sie stürzten aber mit solcher Hast vorwärts, als der Graf an die Eider kam, von 4000 Reisigen kaum 400 bei ihm sich befanden. Diese ermahnte der Graf mit den Worten: „Wenngleich unsere Freunde und Brüder, der Lage der Dinge unkundig, sich durch nichtige Furcht haben zur Flucht bewegen lassen, so scheint es mir doch heilsam, daß wir hier stehenbleiben, um unser Land zu schützen, bis wir von ausgesandten Kundschaftern bestimmtere Nachricht bekommen, was unsere Feinde zu tun beabsichtigen." Und sofort sandte er Boten aus, um die Wahrheit

[1] Die Schlei.

[2] Der sogen. Königshügel, im Volksmunde noch König-Sie-Höh genannt, südlich von Haddeby und Wedelspang.

zu erfahren. Als diese bei Schleswig ergriffen und in Fesseln geschlagen waren, sprach Etheler zum Könige, seinem Herrn: „Jetzt müssen wir eilen und mit dem Heere aufbrechen, denn es ist leicht möglich, daß uns dieser Graf, der jetzt ganz verlassen ist, in die Hände fällt; ist er dann aus dem Wege geräumt, so begeben wir uns in sein Land und plündern es nach Belieben." Sie zogen also mit einer starken Schar ab. Der Graf aber, voll Zornes, daß die Boten nicht der Abrede gemäß zurückkamen, sandte deren andere, welche, als sie die Feinde erblickten, es schnell dem Grafen meldeten. Obwohl dieser innerlich über die geringe Zahl der Seinen bekümmert war, zog er es doch aus Tapferkeit vor, zu kämpfen, und sprach zu seinen Gefährten: „Jetzt, Gefährten, ist es Zeit, zu erproben, wer ein kühner und tapferer Mann ist, der bereitwillig der Gefahr sich entgegenwirft. Gar oft haben mir unsere Landsleute schmähend vorgeworfen, ich hätte ein weibisches, stets zur Flucht geneigtes Herz und wehrte die Kriegesleiden mehr mit der Zunge, als mit dem Arme ab. Dies aber habe ich nicht ohne Überlegung getan, so oft Kriegen ohne Blutvergießen vorgebeugt werden konnte. Jetzt aber, wo die dringende Gefahr die Tätigkeit des Armes erheischt, werdet ihr sehen können, ob ich, wie ihr sagt, nicht mehr Mut besitze, als ein Weib. Ihr sollt vielmehr, so Gott will! erfahren, daß ich ein Mannesherz besitze. Jedoch werde ich ruhiger sein, wenn ihr mit mir eines Sinnes seid und mit mir zusammen schwört, das Vaterland schützen zu wollen. Denn an diesem Orte verlangt sowohl die Scheu vor schmachvoller Flucht, als die sichere Gewißheit, daß sonst das Vaterland zugrunde geht, von uns, durch eine Schlacht den Feind abzuwehren." Als der Graf diese Worte gesprochen hatte, freuten sich seine Kampfgenossen und verpflichteten sich mit einem schweren Eide, fest stehen zu wollen für ihre und des Vaterlandes Rettung. Da befahl der Graf die Brücke abzubrechen, und stellte an den Stellen, wo der Fluß zu durchwaten war, Wachen aus. Es kam aber ein Bote mit der Anzeige, die Feinde setzten beim Dorfe Schülp[1] über. Darum eilte der Graf, nachdem er sein Gebet zu Gott gerichtet hatte, die, welche herübergekommen waren, anzugreifen, bevor das ganze Heer da sei. Gleich beim ersten Zusammentreffen aber wurde der Graf vom Rosse geworfen; ihn schützten jedoch zwei Ritter, die ihn aufhoben und wieder aufs Pferd setzten. Der Kampf war heftig, und der Sieg schwankte von einer Seite zur andern, bis einer von der Partei des Grafen ausrief, man solle den Pferden, auf denen die Feinde säßen, tüchtig nach den Knieen hauen. So geschah es, daß, als die Pferde stürzten, mit ihnen zugleich ihre geharnischten Reiter hinabstürzten und durch die Schwerter der Unseren aufgerieben wurden. So kam Etheler um, und auch die übrigen Edlen wurden entweder getötet oder gefangen. Als das der König und die bei ihm waren, von der andern Seite des Flusses aus sahen, ergriff er die Flucht und kehrte nach Schleswig zurück. Auch der Graf kehrte zurück, durch den Sieg mit Ruhm bedeckt und im Besitze angesehener Gefangener, durch deren Lösegeld er seine Schuldenlast bedeutend zu vermindern imstande war.

Fortan trug er ausnehmend Sorge für sein Land. Denn sowie etwas von einer Kriegsbewegung verlautete, entweder von seiten der Dänen oder der Slaven, stellte er sofort sein Heer an geeigneten Orten auf, nämlich zu Travemünde oder an der Eider. Und seinem Gebot gehorchten die Scharen der Holzaten, Sturmarn und Markmannen. Markmannen aber nennt man gemei-

[1] Bei Jevenstedt, Kr. Rendsburg.

niglich die von allen Seiten her zusammengebrachte Bevölkerung einer Mark[1]. Es gibt aber im Lande der Slaven sehr viele Marken, unter denen unser wagrisches Land nicht die geringste ist, welches tapfere und in den Kämpfen mit den Dänen und Slaven geübte Männer enthält. Über alle diese besaß der Graf die Grafengewalt. Und er schaffte Gerechtigkeit seinem Volke, indem er Zwistigkeiten schlichtete und die Unterdrückten von der Hand der Mächtigen errettete. Der Geistlichkeit war er vorzüglich geneigt, und ließ sie weder mit Worten noch mit Werken von irgend jemandem beleidigen. Viel Mühe aber gab er sich, die aufsässigen Holzaten zu bändigen; denn dies Volk, frei und unbezähmbar, wild und unbezwungen, wehrte sich dagegen, das Joch des Friedens zu tragen. Jedoch überwand sie die überlegene Klugheit dieses Mannes und er zeigte an ihnen die Kraft seines Geistes. Denn er lockte sie durch allerhand Vorspiegelungen heran, bis er diesen, ich möchte sagen, unbezähmten Waldeseln den Zügel angelegt hatte. Jetzt betrachte wer da will das veränderte Aussehen dieses Volkes, dieser Männer, die einst gewohnt gewesen waren

das wilde Gesicht zu verlarven,
Und mit tückischer List Beute zu locken ins Garn,

heimlich zu stehlen, was sie nicht mit Gewalt zu rauben vermochten; man betrachte, sage ich, wie sie ihre Sitten verändert, wie sie ihren Schritt nach dem Gange des Friedens eingerichtet haben. Ist das nicht eine Änderung durch die Hand des Höchsten? Späterhin versöhnte sich der Graf mit Svein, dem König der Dänen. Dieser nämlich vertrieb, nachdem er in zahlreichen
1150 Schlachten glücklich gewesen war, den Kanut aus dem

[1] D.h. eines Grenzlandes.

Lande und zwang ihn, als Verbannter seine Zuflucht bei den Sachsen zu suchen, nämlich bei dem vielgenannten Erzbischof Hartwig[1], der, von einem hochberühmten Geschlechte stammend, ein großes Vermögen besaß.

68.
Vom Herzog Heinrich

In jenen Tagen führte unser junger Herzog die Prinzes- 1148?
sin Clementia, die Tochter des Herzogs Conrad von Zähringen, heim, und begann über das ganze Land der Slaven zu herrschen, indem seine Macht allmählich wuchs und zunahm. Denn so oft ihm die Slaven etwas in den Weg legten, bekriegte er sie, und so gaben sie ihm, um Land und Leben zu retten, alles was er verlangte. Auf den verschiedenen Feldzügen aber, die er ins Slavenland hinein unternahm, wurde des Christentumes gar nicht Erwähnung getan, sondern nur des Geldes. Denn noch opferten sie den Götzen und nicht Gott dem Herrn, und machten seeräuberische Einfälle ins Land der Dänen.

69.
Vom Erzbischof Hartwig

Als nun Herr Hartwig, der Erzbischof von Hamburg, sah, daß im Slavenlande Frieden herrschte, nahm er sich vor, die Bischofsitze wieder zu errichten, welche die Wut der Barbaren daselbst einst zerstört hatte, nämlich den von Aldenburg, Ratzeburg und Mecklenburg.

[1] Sein Vorgänger Adalbert starb am 25. Aug. 1148.

Unter diesen hatte den von Aldenburg Otto der Große zuerst gegründet, und ihm die Polaben und die Obotriten untergeordnet, von den Grenzen der Holzaten bis an die Peene und die Burg Demmin. Und er setzte in Aldenburg als den ersten Bischof Marco ein. Der zweite war dann Ekward, der dritte Wago, der vierte Ezike, der fünfte Folchard, der sechste Reinbert, der siebente Benno, der achte Meinner, der neunte Abelin, der zehnte Ezo. Zu seiner Zeit erhob sich in der Hamburger Kirche der große Adelbert; dieser machte von den wandernden Bischöfen, die er an seiner Tafel hatte, Johannes zum Bischof von Mecklenburg und Aristo zu dem von Ratzeburg, und so wurde der Aldenburger Sprengel in drei Bistümer geteilt[1]. Als nun aber Gott es um der Sünden der Menschen willen zuließ, daß das Christentum im Slavenland vernichtet wurde, blieben die Bischofsitze 84 Jahre lang unbesetzt, bis auf die Zeiten des Erzbischofs Hartwig[2]. Dieser, der wegen des Adels seines Geschlechtes durch doppelte Fürstenwürde sich auszeichnete, strebte mit großem Eifer danach, die Suffraganbischöfe von ganz Dänemark, Norwegen und Schweden, welche einst, wie die geschichtliche Überlieferung von alters her ausweist, zur Hamburger Kirche gehörten, wieder zu gewinnen. Da er jedoch durch mancherlei Beweise von Ergebenheit und Geschenke beim Papste und Kaiser nichts ausrichtete, so ging er daran, um nicht ganz ohne Suffraganbischöfe zu sein, die vor Zeiten eingegangenen Bistümer des Slavenlandes wieder herzustellen. Darum berief er den ehrwürdigen Priester Vicelin, und weihte ihn zum Bischof von
25. 9. 1149 Aldenburg, obwohl derselbe schon hoch bejahrt war

[1] Kap. 22.
[2] S. oben K. 24, Ende.

und im Lande der Holzaten 30 Jahre gewirkt hatte[1]. Ferner ordinierte er für Mecklenburg den Herrn Emmehard, und beide Männer wurden in Rossevelde[2] geweiht, und von da ins Land des Hungers und der Entbehrung geschickt, wo der Satan wohnete und eine Behausung aller unreinen Geister war[3].

Dies alles aber geschah, ohne daß man den Herzog und den Grafen zu Rat gezogen hatte. Daher kam es, daß die Freundschaft, welche zwischen Herrn Vicelin und unserm Grafen herrschte, in der Folge gestört wurde; denn vordem hatte er ihn wie einen Vater verehrt. Der Graf aber erhob alle jenes Jahr fälligen Zehnten, die dem neuen Bischof zufallen mußten, nicht den kleinsten Rest ließ er von ihnen übrig. Da begab sich der Bischof zum Herzog, um diesen um ein milderes Verfahren zu bitten, und wurde von ihm mit Achtung und Ehrerbietung empfangen. Und der Herzog sagte zu ihm: „Ihr verdientet, Bischof, daß ich euch weder begrüßte noch empfinge, weil ihr diesen Titel ohne mich zu fragen angenommen habt. Denn mir kam es zu, diese Angelegenheit zu leiten, zumal in diesem Lande, das meine Väter durch Gottes Gnade mit Schwert und Schild erobert und mir zu erblichem Besitze hinterlassen haben. Weil ich aber eure Heiligkeit schon längst erprobt habe, auch meine Vorfahren euch von Anfang an treu befanden, so habe ich beschlossen, diese eure Schuld zu vergessen und an eurer Beförderung mit meiner vollen Gunst mich zu beteiligen, nämlich unter der Bedingung, daß ihr die Belehnung mit dem Bistum von meiner Hand empfangen wollt. Denn nur auf diese Weise kann eure Angelegenheit weiteren Fortgang haben."

[1] 23 Jahre nach seiner eigenen Angabe.
[2] Harsefeld bei Stade.
[3] Nach Offenb. Joh. 2,13; 18,2.

Dieser Ausspruch aber kam dem Bischof hart vor, weil er der Gewohnheit zuwiderlief. Denn Bischöfe zu belehnen, kommt allein der kaiserlichen Majestät zu. Da sagte einer von den Getreuen des Herzogs, Heinrich von Witha, ein einflußreicher und ritterlicher Mann und ein Freund des Bischofs, zu demselben: „Tut, was euch frommt und nahet unserm Herrn und tut ihm den Willen, damit die Kirche im Slavenland erbaut und der Dienst am Haus des Herrn in eurer Hand befestigt werde. Sonst wird eure Mühe vergeblich sein, weil weder der Kaiser noch der Erzbischof eure Sache wird unterstützen können, so lange mein Herr dagegen bleibt; denn Gott hat ihm dies ganze Land verliehen. Und was verlangt denn auch mein Herr Großes von euch, das euch etwa nicht erlaubt wäre, oder sich für euch nicht ziemte? Es ist ja vielmehr eine leichte und dabei großen Nutzen bringende Sache, daß mein Herr ein Stäblein empfängt und es in eure Hände gibt zum Zeichen der Belehnung, und daß ihr in Zukunft ein Freund des Herzogs seid und Ehre habt unter den Heiden, die ihr zu bekehren euch anschickt.“ Der Bischof bat um Frist, um über diesen Vorschlag nachdenken zu können. In Frieden entlassen, kam er nach Bardowiek, wo ihn eine tödliche Krankheit ereilte, so daß er dort einige Tage bleiben mußte. Er wurde nämlich von einer Lähmung befallen, an der er bis an sein Lebensende gelitten hat. Als seine Leiden indes etwas gelinder wurden, wurde er in einem Gefährt nach Faldera gebracht, und es verstrich eine lange Zeit, in der ihn die Krankheit seiner kirchlichen Tätigkeit entzog. Denn die Last des Alters hatte die Krankheit verschlimmert. Als aber Gott ihm wieder Kräfte verlieh, ging er nach Bremen, um den Erzbischof und seine Geistlichkeit über jenen Vorschlag, den der Herzog ihm gemacht hatte, um Rat zu fragen. Diese aber begannen einmütig sich dagegen zu erklären, indem sie sagten: „Zwar wissen wir, ehrwürdiger Bischof, daß es eurer Heiligkeit gar wohl bekannt ist, was euch in dieser Angelegenheit zukommt. Weil ihr aber gekommen seid, um auch unsern Rat darüber einzuholen, so wollen wir in kurzem sagen, was wir denken. Zuerst also ist zu erwägen, daß die Belehnung der Bischöfe nur der kaiserlichen Majestät verstattet ist, welche allein erhaben und nächst Gott unter den Menschenkindern hervorragend, dieses Ehrenrecht nicht ohne vielfache Opfer erworben hat. Und nicht haben die würdigsten Kaiser es leicht genommen, die Herren der Bischöfe genannt zu werden, sondern sie haben diese Schuld mit den glänzendsten Schätzen des Reiches bezahlt, wodurch die Kirche, an Vermögen wie an äußeren Ehren gewinnend, es nicht für verächtlich hält, für eine kleine Zeit in die Unterwerfung sich gefügt zu haben, und nicht darüber errötet, sich vor dem einen zu neigen, durch den sie über viele herrschen kann. Denn wo ist ein Herzog oder Markgraf, wo irgend ein Fürst im Reiche, er sei so groß wie er wolle, der den Bischöfen nicht die Hände bietet, um ihnen die Lehnshuldigung zu leisten, der, zurückgewiesen, sich nicht, er komme zu rechter Zeit oder zur Unzeit, wieder aufdrängt? Um die Wette eilen sie herbei, um Lehnsträger der Kirche zu werden und an den von ihr verliehenen Gütern Teil zu haben. Ihr also wollt diese Ehre verloren geben und die durch so große Autoritäten begründeten Rechte verletzen? Ihr wollt diesem Herzog huldigend eure Hände darreichen, damit nach diesem Vorgange die, welche bisher die Herren der Fürsten waren, Knechte derselben werden? Es schickt sich nicht für euer hohes Alter, das ihr in Ehren erlangt habt, daß durch euch Mißbräuche im Hause des Herrn aufkommen. Ein solcher Vorwurf bleibe ferne von euch! Wenn auch die Wut des Fürsten zügelloser gegen euch verfahren sollte, ist es nicht besser, den Verlust leiblicher Güter, als den der Ehre zu ertragen? Mögen sie euch, wenn sie wollen, die Zehnten entziehen, mögen sie, wenn's ihnen beliebt, euch den Zugang zu eurem Sprengel versperren: diese Last wird zu tragen sein. Ihr habt doch noch das Haus zu Faldera, wo ihr unterdes sicher weilen und in Ruhe auf die Hilfe des Herrn hoffen könnt." Durch diese und ähnliche Reden brachten sie Vicelin davon ab, des Herzogs Wünsche zu erfüllen. Dieser Umstand aber, daß er sich hierzu überreden ließ, schuf der jungen Pflanzung vielfache Hindernisse. Denn so oft unser Bischof den Herzog in Angelegenheiten der Kirche anging, antwortete dieser jedesmal, er sei bereit zu allem, was der Nutzen der Kirche erfordere, sobald ihm zuvor die schuldige Ehre erwiesen sei, sonst aber würde man vergebens gegen den Strom anschwimmen. Der demütige Bischof aber hätte sich leicht darein ergeben, der Kirche zum Gewinne dem nach weltlicher Ehre geizenden Herzoge den Willen zu tun, wenn der Erzbischof und die anderen Bremer Geistlichen sich dem nicht widersetzt hätten. Denn diese, selbst voll Ruhmbegier, und mit den Schätzen ihrer heranwachsenden Kirche zufrieden, meinten, in dieser Angelegenheit geschähe ihrer Ehre Abbruch und kümmerten sich nicht so sehr um den Ertrag, als um die Zahl der Suffraganbistümer. Dies zeigte sich besonders darin, daß der Erzbischof in den Besitzungen der Kirche von Faldera unserem Bischof viele Kränkungen zufügte, indem er dieselben verkürzte und auseinanderriß und ihn an der Ruhestätte, die er ihm doch selbst angewiesen hatte, nicht ungestört verbleiben ließ. Da konnte man nun diesen Mann mit seinem großen Namen, früher im vollen Besitze seiner Freiheit und von keinem abhängig, seitdem er den Bischofstitel erhalten hatte, gleichwie mit Banden gefesselt jedermann um Schutz anflehen sehen. Denn der Mann[1], der ihm, wie er gehofft hatte, den Frieden geben sollte, hatte ihn gerade abgebracht von der Bahn der Klugheit und des Friedens, daß er sich nämlich an diejenigen nicht anschloß, von denen die Kirche reiche Frucht gewinnen konnte.

Er tat also, was die Verhältnisse ihm erlaubten, besuchte die Kirchen seiner Diözese, indem er die Gemeinden mit Gottes Wort tröstete und ihnen nach seiner amtlichen Befugnis das Geistliche säte, obwohl er selbst von ihnen Leibliches dafür nicht erntete. Denn der Graf erhob die ihm zukommenden Zehnten. Damals wurde also von ihm ein Bethaus zu Cuzelina, welches mit anderem Namen Hagersdorf heißt, eingeweiht. Ebenso auch eine Kirche zu Bornhöved. Auch kam er in die neugegründete Stadt Lübeck, spendete ihren Bewohnern Erbauung und weihte dort Gott dem Herrn einen Altar. Von da weiterreisend, besuchte er Aldenburg, wo einst der Sitz des Bistums gewesen war, und wurde von den barbarischen Bewohnern jenes Landes empfangen, deren Gott Prove war. Der Name des Priesters aber, der ihrem Götzendienste vorstand, war Nike. Aber auch ein Fürst des Landes war da, namens Rochel, ein Nachkomme des Cruto, ein sehr großer Götzendiener und Seeräuber. Der Priester Gottes nun begann den Barbaren den Weg der Wahrheit zu zeigen, welcher ist Christus, sie ermahnend, ihre Götzenbilder zu verlassen und hinzueilen zum Bade der Wiedergeburt. Indes wendeten sich nur wenige Slaven zum Glauben, weil ihre Schlaffheit gar gewaltig war und die

[1] Der Erzbischof.

Herzen der Fürsten noch nicht geneigt, die Herzen der Empörer mit Gewalt zu bezwingen. Der Bischof aber gab Holzbauern Geld, um ein Heiligtum zu errichten, und der Bau wurde angelegt neben dem Walle der alten Stadt, wo alles Volk am Sonntage zum Markte zusammenzukommen pflegte.

70.
Vom Grafen Adolf

1150 Damals sammelte der Herzog ein Heer, um nach Bayern zu ziehen und das Herzogtum zurückzufordern, welches sein Stiefvater Heinrich, der Bruder König Konrads, innegehabt hatte. Unser Bischof kam da zu ihm nach Lüneburg, und bat ihn, wie er es stets zu tun pflegte, um Förderung seines Bistums. Da antwortete ihm der Herzog: „Ich werde eurer Aufforderung Folge leisten, wenn ihr auf uns Rücksicht nehmen wollt." Ihm erwiderte der Bischof: „Ich bin um des willen, der sich unsertwegen erniedrigt hat, bereit, mich selbst einem von eueren Hörigen zu eigen zu geben, geschweige denn euch, dem der Herr eine so ausgezeichnete Stellung unter den Fürsten verliehen hat, sowohl durch den Adel eurer Geburt, als durch die Größe eurer Macht." Und mit diesen Worten tat er, wozu die Not ihn zwang, und empfing das Bistum vermittels des Stabes von der Hand des Herzogs. Dieser, der nunmehr milderen Sinnes geworden war, sprach: „Weil wir jetzt sehen, daß ihr unserem Willen gehorsam seid, so ziemt es sich, daß auch wir eurer Heiligkeit gebührende Ehrfurcht bezeigen und euren Gesuchen fortan uns geneigter erweisen. Weil wir aber jetzt im Aufbruch zu einem Heereszuge begriffen sind, und die Anordnung euerer Angelegenheit längere Zeit erfordert, so verleihen wir euch vorläufig das Dorf Bosau[1], welches ihr gewünscht habt, mit seinem Vorwerk Dulzaniza, damit ihr euch mitten in euerem Lande ein Haus bauen und unsere Rückkehr erwarten könnt. Denn dann werden wir mit Gottes Hilfe uns um die Einrichtung eurer Verhältnisse sorgfältiger bekümmern." Und er bat den Grafen Adolf, dieser Schenkung seine Zustimmung zu verleihen. Da antwortete ihm der Graf: „Da mein Herr jetzt zur Güte geneigt ist, so ziemt es uns, seine Absichten zu teilen und nach unserm Vermögen zu fördern. Das Besitztum also, welches mein Herr dem Bischof verliehen hat, verleihe auch ich ihm. Überdies entsage ich der Hälfte der Zehnten zu Gunsten des Bischofs, nicht weil ich dazu verpflichtet bin, sondern aus Gnaden für euch, weil die bischöflichen Angelegenheiten noch nicht geordnet sind."

Da übertrug der Herzog unserem Grafen die Obhut über das Land der Slaven und Nordelbinger, und nachdem er die Verhältnisse in Sachsen nach Wunsche eingerichtet, brach er mit Heeresmacht nach Bayern auf, um daselbst das Herzogtum zu empfangen. Die Herzogin, Frau Clementia, blieb in Lüneburg zurück, und der Graf stand sehr hoch im Hause des Herzogs und war sehr eifrig im Dienste der Herzogin, und sein Rat galt in allem. Darum ehrten ihn die Fürsten der Slaven, besonders aber die Könige der Dänen, welche, von inneren Kriegen bedrängt, darin wetteiferten, ihm mit
Geschenken entgegenzukommen. Kanut nämlich, der 1151
als Flüchtling beim Erzbischof in der Fremde lebte, sammelte ein Söldnerheer in Sachsen und kehrte nach

[1] Am Plöner See.

Dänemark zurück, und zu ihm schlugen sich beinahe alle Bewohner Jütlands. Auf diese Kunde zog Svein eine Seemacht zusammen, setzte übers Meer und kam nach der Stadt Viborg, und die Könige lieferten sich eine Schlacht, in der die Scharen der Sachsen geschlagen und völlig aufgerieben wurden. Kanut entkam fliehend nach Sachsen. Nach einiger Zeit erschien er wieder in Dänemark und wurde von den Friesen aufgenommen, die in Jütland wohnten; Svein kam und kämpfte mit ihm und zwang ihn, völlig besiegt zu den Sachsen zu entfliehen. Wie er nun oft durch das Land der Holzaten zog, bewies sich unser Graf stets gütig gegen ihn, indem er ihm freies Geleit und andere Dienste der Gefälligkeit erzeigte. Svein aber, den stets die größten Siege beglückten, regierte in Dänemark mit großer Tyrannei. Dem Wüten der Slaven tat er jedoch weniger Einhalt,
1153? da heimische Kämpfe ihn in Anspruch nahmen. Jedoch soll er ihnen einmal in Seeland eine sehr große Niederlage beigebracht haben.

71.
Von Niclot

1151 Während der Abwesenheit des Herzogs kam Niclot, der Fürst des Landes der Obotriten, zu Frau Clementia, der Herzogin, nach Lüneburg, und beklagte sich vor ihr und den Freunden des Herzogs darüber, daß die Kycinen und Circipanen sich zu empören und die gewohnten Steuern zu verweigern begonnen hätten. Darum wurden Graf Adolf und das Volk der Holzaten und Sturmarn dazu bestimmt, Niclot zu unterstützen und die hartnäckigen Empörer zur Unterwerfung zu zwingen. Der Graf zog mit mehr als 2000 auserlesenen Leuten aus, auch Niclot zog ein Heer von Obotriten zusammen, und beide eilten vereint ins Land der Kycinen und Circipanen und durchstreiften das feindliche Gebiet und verwüsteten alles mit Feuer und Schwert. Auch den hochberühmten Tempel zerstörten sie samt den Götzenbildern und dem ganzen heidnischen Kultus. Da aber die Eingeborenen sahen, daß sie nicht imstande waren, ihnen zu widerstehen, so kauften sie sich mit einer ungeheuren Summe Geldes los und ersetzen die fehlenden Steuern im Übermaß. Nun bezeugte Niclot, über den Sieg hoch erfreut, dem Grafen auf das herzlichste seine Dankbarkeit, und geleitete ihn bei seiner Heimkehr bis an die Grenze seines Gebietes, trug auch für das Heer desselben eifrigst Sorge. Seitdem herrschte Freundschaft zwischen dem Grafen und Niclot, und sie besprachen sich häufig zu Lübeck oder Travemünde über das Beste ihrer Länder.

So war Friede im Lande der Wagrier, und die junge Pflanzung nahm durch Gottes Gnade immer mehr zu. Auch der Handel zu Lübeck wurde von Tag zu Tage blühender und die Schiffe der dortigen Kaufleute mehrten sich. Bischof Vicelin aber begann die Insel, welche Bozoe[1] heißt, zu bewohnen und lagerte unter einer Buche, bis sie Hütten erbaut hatten, in denen sie sich aufhalten konnten. Dort begann er eine Kirche zu erbauen im Namen des Herrn und zum Gedächtnisse des heiligen Petrus, des Apostelfürsten. Die Hausgeräte aber und was zum Ackerbau nötig war, ließ der Bischof von Cuzelina und Faldera herkommen. Doch war das neue Bistum zuerst sehr unbedeutend, weil der Graf,

[1] Bei Bosau befindet sich jetzt nur eine Landzunge im See, keine Insel.

sonst der trefflichste Mann, allein gegen den Bischof sich nur in geringem Maße gütig erwies.

72.
Vom König Konrad

1151 Während also dieses sich im Lande der Slaven ereignete, verweilte unser Herzog in Schwaben, wo er seinen Stiefvater zu bekriegen versuchte, aber nicht vermochte. Jener wurde von seinem Bruder, dem Könige, unterstützt, der es für unrecht erklärte, daß ein Fürst zwei Herzogtümer besitze. Da nun Markgraf Adelbert und viele andere Fürsten hörten, daß unser Herzog durchaus keinen Erfolg hatte und beinahe von den Feinden eingeschlossen war, schickten sie zum Könige und ließen ihn auffordern, daß er so schnell wie möglich mit seinem Heere nach Sachsen kommen möge, um Braunschweig zu belagern und des Herzogs Freunde zu überwältigen. Sofort stellte der König durch ganz Schwaben hin Wachen aus, damit der Herzog nicht etwa entkommen möchte; er selbst aber zog fort nach Goslar, um Braunschweig und alle Burgen des Herzogs zu nehmen. Es war aber das heilige Weihnachtsfest nahe. Da nun der Herzog die bösen Absichten des Königs merkte und sah, daß ihm der Rückweg aus Schwaben abgeschnitten war, so ließ er allen seinen Freunden, den freien wie den dienstpflichtigen, anzeigen, sie möchten in einer bestimmten Stadt zu einer feierlichen Tagesfahrt mit ihm zusammenkommen. Und diese Anzeige ließ er weit und breit unter die Leute bringen. Darauf nahm er drei ganz zuverlässige Männer zu sich, verkleidete sich eines Abends, entschlüpfte aus der Burg und trat in der Nacht seinen Weg an, kam mitten durch die ihm auflauernden Feinde hindurch und erschien am fünften Tage in Braunschweig; da schöpften seine bisher von Trauer bedrückten Freunde unverhofft Mut. Das Heer des Königs aber rückte schon auf Braunschweig, und war an einem Orte namens Heiningen[1] gelagert. Da kam ein Bote und meldete dem Könige, der Herzog sei in Braunschweig zum Vorschein gekommen, und als er das ganz bestimmt erfahren hatte, verlor er die Lust, weiter vorzurücken. Er kehrte nach Goslar zurück, und so wurde die ganze vom Könige betriebene Unternehmung zunichte. Der Herzog aber erwehrte sich der Nachstellungen der Fürsten, die ihm nach dem Leben trachteten, und behauptete das Herzogtum Sachsen, ja er gewann tagtäglich an Macht und Einfluß. Das Herzogtum Baiern jedoch konnte er nicht erlangen, so lange König Konrad lebte.

Als dieser aber bald nachher starb, folgte ihm sein Bru- 15. 2. 1152
dersohn Friedrich in der Regierung. König Konrad hatte nämlich mehrere Brüder, unter denen die ersten Herzog Heinrich von Baiern und Herzog Friedrich von Schwaben waren; der gleichnamige Sohn des letzteren nun wurde auf den Thron erhoben. Also im Jahre 1151[2] der Fleischwerdung des Worts kam das Reich an Friedrich, den ersten König dieses Namens, und sein Stuhl wurde erhöhet über den Stuhl der Könige, die vor ihm gewesen waren viele Tage. Und er wurde mächtig an Weisheit und Kraft vor allen Bewohnern des Landes. Seine Mutter[3] war die Vaterschwester unsers Herzogs.

[1] An der Ocker.
[2] Vielmehr 5. 3. 1152.
[3] Judith, Tochter Heinrichs des Schwarzen, Schwester Heinrichs des Stolzen.

73.
Der Heimgang des Propstes Thetmar

29. 1. 1151 Um diese Zeit wurde in der Veste Winzenburg[1] Graf Hermann ermordet, ein mächtiger Mann von großen Reichtümern, und es erhob sich Streit zwischen unserm Herzoge und dem Markgrafen Adelbert wegen der Burgen und des Vermögens desselben. Um zwischen diesen beiden nun den Frieden wiederherzustellen, ließ der König einen Hoftag zu Merseburg, einer Stadt in Sachsen, ansagen, und befahl den Fürsten, in feierlicher Weise zu erscheinen. Auch schickte er eine Gesandtschaft zu den Königen der Dänen, die gegeneinander Krieg führten, und lud sie vor, um unter ihnen auf dem Wege der Gerechtigkeit zu entscheiden. Da kam Kanut, der, wie oben gesagt ist, zum dritten Male aus Dänemark vertrieben war, zu unserem Herzoge, und bat, er möge ihm freies Geleit und seine Unterstützung auf dem Hoftage gewähren. Der Erzbischof aber geleitete den König Svein, und hatte in seinem Gefolge außer vielen andern geistlichen und frommen Männern auch Bischof Vicelin. So wurde jener berühmte Hoftag zu
18. 5. 1152 Merseburg gehalten, auf dem die Fürsten der Dänen miteinander ausgesöhnt wurden, so daß Svein zum König gekrönt wurde, während die übrigen als Vasallen sich ihm unterwarfen. Der Zwist des Herzogs mit dem Markgrafen aber konnte nicht geschlichtet werden, weil die beiden Fürsten in ihrem Hochmute des erst neu erwählten Königs Ermahnungen gering achteten. Damals riet der Erzbischof dem Bischof Vicelin, die Belehnung von der Hand des Königs zu empfangen, womit er aber nicht den Nutzen der Kirche, sondern den Haß gegen den Herzog im Sinne hatte. Vicelin willigte auch

[1] Zwischen Gandersheim und Alfeld.

nicht ein, da er voraussah, daß der Herzog in unversöhnlichem Grimme entbrennen würde; denn in diesem Lande gilt allein des Herzogs Hoheit.

So wurde der Hoftag aufgehoben, und Bischof Vicelin kehrte in seinen Sprengel zurück. Da fand er Thetmar, den heiligen Mann, dem irdischen Leben entrückt. Dies versetzte ihn natürlich in große Trauer. Denn dieser so liebe Mann, den alle stets verehren werden, schien seinerzeit gar nicht seinesgleichen zu haben. Er wurde nämlich, um in der Kürze das Hauptsächlichste von seinem Leben hier anzuführen[1], schon vor seiner Empfängnis seiner Mutter als heilig offenbart und gleich von der Wiege an dem Dienste des Altars geweiht. Einem tüchtigen Lehrer übergeben, blieb er als sein vorzüglicher Schüler bis in seine Mannesjahre in dessen Zucht, und als Schüler in Bremen, als Gefährte seines Lehrers in Frankreich trug er dessen Joch mit Geduld, nach jenem Worte des Jeremias[2]: „Es ist ein köstlich Ding einem Manne, daß er das Joch in seiner Jugend trage". Nach seiner Rückkehr aus Frankreich blieb er, da Vicelin sich ins Slavenland begab, des Führers und Erziehers beraubt, sich selbst überlassen. Wie er sich darauf in Bremen als Vorsteher der Schulen und als Dekan benahm, mögen die Bremer berichten. Das nur braucht hier erwähnt zu werden, daß nach seiner Entfernung Bremen klagte, mit ihm sei das Licht seiner Kirche entschwunden. Als er nun also aus Sehnsucht nach einem besseren Leben nach Faldera kam, erregte er in Vicelins Herzen durch sein Erscheinen große Freude. Aber auch alle anderen, die jener Winkel des Schreckens und der wüsten Einöde[3] umschloß, begann-

[1] Vgl. Kap. 44, 45 und 58.
[2] Klagel. 3,27.
[3] 5. Mose 32,10.

nen sozusagen ganz anders auszusehen, als ein solcher Gast sich bei ihnen einfand. Einige Jahre nachher, als Gott das Gebiet der Kirche erweiterte, wurde er nach Cuzelina oder Hagersdorf geschickt und brachte den Bewohnern der neuen Ansiedelung viel Trost und Erbauung. Denn den Gefangenen und Ausgeraubten half er mit solcher Liebe, daß die Größe seiner Gaben die Kräfte jenes damals noch geringen Gotteshauses zu übersteigen drohte[1]. Denn während er betete oder las, horchte sein Ohr stets nach der Türe hin, ob etwa ein Armer anklopfte, um etwas zu erbitten. Graf Adolf hegte Scheu und Ehrfurcht vor ihm, weil er ihm seine Schuld vorwarf und seiner nicht schonte, wenn er sich versündigt hatte. Auch die Härtigkeit des Herzens, welche der Graf gegen den Bischof bewies, war jener ehrwürdige Priester eifrig bemüht, vermittels der Anwendung zerteilender Aufschläge zu erweichen; allein die Krankheit erwies sich stärker als jedes Heilmittel. Indes tat Graf Adolf auf sein Wort manches, da er wußte, daß er ein gerechter und heiliger Mann war. Als aber Thetmar volle zehn Jahre lang sich in diesem Lande aufgehalten hatte, erkrankte er, während der Bischof gerade abwesend, nämlich zu Merseburg war. Als nun die geistlichen Brüder, das Lager des Kranken umgebend, die Hoffnung auf Wiederherstellung in ihm zu erregen versuchten, sagte er mit großem Widerstreben: „Verheißet mir doch, geliebte Brüder, nicht immer die Verlängerung meines irdischen Lebens; betrübet meinen Geist, der, von der Pilgerschaft hienieden matt und müde, der Heimat zustrebt, nicht mit solchen Reden. Sehet, es sind zehn Jahre her, seit ich Gott gebeten habe, mein Leben unter diesem Gelübde hinbringen zu dürfen, und er hat mich erhört: jetzt aber ist es Zeit, um Ruhe

[1] Kap. 66.

von der Arbeit zu bitten; und ich vertraue zu Gottes gewohnter Güte, daß ich auch hierin keine Fehlbitte tue." Nun nahmen die körperlichen Leiden zu, jedoch ermattete mit der Abnahme der Leibeskräfte das innere geistige Leben nicht. An ihm wurde erfüllet das Wort Salomo's[1]: „Denn Liebe ist stark, wie der Tod, daß auch viele Wasser sie nicht auslöschen mögen, noch die Ströme sie ersäufen." In dem Sterbenden lebte die Liebe, die in dem erschöpften Leibe doch den Geist lebendig hielt, den Brüdern Trost in ihrer Trauer, Rat in mißlichen Dingen, Erbauung des Gemütes brachte, und in die Herzen der Freunde die letzten, untilgbaren Spuren der Abschiedsworte des Scheidenden eingrub. Auch seines heißgeliebten Vaters Vicelin vergaß er nicht, sondern bat den Herrn auf das innigste, denselben auf seinen Wegen zu leiten, indem er wiederholt mit dem wärmsten Danke erklärte, derselbe habe ihm den Weg des Heils und die Aussicht auf das Reich Gottes eröffnet. Den Kranken besuchten in brüderlicher Besorgnis Eppo, der Prior der Kirche von Faldera, und der Priester Bruno, und vollzogen an ihm nach gesehener Prüfung die heilige Ölung. Nachdem er diese voll Ehrfurcht empfangen, auch durch denGenuß des lebenbringenden Leibes des Herrn gestärkt worden war, betete und dankte er ohne Unterlaß. Die Nacht vor dem Pfingstfeste, d.h. die des 17. Mai, durchwachte er im Gebete, die Engel rief er flehentlich herbei, an alle Heiligen richtete er die heiße Bitte um ihre Fürsprache; ja als die Seele bereits zu entschwinden begann, bewegte sich noch seine Zunge im Gebete und in dem Bekenntnisse des Lobes Gottes. O wie so würdig war dieser Priester, wie so lieb dem Herrn diese Seele! Glücklich, denke ich, war sie auf ihrer Bahn hienieden, glücklicher

[1] Hohelied 8, 6, 7, doch hat Helmold nicht wörtlich zitiert.

noch, als sie das Ziel erreicht hatte, denn nach einer kurzen Zeit der Arbeit erlangte sie ewigen Ruhm bei Gott und bei den Menschen die liebevolle Erinnerung heiligen Andenkens.

74.
Vom Begräbnis Thetmars

Den Tod dieses ehrwürdigen Priesters pflegte Bruder Luthbert, welcher die Ritterschaft dieser Welt mit der Knechtschaft Gottes vertauscht hatte und mit dem gottesfürchtigen Thetmar für die Armen, die in dem für Aufnahme von Gästen bestimmten Hause sich befanden, Sorge trug, lange vorher zu verkünden. Als dieser einst Faldera besuchte, war sein Antlitz ungewöhnlich traurig und mit Tränen benetzt. Um den Grund seiner Traurigkeit befragt, antwortete er, er trauere mit Recht, da er in kurzem des Umganges mit seinem innigstgeliebten Vater beraubt werden solle. Dabei erklärte er, davon nicht im Traum, sondern wachend vom Himmel Kunde erhalten zu haben. Und bald nach dieser seiner Prophezeihung erfolgte Thetmars schneller Heimgang. Auch die Brüder, denen die innigste Liebe zu dem Verstorbenen Tränen entlockte, ermannten sich und schöpften wieder Trost und Hoffnung, der Verkündigung[1] eingedenk. Sobald nun die Todeskunde nach Faldera gelangte, schickten sie sogleich Abgesandte, die Leiche herüber zu holen, weil er selbst auf dem Totenbett dringend darum gebeten hatte. Dazu waren jedoch die ehrwürdigen Brüder Theoderich, Ludolf, Luthbert und die anderen, die dort lebten, nicht zu bewegen, und erklärten, lieber sollten sie alle sterben, als eines solches

[1] Von der künftigen Heiligkeit Thetmars; s. Kap. 44.

Pfandes sich berauben lassen, welches der neugestifteten wagrischen Kirche zur Ehre und zum Troste gereichen werde. So wurde unter großem Zulaufe des gläubigen Volkes von Segeberg und von den benachbarten Dörfern der Leib des Heiligen der Erde übergeben, wobei die Armen laut wehklagten und jammerten, daß sie nun verlassen seien. Gepriesen sei also der Herr in seinen Heiligen, der diesen Mann zu einem würdigen Priester gemacht und ihn endlich zur Seligkeit berufen hat. Auch euch, ihr Väter des Lübecker Staates, wird reicherer Segen von Gott zuströmen, wenn ihr einen solchen Mann würdig ehrt, und ihn unter denen, welche eure zerstörte Kirche zu neuer Größe erhoben haben, obenanstellt.

75.
Von der Krankheit des Bischof Vicelins

Nach dem Tode des trefflichen Priesters Thetmar kehrte Bischof Vicelin vom Hoftag zu Merseburg zurück, ohne Frucht seiner Mühen wegen der Unempfänglichkeit der Fürsten. Der Erzbischof nämlich und der Herzog, die die Oberleitung der Angelegenheiten dieses Landes in Händen hatten, konnten, von Haß und Neid behindert, keine Gott gefälligen Früchte zuwege bringen. Beide nämlich haderten miteinander darüber, wem von ihnen das Land gehöre, oder wer das Recht habe, Bischöfe einzusetzen, und sie sahen sich auf das sorgfältigste vor, daß ja keiner dem anderen wiche. Aber auch Graf Adolf, wiewohl in vielen Dingen bewährt, wollte den bischöflichen Angelegenheiten nicht rechte Pflege angedeihen lassen. Zu diesen Übelständen kam für unsern Bischof noch die große Trauer über den Tod Thetmars, bei dessen Lebzeiten ihm alles noch erträglich schien, was ihn auch bedrücken mochte. So wurde er heimgesucht vom Geist der Trübsal, Tag für Tag; er suchte einen Tröster und fand ihn nicht.

Wenige Tage nach seiner Heimkehr vom Hoftag kam er nach Bosau, wo er ein Haus und eine Kirche zu bauen angefangen hatte, und verkündete der dort versammelten Gemeinde das Wort des Heils. Schon begannen nämlich die umliegenden Dörfer allmählich von Christen bewohnt zu werden, obwohl dieselben wegen der Anfälle von Räubern immer in großer Furcht schwebten. Denn die Burg zu Plön war noch nicht wieder erbaut[1]. Der Bischof also vollzog die heiligen Mysterien, brachte zum Schlusse Gott das heilige Opfer dar, neigte sich und betete am Altare zum Herrn und bat den Gott der Stärke, seinen Dienst so an jenem Ort, wie im ganzen Slavenland zu verbreiten. Wiederholt aber verkündete er den Neueingewanderten unter anderen Trostworten, daß der Dienst am Hause des Herrn sich im Slavenlande in kurzem außerordentlich heben werde; sie möchten nur nicht den Mut verlieren, sondern in Hoffnung auf bessere Zeiten eine harte Ausdauer beweisen. Dann sagte er dem ehrwürdigen Priester Bruno und den übrigen, die er diesem Ort vorgesetzt hatte, Lebewohl, stärkte ihre Hände im Herrn und kehrte nach Faldera zurück; hier aber wurde er nach sieben Tagen von Gottes Zuchtrute getroffen, nämlich so von Lähmung heimgesucht, daß eine Hand und ein Fuß, kurz die ganze rechte Seite ihm erstarrte; und, was beklagenswerter war als alles, er wurde auch des Gebrauches seiner Zunge beraubt. Dieser Anblick erschütterte alle, die es mit ansahen, wie nämlich ein Mann, der vordem ein so unvergleichlicher Redner, ein so

[1] Sie war im Jahre 1139 zerstört; Kap. 56f.

großer Lehrer gewesen war, dem stets fromme Ermahnungen und Beweise der göttlichen Wahrheit zu Gebote standen, nun plötzlich des Gebrauches seiner Zunge und seiner Glieder beraubt und zu irgendeiner Tätigkeit völlig unfähig war. Wie verworren nun die Leute darüber urteilten, wie töricht die Aussprüche selbst vieler, die den Namen, nicht die Gesinnung von Geistlichen hatten, waren, daran mag ich gar nicht wieder denken, viel weniger ausführlich davon sprechen. Sie sagten, Gott habe ihn verlassen, und dachten nicht an die Schrift, welche sagt: „Selig ist der Mensch, den Gott straft[1]". Unauslöschlichen Schmerz empfanden dagegen alle, die in Faldera und Cuzelina sich befanden, am meisten aber die, welche mit ihm zuerst in diese Gegenden gekommen und mit ihm alt geworden waren und mit ihm des Tages Last und Hitze getragen hatten. Dem Kranken wurde ärztliche Behandlung zuteil, jedoch ohne Erfolg, da Gott Besseres und seinem wahren Heile Näherliegendes mit ihm im Sinne hatte. „Denn abzuscheiden und bei Christo zu sein ist viel besser[2]". Zwei und ein halbes Jahr war er auf dem Schmerzenslager und konnte weder sitzen noch liegen. Gepflegt aber wurde er mit eifriger Sorgfalt von den Brüdern, welche ihm reichten, wessen der Körper bedurfte, und ihn in die Kirche trugen. Denn nie wollte er bei der Messe oder dem heiligen Abendmahl fehlen, außer wenn die zu heftig werdende Krankheit es ihm verwehrte. Mit so schmerzlichem Seufzen, so inniger Herzensklage rief er den Herrn an, daß, die es sahen, sich der Tränen kaum enthalten konnten. Das Kloster verwaltete damals der Prior desselben Ortes, der ehrwürdige Eppo, ein Mann von großem Verdienste in Christo. Cuzelina aber und

[1] Hiob 5,17.
[2] Vgl. Phil. 1,23.

die Kirchen im Wagrierlande leitete Herr Ludolf, derselbe, der einst in Lubeke um des Evangelii willen viele Mühen ausgestanden hatte[1]. Ihm hatte der Bischof, als er noch gesund war, die Propstei von Cuzelina anvertraut.

76.
Vom Markt in der Stadt Lübeck

Eines Tages redete der Herzog den Grafen Adolf mit den Worten an: „Es ist uns schon seit geraumer Zeit zu Ohren gekommen, daß unsere Stadt Bardowiek eine große Abnahme an Bürgern erduldet wegen des Marktes zu Lübeck, weil alle Kaufleute dahin übersiedeln. Ebenso klagen die Lüneburger, daß unser Salzwerk zugrunde gerichtet sei wegen des Salzwerkes, das ihr zu Oldeslo angelegt habt. Darum ersuchen wir euch, uns den halben Anteil an eurer Stadt Lübeck und an eurem Salzwerke zu geben, damit wir die Verödung unserer Stadt leichter ertragen können. Sonst werden wir verbieten, daß ferner Handel in Lübeck getrieben werde. Denn wir können es nicht ertragen, daß um fremden Vorteils willen unser väterliches Erbe in Verfall komme.“ Als aber der Graf das ablehnte, da er meinte, daß eine solche Übereinkunft für ihn unvorteilhaft sei, verordnete der Herzog, daß hinfort zu Lübeck gar kein Markt mehr sein und man daselbst nicht mehr kaufen oder verkaufen sollte, außer nur Nahrungsmittel. Und er befahl die Waren nach Bardowiek zu bringen, um seine Stadt zu heben. Zur selben Zeit ließ er auch die

[1] Kap. 55.

Salzquellen zu Oldeslo verschließen. Und dies Wort wurde unserem Grafen und dem Lande der Wagrier ein Ärgernis und eine Hemmung des Gedeihens.

77.
Vom Bischof Evermod

Auch das, glaube ich, darf nicht übergangen werden, 1152/54
daß als Gott das Gebiet der Kirche erweiterte, Herr Evermod, Propst von Magdeburg, zu Ratzeburg zum Bischof eingesetzt wurde; und der Graf der Polaben, Heinrich, gab ihm die Insel bei der Burg zu bewohnen. Außerdem ließ er 300 Hufen dem Herzog auf, damit er sie zur Ausstattung des Bistums verwende. Ferner überwies er dem Bischof die Zehnten vom Lande, von denen er jedoch die Hälfte zu Lehen nahm, wodurch er des Bischofs Lehnsmann wurde, mit Ausnahme indes der 300 Hufen, die mit dem vollen Ertrage aller ihrer Einkünfte einschließlich der Zehnten dem Bischof gehören. An der Anordnung dieser Angelegenheiten nahm Herr Ludolf, der Propst von Cuzelina, tätigen Anteil. Er sagte in Gegenwart unseres Grafen Adolf zum Grafen Heinrich: „Da der Graf des Polabenlandes gegen seinen Bischof sich gütig zu erweisen beginnt, so ziemt es sich, daß unser Graf seinerseits nicht weniger tue. Ja, von ihm steht noch Größeres zu erwarten, da er ein schriftkundiger Mann ist und wohl weiß, was Gott wohlgefällt." Da machte es unser Graf, wie der Graf der Polaben es gemacht hatte, und erließ von seinem Lehen 300 Hufen, welche dem Herzog überwiesen und von diesem zur Ausstattung des Bistums Aldenburg bestimmt wurden.

78.
Das Abscheiden des Vicelins

1154 Danach zog unser Herzog mit dem Könige zur Kaiserkrönung nach Italien. In seiner Abwesenheit verschlimmerte sich Vicelins Krankheit, so daß sein Ende eintrat. Er starb am 12. Dezember im Jahre 1154 der Fleischwerdung des Wortes. Auf dem bischöflichen Stuhl hatte er fünf Jahre und neun Wochen gesessen[1]. Sein Leichnam wurde in der Kirche zu Faldera beigesetzt, wobei der Bischof von Ratzeburg erschien und das Hochamt vollzog. Mit großer Andacht feierte man sowohl in Faldera als in Cuzelina das Gedächtnis des guten Vaters, und den Kirchenpflegern war vorgeschrieben, wieviel täglich zum Heil seiner Seele als Almosen verabreicht werden sollte. In Cuzelina aber befand sich ein Priester, namens Volkward, der für die Tafel zu sorgen hatte; er war gleich im Anfang mit Herrn Vicelin nach Faldera gekommen und hatte in allen Geschäften große Anstelligkeit. Dieser nun, der übertrieben sparsam war, versäumte es, die gestifteten Almosen für die Seele des guten Hirten darzureichen. Deshalb erschien der ehrwürdige Bischof, angetan mit dem priesterlichen Gewande, einer Frau, die im Gau von Segeberg wohnte, und sprach zu ihr: „Geh und sage dem Priester Volkward, daß er lieblos an mir handelt, da er mir das entzieht, was die fromme Gesinnung der Brüder zum Heile meiner Seele ausgesetzt hat.“ Die Frau antwortete ihm: „Wer, o Herr, hat euch Leben und Sprache wieder geschenkt? Ist es nicht weit und breit bekannt, daß ihr Jahr und Tag der Sprache beraubt gewesen und zuletzt gar gestorben seid? Woher kommt nun dies?“ Worauf er, sie mit freundlichem Blicke beruhigend,

[1] Die Rechnung ist nicht ganz genau.

sprach: „Es ist so, wie du sagst, aber diese Fähigkeiten habe ich jetzt in höherem Grade wieder erhalten. Künde also dem erwähnten Priester an, er solle schnell wieder ersetzen, was er mir entzogen hat; ja, setze noch hinzu, daß er neun Messen nach mir halten solle." Nachdem er das gesagt, verschwand er. Als dies dem Priester angezeigt wurde, begab er sich nach Faldera, um über diesen Gegenstand sich Rates zu erholen. Auf Befragen gestand er auch seine Schuld, wie der Mann Gottes sie verkündet hatte, und versprach den Fehler wieder gut zu machen. Was aber die neun Messen anbelangt, die der Priester nach ihm halten sollte, so blieb, da wir dies auf verschiedene Weise auslegten, das Wahre daran unbekannt; indes offenbarte der wirkliche Ausgang der Sache bald, was mit diesem dunklen Ausspruch gemeint war. Denn eben jener Priester lebte nur 1155
noch neun Wochen nach dem Tode des Bischofs, und so zeigte sich, daß die Zahl der Messen eine Hinweisung auf die Wochen enthielt.

79.
Wie Vicelin eine blinde Frau sehend machte

Jedoch auch das möchte ich andächtigen Sinnes nicht unerwähnt lassen, daß der hochberühmte Eppo, den der Bischof aus Achtung vor seinem frommen Wandel zu seinem nahen Vertrauten gemacht hatte, nun über des dahingeschiedenen Vaters Verlust untröstlich war. Da diese Trauer nun viele Tage hindurch währte, zeigte sich der Bischof einer keuschen und schlichten Jungfrau im Traume und sagte: „Sage unserem Bruder Eppo, er möge aufhören zu weinen, da ich mich wohl befinde und über sein Weinen nur traurig werde; denn siehe, ich trage seine Tränen an meinen Kleidern." Mit diesen Worten zeigte er ihr sein glänzend weißes Gewand, welches ganz von Tränen benetzt war.

Was soll ich aber sagen von jenem uns so wohlbekannten Mann, dessen Namen ich unterdrücke? Denn das halte ich für gut, weil er noch am Leben ist und in Faldera wohnt und ungenannt bleiben will. Dieser hörte, als seit dem Tode des Bischofs noch nicht dreißig Tage verflossen waren, denselben, wie er, ihm erscheinend, sagte, ihm sei neben dem weltberühmten Bernhard von Clairvaux zu ruhen verheißen. Als nun dieser ihm antwortete: „Wäret ihr doch schon in Ruhe!" erwiderte er: „Das bin ich, Gott sei Dank, obwohl ihr glaubt, ich sei gestorben; ich lebe aber und habe seitdem immer gelebt."

1154/55 Lieb aber und keineswegs lästig wird dem andächtigen Leser noch die Schilderung eines Vorfalls sein, welcher, durch das Zeugnis vieler bestätigt, zum Lobe Gottes und zur Empfehlung unseres Bischofs geschehen ist. In dem Kirchsprengel von Faldera, in einem Dorfe Horgene[1], lebte eine Frau, namens Adelburgis, welche der Bischof wegen ihres sittigen Lebenswandels gar sehr geschätzt hatte. Als sie späterhin erblindet war, pflegte sie der ehrwürdige Vater häufig zu trösten, und ermahnte sie, die väterliche Zuchtrute des Herrn mit Geduld zu ertragen und in der Trübsal nicht müde zu werden, zeigte ihr auch an, ihre Augen seien im Himmel aufbe-
1155 wahrt. Nach dem Hinscheiden des Bischofs aber war kaum ein Jahr verflossen, als jene Frau ihn in einem nächtlichen Gesichte bei sich stehen sah, und hörte, wie er sich nach dem Zustande ihrer Gesundheit angelegentlich erkundigte. Da antwortete sie: „Was habe ich für eine Gesundheit, die ich im Finstern sitzen muß und

[1] Groß- und Klein-Harrie bei Neumünster.

das Licht nicht sehen kann! Wie, ich bitte dich, o Herr, ist es mit deiner Vertröstung? Du sagtest ja, meine Augen seien im Himmel aufbewahrt. Ich aber schleppe mich fort in diesem Elend, und meine alte Blindheit dauert hartnäckig fort." Da sprach er: „Mißtraue nicht der Gnade unseres Gottes." Und sofort streckte er seine rechte Hand aus und machte das hochwürdige Zeichen des Kreuzes über ihren Augen und segnete sie. Als aber am Morgen die Frau erwachte, merkte sie, daß durch Gottes Eingreifen zugleich mit dem Dunkel der Nacht auch das Dunkel der Blindheit vertrieben war. Da sprang sie aus dem Bett und warf sich nieder auf die Erde, und jubelte und dankte, und ging, einen Führer zurückweisend, allein in die Kirche, wo sie allen ihren Bekannten und Freunden einen erbaulichen Anblick bot mit ihrem wiederhergestellten Augenlicht. Und sie verfertigte nachher mit ihren eigenen Händen einen Teppich zur Decke für das Grab des Bischofs, als Zeugnis und Denkmal ihrer Heilung.

Auch vieles andere tat Gott durch diesen Mann, was Lob und Erwähnung verdient, aber nicht geschrieben steht in diesem Buch. Also

Freue dich, Faldera, laut ob der Ehre des trefflichen Bischofs,
Birg seine Tugend im Geist, birg sein Gebein in der Gruft.

Auch ihr, die ihr an der hohen Tafel der Lübecker Kirche sitzet, preiset diesen Mann, diesen Mann, sage ich, den ich in schlichter Rede euch vorführe; in schlichter Rede, weil in wahrhafter. Denn nicht werdet ihr ihn ganz verleugnen können, der zuerst in eurer Stadt „den Stein aufrichtete zu einem Male und Öl oben darauf goß[1]".

[1] 1. Mos. 28,18.

80.
Vom Bischof Gerold von Aldenburg

1154 Nach dem Tode des Bischofs Vicelin gaben die Bürger von Faldera, weil sie der Mühe überdrüssig waren, ihr untergeordnetes Verhältnis zum Bistum Aldenburg auf und wählten sich den Herrn Eppo, einen heiligen Mann, zum Propst. Die Wahl des neuen Bischofs blieb dem Herzog vorbehalten. Es war aber damals ein Priester, namens Gerold, ein geborener Schwabe von guter Abkunft, Kapellan des Herzogs; dieser war in der Heiligen Schrift so wohl bewandert, daß er in Sachsen nicht leicht seinesgleichen hatte, in einem kleinen Körper ein großer Geist. Er war Meister der Schule zu Braunschweig und Domherr ebendaselbst, und wegen seines enthaltsamen Lebenswandels vom Herzog geschätzt. Denn außer der Reinheit des Herzens, die nur Gott kennt, galt er nach dem allgemeinen Urteil für durchaus keusch an seinem Leibe. Darum hatte er die Absicht, in Riddagshausen[1] unter dem Abt Konrad, dessen Bruder er durch die Bande des Bluts und der Liebe war, als Mönch einzutreten. Am Hofe des Herzogs nämlich verweilte er mehr mit dem Körper, als mit der Seele. Als nun die Kunde erscholl, der Bischof Vicelin sei gestorben, redete die Frau Herzogin den Priester Gerold folgendermaßen an: „Wenn du die Absicht hast, Gott durch ein strenges Leben zu dienen, so übernimm eine nützliche und gewinnreiche Arbeit: gehe ins Land der Slaven und wirke in dem Werke, welches Bischof Vicelin geübt hat. Denn tust du das, so wirst du sowohl dir, als anderen nützen. Jede gute Tat ist um so besser,

[1] Bei Braunschweig.

je gemeinnütziger sie ist." Darauf berief die hohe Frau durch ein Sendschreiben den Propst Ludolf von Cuzelina zu sich und sandte mit ihm den Priester Gerold, den sie ihm empfahl, nach Wagrien, damit der letztere daselbst zum Bischof erwählt würde. Volk und Geistlichkeit genehmigten einstimmig durch ihre Wahl den herzoglichen Antrag. Damals war gerade der Bischof[1], der den Erwählten weihen mußte, abwesend. Er war nämlich dem Herzog von Anfang an feind, trachtete damals aber um so eifriger, denselben in die Ferse zu verwunden, da der Herzog von dem Zuge nach Italien in Anspruch genommen war. So befestigte er gegen den Herzog seine Burgen zu Stade, Vorden, Harburg und Freiburg[2].

Damals sagten die Fürsten von Ostsachsen und einige von Baiern einer Verschwörung wegen, wie es hieß, eine Zusammenkunft an, und der miteingeladene Erzbischof traf sich mit ihnen im Böhmerwald. Als er aber nachher wieder heimeilte, wurde ihm von den Herzoglichen die Rückkehr in seinen Sprengel verwehrt, und so ausgeschlossen blieb er beinahe ein ganzes Jahr in Ostsachsen. Darum machte sich unser Neuerwählter auf und begab sich zu ihm nach Sachsen, wo er den Gesuchten in Merseburg fand, als er gerade damit umging, das Bistum Aldenburg einem andern zu übertragen. Er hatte nämlich beschlossen, einen Propst in dortiger Gegend, der sich um ihn wohlverdient gemacht hatte, mit dieser Würde zu belohnen, indem er dabei von den Reichtümern dieses Bistums viel Rühmens machte, obwohl ohne Grund. Als er nun von der Ankunft des Sept./Okt.

[1] Der Erzbischof Hartwig von Bremen.
[2] Stade, Bremervörde, Harburg, Kedingen.

Herrn Gerold hörte, wurde er sehr bestürzt, und fing an zu versuchen, ob er die Wahl nicht als ungültig darstellen könnte, unter dem Vorgeben, eine Kirche, die noch unreif und von Personen so gut wie leer sei, könne ohne seine Erlaubnis weder wählen, noch überhaupt etwas entscheiden. Die Unseren aber begannen dagegen einzuwenden, daß die vorgenommene Wahlhandlung gültig sei, da sie auf den Antrag des Herzogs, auf die Zustimmung der Geistlichkeit und auf die gehörige Befähigung der Person des Erwählten begründet sei. Da sagte der Erzbischof: „Es ist hier weder an der Zeit noch am Orte, auf diese Dinge einzugehen; das Bremer Kapitel wird, wenn ich zurückkomme, die Sache ausmachen." Da also der Neuerwählte sah, daß der Erzbischof ihm entgegen war, sandte er den Propst Ludolf und die, welche mit ihm nach Wagrien gekommen waren, zurück, er selbst aber reiste rasch fort nach Schwaben, um von da dem Herzog durch einen Abgeordneten von seiner Lage Kunde zu geben. Der Herzog sandte ihm darauf die Weisung zu, er möge schnell nach der Lombardei kommen, um mit ihm die Reise nach Rom fortzusetzen. Als er aber diesem Auftrage nachkam, wurde er an der Grenze von Schwaben von Räubern angefallen, wobei ihm sein Reisegeld abgenommen und er mit einem Schwerte an der Stirn schwer verwundet wurde. Auch dadurch ließ sich der Mann mit seinem feurigen Geist nicht hindern, den begonnenen Weg fortzusetzen, und als er in Tortona, wo das königliche Lager sich befand, eintraf, wurde er vom Herzog und seinen Freunden gütig empfangen. Darauf griff der König mit allen Fürsten Tortona an und belagerte es lange Zeit. Zuletzt als er es erobert hatte, ließ er die Mauern einrei-
18. 4. 1155 ßen und die Stadt dem Erdboden gleichmachen. Als danach das Heer aufbrach, ließ der Herzog unsern Bi-

schof mit sich nach Italien reisen, um ihn dem Papste vorzustellen.

Die Römer schickten Gesandte an den König ins Lager, mit der Anzeige, der Senat und die gesamte Bürgerschaft der Stadt seien bereit, ihn im Triumphzuge zu empfangen, wenn er sich auf kaiserliche Art benehme. Als er darauf sagte, wie er sich benehmen solle, antworteten sie: „Der König, der nach Rom kommt, um zum Kaiser erhoben zu werden, muß dem Herkommen gemäß, das heißt auf einem goldenen Wagen im Purpurgewande kommen und im Krieg bezwungene Herrscher und die Schätze überwundener Völker vor sich einherführen. Außerdem muß er die Stadt ehren, welche das Haupt des Erdkreises ist und die Mutter des Reiches, und muß dem Senate erlegen, was durch Verordnungen festgesetzt ist, nämlich 15000 Pfund Silbers, damit hierdurch das Wohlwollen des Senates erweckt werde und man ihm die Ehre des Triumphzuges gewähre, und damit er, den die Wahl der Fürsten des Reiches zum König erlesen hat, durch die Hoheit des Senates schließlich zum Kaiser erhoben werde." Darauf antwortete der König lächelnd: „Eure Versprechungen sind ganz angenehm, aber der Preis ist zu hoch. Ihr Männer Roms verlangt große Dinge von unserer ganz ausgeleerten Schatzkammer. Ich glaube aber, ihr sucht Streit mit uns, da ihr Unbilliges von uns verlangt. Ihr werdet jedoch vernünftiger handeln, wenn ihr dies aufgebt und es lieber mit unserer Freundschaft als mit unseren Waffen versucht." Jene aber bestanden nur um so hartnäckiger darauf, indem sie erklärten, die Rechte der Stadt dürften durchaus nicht umgestoßen werden, sondern er müsse tun, was der Senat verlange, sonst würde man ihm, wenn er käme, die Tore der Stadt verschließen.

81.
Die Weihe Kaiser Friedrichs

8. 6. 1155 Nachdem der König diese Rede angehört hatte, ließ er durch die angesehensten Würdenträger den Papst Adrian zu sich ins Lager rufen, um mit demselben sich zu beraten. Denn die Römer hatten auch den Papst in vielen Stücken beleidigt. Als dieser nun im Lager anlangte, kam ihm der König eilends entgegen, hielt ihm, wie er vom Pferde stieg, den Steigbügel und führte ihn an der Hand in sein Zelt. Nachdem darauf Stille eingetreten war, nahm der Bischof von Bamberg im Namen des Königs und der Fürsten das Wort und sprach[1]: „Die ehrenvolle Gegenwart deiner Heiligkeit, apostolischer Seelenhirt, erfüllt uns mit einer, der Sehnsucht, mit der wir sie erwartet haben, entsprechenden Herzensfreude, und wir danken Gott, der alles Gute in reichem Maße spendet, dafür, daß er uns von der Heimat hinweg an diesen Ort geleitet und uns deines hochheiligen Besuches gewürdigt hat. Wir tun dir, ehrwürdiger Vater, kund, daß diese ganze Kirche hier von den äußersten Grenzen des Erdkreises her dem Reiche zu Ehren versammelt ist, um ihren Fürsten deiner Heiligkeit zuzuführen, damit du ihn erheben mögest auf den Gipfel kaiserlicher Ehre, ihn, einen Mann, der ausgezeichnet ist durch den Adel seines Geschlechtes, geziert durch Klugheit des Geistes, beglückt durch Siege, dazu auch in göttlichen Dingen sehr hervorragend, ein treuer Beobachter des reinen Glaubens, ein Freund des Friedens und der Wahrheit, ein Verehrer der heiligen Kirchen überhaupt, vor allem aber der heiligen römischen

[1] Helmold gibt diese Rede aus der Erinnerung nach mündlichen Berichten Bischof Gerolds wieder. Da ist manches entstellt, anderes wird durch andere Berichte bestätigt.

Kirche, die er wie eine Mutter liebt, so daß er nichts von dem unbeachtet läßt, was die Überlieferung der Vorfahren zu Ehren Gottes und des Apostelfürsten darbringen heißt. Ein Beispiel und eine Bestätigung dafür gibt die Demut, die er soeben an den Tag gelegt hat; denn er hat sich beeilt, dich, als du kamst, zu empfangen, und hat, deine hochheiligen Spuren verehrend, getan, was sich gebührte. So gleibt denn nur noch übrig, daß auch du, Herr Vater, auch in betreff seiner das vollziehest, was dir obliegt, damit, was ihm an der Fülle der kaiserlichen Hoheit noch fehlt, mit Gottes Gnade durch deine Hand ergänzt werde." Darauf antwortete der Papst: „Was du sagst, Bruder, sind leere Worte. Du sagst, dein Fürst habe dem heiligen Petrus die gebührende Ehrfurcht erwiesen. Allein dem heiligen Petrus ist wohl eher eine Mißachtung widerfahren; denn während der König den rechten Steigbügel halten mußte, hat er den linken gehalten." Als dies durch den Dolmetscher dem König mitgeteilt war, sagte er voll Demut: „Sagt ihm, daß dies nicht aus Mangel an Achtung, sondern aus Unkunde geschehen sei. Denn ich habe mich bisher nicht viel mit dem Halten von Steigbügeln abgegeben, vielmehr ist der Papst, so viel ich mich erinnere, der Erste, dem ich eine solche Höflichkeit erwiesen habe." Ihm erwiderte der Papst: „Wenn er eine so leichte Sache aus Unwissenheit vernachlässigt hat, wie, glaubt ihr, wird er dann mit den größten Dingen fertig werden?" Da entgegnete der König, ein wenig erregt: „Ich möchte doch genauer erfahren, woher diese Sitte rührt, ob sie eine Sache des Wohlwollens oder der Pflicht sei? Ist es nur Wohlwollen, so darf der Papst sich nicht beschweren, wenn eine Höflichkeit, die nur auf freiem Willen, nicht auf einem Rechtsgrunde beruht nicht ganz wie gewöhnlich beobachtet

worden ist. Sagt ihr aber, diese Ehrenbezeigung gebühre dem Apostelfürsten zufolge der aus der ersten Einsetzung herrührenden Schuldigkeit, so frage ich, was ist denn für ein Unterschied zwischen dem rechten und dem linken Steigbügel, wofern nur die Demut bewahrt wird und der Fürst sich zu den Füßen des höchsten Seelenhirten beugt?“ So wurde lange und heftig gestritten; zuletzt schieden beide voneinander ohne den Friedenskuß. Da nun die, welche für die Säulen des Reiches galten, befürchteten, daß ihre Mühe verloren gehen und alles vereitelt werden möchte, überwanden sie durch vieles Zureden das Herz des Königs, so daß er den Papst wieder ins Lager zurückrief. Als derselbe
10. 6. 1155 dann wiederkam, empfing ihn der König mit erneuter, vollständig erwiesener Höflichkeitsbezeigung. Als nun alle heiter wurden und über die Übereinkunft sich freuten, sagte der Papst: „Noch ist etwas zu tun übrig, was euerem Fürsten obliegt. Er muß dem heiligen Petrus Apulien wieder erwerben, welches Wilhelm von Sizilien mit Gewalt sich angeeignet hat. Ist das geschehen, dann mag er zu uns kommen, um gekrönt zu werden.“ Darauf entgegneten die Fürsten: „Wir liegen schon lange Zeit im Lager und es fehlt uns an Geld, und du verlangst, daß wir dir Apulien wieder erwerben, und dann erst soll es zur Weihe kommen? Das ist hart und übersteigt unsere Kräfte. Viel angemessener ist es, wenn vorher die Handlung der Kaiserweihe vollzogen wird, damit wir ins Vaterland zurückkehren und uns etwas von den erduldeten Strapazen erholen können; nachher werden wir dann besser gerüstet wiederkommen, um zu vollenden, was jetzt noch zu tun übrigbleibt.“ Und Gott, vor dem sich beugen müssen die stolzen Herren, fügte es so, daß der Papst nachgab und den Wünschen der Fürsten beipflichtete. Als auf diese Weise die Ein-

tracht hergestellt war, setzten sie sich zur Beratung nieder, um über ihren Einzug in die Stadt zu verhandeln und zu erwägen, wie sie sich vor einem hinterlistigen Überfall von seiten der Römer hüten könnten.

Damals ging unser Herzog den Papst an mit der Bitte, dem Aldenburger Erwählten die Weihe zu erteilen. Dieser aber schlug dies auf eine höfliche Weise ab, indem er sagte, er würde diese Bitte gerne erfüllen, wenn es ohne Beeinträchtigung der Rechte des Metropolitans geschehen könnte. Denn der Hamburger Erzbischof hatte den Papst brieflich benachrichtigt und ihn gebeten, sich dieser Weihe zu enthalten, da sie ihm zur Unehre gereichen würde.

Als sie sich nun der Stadt näherten, schickte der König heimlich in der Nacht 900 Geharnischte in den Dom St. Peters, zugleich mit den Abgesandten des Papstes, welche den Wachen die Aufträge desselben überbrachten und das Kriegsvolk durch eine Hintertür in den Dom und in die Burg einließen. Am Morgen kam dann 18. 6. 1155
der König mit dem ganzen Heer und der Papst trat mit der Schar der Kardinäle hervor und empfing ihn an den Stufen der Kirchentreppe, worauf sie in den Dom St. Peters einzogen und die Handlung der Weihe begannen. Die Krieger aber umstanden wohlbewaffnet den Dom und das Haus und beobachteten den König, bis die heilige Handlung vollzogen war. Als aber das Werk der Kaiserkrönung an ihm vollendet war, verließ er die Mauern der Stadt, und der ermüdete Kriegsmann erholte sich an Speise und Trank. Während dieses Mahls jedoch machten die Lateranischen einen Ausfall, überschritten den Tiber und beunruhigten zuerst das Lager des Herzogs, welches an die Mauern stieß, und mit lautem Geschrei eilte das Heer zur Gegenwehr aus dem Lager hervor. Und es wurde ein harter Streit

an diesem Tage. Da kämpfte unser Herzog tapfer an der Spitze des Heeres, die Römer wurden besiegt und erlitten eine große Niederlage. Als der Sieg errungen war, wurde der Name des Herzogs vor allen andern Kämpfern des Heeres hochgepriesen. Um ihn deshalb zu ehren, übersandte der Papst ihm Geschenke und trug dem Boten auf und sagte zu ihm: „Melde ihm, daß ich morgen, so Gott will, seinen Neuerwählten weihen werde.“ Über dieses Versprechen freute sich der Herzog. Am andern Morgen also veranstaltete der Papst
. 6. 1155 ein öffentliches Fest und segnete unsern Bischof mit großer Feierlichkeit ein.

82.
Von der Aufknüpfung der Veroneser

Nachdem die Römer beim Papst wieder zu Gnaden gekommen waren, schickte sich das Heer des Kaisers an, wieder heimzuziehen und kam, Italien verlassend, in die Lombardei. Als sie auch diese durchzogen hatten, erschienen sie vor Verona, wo der Kaiser samt dem Heere in große Gefahr kam. Es ist nämlich Gesetz, daß die Veroneser dem Kaiser, wenn er die Lombardei verläßt, eine Schiffbrücke über den Fluß bauen müssen, der Etsch heißt und so heftig strömt wie ein Gießbach, so daß er nirgends eine Furt zum Hindurchgehen darbietet. Als nun das Heer hinübergezogen war, wurde jene Brücke sogleich vom Strom fortgerissen; das Heer aber, welches weitereilte, kam an einen Engpaß, welcher die Klause heißt, wo zwischen Felsen, deren Spitzen fast den Himmel berühren, ein so enger Weg sich fortzieht, daß kaum zwei nebeneinander hergehen können. Die Veroneser hatten den Gipfel des Berges besetzt und schleuderten von da herab ihre Geschosse und ließen keinen vorbeiziehen. Dann ließen sie den Kaiser fragen, was er geben wolle, um sich und die Seinen zu retten. Der Kaiser, der sich ringsum vom Fluß und von Bergen umgeben sah, geriet in unglaubliche Bestürzung; er ging in sein Zelt, legte seine Fußbekleidung ab und betete am lebenbringenden Kreuze des Herrn, und alsbald fand er denn auch, von Gott erleuchtet, Rat. Er ließ die Veroneser, welche bei ihm waren, rufen und sagte zu ihnen: „Zeigt mir einen verborgenen Pfad, der auf den Gipfel des Berges führt, sonst lasse ich euch die Augen ausstechen." Jene nun, voll Furcht, entdeckten ihm die Aufgänge des Berges, welche sofort die tapfersten Krieger erstiegen, so die Feinde im Rücken überfielen, sie im Kampfe auseinandertrieben und die Vornehmen derselben gefangen nahmen und vor den Kaiser führten. Dieser ließ sie aufknüpfen. Nachdem auf diese Weise die Hindernisse beseitigt waren, setzte das Heer seinen Zug fort.

83.
Die Aussöhnung der Bischöfe Hartwig und Gerold

Danach begab sich unser Bischof, nachdem er Urlaub vom Herzog genommen hatte, nach Schwaben, wo er ehrenvoll von seinen Freunden empfangen und einige Tage zurückgehalten wurde; dann wandte er sich nach Sachsen, setzte über die Elbe und kam nach Wagrien, um die Arbeit zu beginnen, zu der er bestimmt war. Als er nun endlich sein Bistum betrat, fand er nicht einmal so viel Mittel vor, daß sie auch nur für einen Monat zu seinem Unterhalt ausgereicht hätten. Denn die Genossenschaft von Faldera war nach dem Tode des seligen Bischofs Vicelin aus Rücksicht sowohl auf ihren Vorteil als auf größere Ruhe zur Kirche von Hamburg übergegangen. Der Propst Ludolf aber und die Brüder in Hagersdorf glaubten genug zu tun, wenn sie den Bischof bei seinen Besuchen gastlich aufnähmen. Nur das Gut Bosau diente dem Unterhalt des Bischofs, das noch leer und unangebaut war. Nach dem Besuch und einer Ansprache an seine Pfarrkinder kehrte der Bischof daher wieder an die Elbe zurück, um mit dem Erzbischof bei Stade sich zu unterreden. Da aber der Erzbischof in seinem Stolz und Hochmut ihn lange hinhielt und der Zutritt zu ihm schwierig war, sagte unser Bischof zum Abt von Riddagshausen und zu den Übrigen, die mit ihm gekommen waren: „Was sitzen wir hier, Brüder? Gehen wir, dem Manne ins Antlitz zu sehen!“ Und ohne zu zagen, ging er hinein zum Kirchenfürsten und empfing den Kuß, jedoch ohne ein Wort der Begrüßung. Da sprach unser Bischof: „Ihr sprecht nicht zu mir? Was habe ich verbrochen, daß ich keines Grußes wert bin? Lasset uns, wenn's euch beliebt, Schiedsrichter bestellen, die unter uns entscheiden mögen. Ich bin, wie ihr wißt, nach Merseburg gekommen und habe um euren Segen gebeten, ihr aber habt ihn mir verweigert. So bin ich notgedrungen nach Rom gereist, um vom apostolischen Stuhle zu erlangen, was ihr mir nicht gewähren wolltet. Folglich habe ich mehr Grund zu zürnen, als ihr, da ihr mich in die lästige Notwendigkeit versetzt habt, diese Reise zu unternehmen.“ Darauf erwiderte der Erzbischof: „Welche so unausweichliche Ursache trieb euch denn nach Rom, die Mühe und die Kosten der Reise zu übernehmen? Etwa weil ich, da ich mich in einer fremden Gegend befand, euer Gesuch verschob, bis ihr es angesichts unserer eigenen Kirche wiederholen konntet?" – „Ihr habt es verschoben", entgegnete unser Bischof, „um unsere Sache hinfällig zu machen, denn das habt ihr, laßt uns nur die Wahrheit gestehen, ganz offen und bestimmt erklärt. Doch gelobt sei Gott, der uns in seinem Dienste zu einem Ziele hat gelangen lassen, welches zu erreichen zwar mühevoll war, welches aber jetzt desto mehr Freude gewährt." Darauf antwortete der Erzbischof: „Der apostolische Stuhl hat bei eurer Weihe, die uns dem Rechte nach zukam, von seiner Macht, der wir uns freilich nicht widersetzen können, Gebrauch gemacht. Allein dieses Unrecht ist er dadurch wieder gut zu machen bedacht gewesen, daß er uns brieflich kund gegeben hat, durch diese Handlung sei unserem Ansehen und eurer Unterordnung unter uns nicht vergeben." Der Bischof erwiderte: „Ich weiß und leugne es nicht, daß es so ist, wie ihr sagt, und darum gerade bin ich gekommen, um mich gegen euch so zu bezeigen, wie ihr es verlangen könnt, damit die Zwietracht beigelegt und der Friede wieder hergestellt werde. Auch denke ich, wäre es gerecht, wenn ihr uns, die wir euch als unserem Oberen die geziemende Ehrerbietung erweisen, eine Unterstützung zu unserem Lebensunterhalte zukommen ließet. Denn dem Kämpfenden gebührt sein Lohn." Nachdem er das gesagt, schlossen sie beide Freundschaft und versprachen einander gegenseitig in Bedrängnissen zu helfen.

Von da aufbrechend, begab sich unser Bischof Gerold nach Bremen, um den Herzog zu treffen. Denn dieser, beleidigt von denjenigen Friesen, die Rustrer heißen, kam am 11. November nach Bremen, und nahm alle Rustrer, die zu Markt gekommen waren, gefangen und bemächtigte sich ihrer Waren. Als nun der Herzog unsern Bischof fragte, wie er vom Erzbischof empfangen sei, sprach er Gutes von ihm und suchte ihm über denselben eine mildere Gesinnung einzuflößen. Denn die alte Feindschaft, die längst zwischen ihnen bestanden hatte, fand damals Gelegenheit zum Ausbruche, weil der Erzbischof, seinen Eid übertretend, den Zug nach Italien unterlassen hatte und somit der Majestätsbeleidigung schuldig war. Daher kam auch ein Abgeordneter des Kaisers nach Bremen, besetzte alle bischöflichen Höfe und zog, was er fand, für den kaiserlichen Schatz ein. Dasselbe geschah dem Bischof Othelrich von Halberstadt.

Als darauf der Herzog wieder nach Braunschweig zurückkehrte, geleitete ihn unser Bischof und beging mit ihm das Fest der Geburt des Herrn. Nachdem diese Feier vollzogen war, kehrte unser Bischof nach Wagrien zurück, indem er seinen Bruder, den Abt von Riddagshausen, mitnahm, und begab sich nach Aldenburg, um den Tag der Erscheinung des Herrn am Hauptsitze des Bistums zu feiern. Die Stadt aber war ganz verlassen, hatte weder Mauern noch Einwohner, nur eine kleine Kapelle, die der heilige Vicelin dort errichtet hatte. Dort hielten wir in der heftigsten Kälte unter Haufen von Schnee das heilige Amt ab. Von den Slaven waren keine Zuhörer da, außer Pribizlaw und einigen wenigen. Nach Vollziehung der heiligen Handlung bat Pribizlaw, wir möchten in sein Haus, welches in einem weiter entfernten Dorfe lag, einkehren. Da nahm er uns mit eifriger Bemühung auf und rüstete ein reiches Mahl für uns. Zwanzig Gerichte belasteten die uns hingestellte Tafel. Da habe ich durch eigene Erfahrung kennengelernt, was ich vorher nur vom Hörensagen wußte, daß kein Volk, was Gastlichkeit anlangt, ehrenwerter ist, als die Slaven. Denn in der Aufnahme von Gästen sind alle eines Sinnes und gleich eifrig, so daß niemand um Gastfreundschaft zu bitten braucht. Was sie durch Ackerbau, Fischerei oder Jagd erwerben, geben sie alles mit vollen Händen hin, und preisen den als den Tapfersten, der der Verschwenderischste ist. Durch die Sucht, hierin Aufsehen zu erregen, lassen sich viele zu Diebstahl und Raub verleiten. Diese Verbrechen gelten bei ihnen für verzeihlich, und man entschuldigt und bemäntelt sie mit dem Streben nach Gastlichkeit. Denn nach den Gebräuchen der Slaven muß man, was man in der Nacht gestohlen hat, am andern Morgen unter seine Gastfreunde verteilen. Wenn aber einer, was jedoch sehr selten vorkommt, einem Fremden Aufnahme verweigert zu haben überführt wird, dessen Haus und Habe darf man niederbrennen, und alle stimmen in der Ansicht überein, daß sie sagen, der sei verrufen und niedrig und verdiene von allen geschmäht zu werden, der sich nicht scheue, einem Fremden Brot zu versagen.

84.
Die Bekehrung des Pribizlaw

Bei dem Fürsten blieben wir die Nacht und dann noch den folgenden Tag und wieder die Nacht, und begaben 6./7. 1.
uns darauf nach dem ferneren Slavenlande, um bei 1156
einem angesehenen Manne namens Thessemar, der uns eingeladen hatte, zu Gaste zu gehen. Es traf sich aber, daß wir auf unserem Zuge in einen Wald kamen, welcher der einzige in jenem Lande ist; denn dasselbe besteht ganz aus einer Ebene. Da sahen wir unter sehr alten Bäumen heilige Eichen, welche dem Prove, dem Gotte jenes Landes, geweiht waren; diese umgab ein freier Hofraum und ein sehr sorgfältig aus Holz gebauter Zaun, in dem sich zwei Pforten befanden. Denn

außer den Hausgöttern und den Götzen, die jedes einzelne Dorf im Überfluß hatte, war dieser Ort das Heiligtum des gesamten Landes, und für denselben ein besonderer Oberpriester, sowie besondere Feste und verschiedene Arten von Opfern bestimmt. Dort pflegte am zweiten Tage jeder Woche das Volk mit dem Priester und dem Fürsten zum Gerichte zusammenzukommen. Der Eintritt in den Hofraum war allen verwehrt, außer dem Priester und denen, die opfern wollten, oder die von Todesgefahr bedrängt wurden; denn diesen wurde Schutz und Zuflucht hier niemals verweigert. Die Slaven haben nämlich solche Ehrfurcht vor ihren Heiligtümern, daß sie nicht dulden, daß der Bezirk eines solchen mit Blut, sei es auch von Feinden, befleckt werde. Zum Eid lassen sie es selten kommen; denn schwören ist bei ihnen beinahe so viel wie sich verschwören, nämlich den rächenden Zorn der Götter auf sich herabrufen. Die Slaven haben vielerlei Götzendienst; denn sie stimmen nicht alle in derselben Art von Aberglauben überein. Die einen stellen nämlich phantastische Götzenbilder in den Tempeln zur Schau aus, wie z.B. das Götzenbild zu Plön, welches sie Podaga nennen; andere bewohnen Wälder und Haine, wie der Gott Prove zu Aldenburg; von solchen gibt es keine Bilder. Viele Götzen stellen sie auch mit zwei, drei oder noch mehr Köpfen dar. Bei aller Mannigfaltigkeit derjenigen Götter aber, denen sie Fluren und Wälder, Leiden und Freuden zuschreiben, leugnen sie doch nicht, daß ein Gott im Himmel über die übrigen herrsche; dieser vor allen gewaltige aber, sagen sie, sorge nur für die himmlischen Angelegenheiten, die anderen aber gehorchen ihm, indem sie die ihnen von ihm übertragenen Ämter verwalten; sie seien aus seinem Blute entsprossen, und jeder Gott stehe um so höher, je näher er

diesem Gott der Götter stehe. Als wir an diesen Hain 8. 1. 1156
und an diesen Ort der Unheiligkeit kamen, ermahnte uns der Bischof, daß wir tüchtig daran gehen möchten, den Hain zu zerstören. Er selbst sprang vom Pferde und zerschlug mit seinem Stabe die ausgezeichnet verzierten Vorderseiten des Tores; darauf traten wir in den Hof und häuften alle Zäune um jene heiligen Bäume herum auf, und machten einen Scheiterhaufen, den wir anzündeten, jedoch nicht ohne Besorgnis, von den Eingeborenen überfallen zu werden; allein Gott schützte uns. Danach wandten wir uns vom Wege ab nach dem Hause unseres Wirtes Thessemar, der uns mit großem Gepränge empfing. Indes machten die Becher der Slaven uns doch nicht Lust und Freude, weil wir die Fesseln und verschiedene Marterwerkzeuge sahen, die für die aus Dänemark herbeigebrachten Christen gebraucht wurden. Da sahen wir Priester des Herrn durch lange Gefangenschaft ganz abgemagert, denen doch der Bischof weder mit Gewalt noch durch Bitten helfen konnte.

Am folgenden Sonntag kam das ganze Volk des Landes auf dem Markte zu Lübeck zusammen; dort fand sich auch der Bischof ein, und hielt an die versammelte Menge eine Anrede, in der er sie ermahnte, die Götzen aufzugeben und den einigen Gott, der im Himmel ist, zu verehren, und sich taufen zu lassen und den bösen Werken zu entsagen, nämlich dem Berauben und Morden der Christen. Als er ausgeredet hatte, antwortete auf einen Wink der Übrigen Pribizlaw: „Deine Worte, ehrwürdiger Bischof, sind Worte Gottes und dienen zu unserem Heile. Aber wie sollen wir diesen Weg betreten, da wir in so viele Übel verwickelt sind? Damit du unsere traurige Lage begreifen kannst, so höre mit Geduld meine Worte an; denn das Volk, das du vor dir siehst, ist dein Volk, und es ist recht, daß wir dir unsern Notstand vorlegen; dann wird es dir gebühren, mit uns Mitleid zu haben. Eure Fürsten nämlich verfahren mit solcher Strenge gegen uns, daß wegen des großen Drukkes der Abgaben und der harten Knechtschaft uns der Tod lieber ist, als das Leben. Siehe, in diesem Jahre haben wir, die Bewohner dieses kleinen Erdenwinkels, dem Herzoge ganze 1000 Mark bezahlt, dazu dem Grafen ebenso viele Hunderte, und doch sind wir noch nicht darüber weg, sondern werden noch tagtäglich gepreßt und gedrängt, so daß wir fast ganz zugrunde gerichtet sind. Wie sollen wir uns nun diesem neuen Glauben hingeben, daß wir Kirchen erbauen und uns taufen lassen, wir, denen täglich die Vertreibung angedroht wird? Und hätten wir noch einen Ort, wohin wir entfliehen könnten! Aber wenn wir über die Trave gehen, so ist dort dasselbe Unglück, und kommen wir an die Peene, so ist es auch dort ebenso. Was bleibt uns also anderes übrig, als das Land zu verlassen und aufs Meer zu fahren, um in den Wellen zu wohnen? Oder welche Schuld trifft uns, wenn wir, aus dem Vaterlande vertrieben, das Meer unsicher machen und von den Dänen oder den Kaufleuten, die dasselbe befahren, unsern Lebensunterhalt nehmen? Werden nicht die Fürsten, die uns hierzu treiben, daran schuld sein?" – Darauf erwiderte der Bischof: „Daß unsere Fürsten bisher euer Volk mißhandelt haben, ist nicht zu verwundern; denn sie glauben an Götzendienern und solchen, die ohne Gott sind, sich nicht eben groß zu versündigen. Darum nehmt lieber zum christlichen Glauben eure Zuflucht und unterwerft euch eurem Schöpfer, unter den sich beugen müssen die stolzen Herren[1]. Leben nicht die Sachsen und die übrigen Völker, die den Chri-

[1] Hiob 9,13.

stennamen führen, in Ruhe, zufrieden mit ihren gesetzlichen Rechten? Ihr dagegen seid die einzigen, die von der Religion, zu der sich alle bekennen, abweichen, und deshalb auch von allen sich plündern lassen müssen."
Da sprach Pribizlaw: „Wenn es dem Herrn Herzog und dir beliebt, daß wir denselben Glauben haben sollen wie der Graf, so mögen uns dann auch die Rechte der Sachsen in bezug auf Güter und Steuern zuteil werden; dann wollen wir gerne Christen werden, Kirchen bauen und unsere Zehnten entrichten."
Darauf begab sich unser Bischof Gerold zum Herzog zur Landesversammlung, welche zu Artlenburg angesagt war, und auch die dazu aufgeforderten Fürsten der Slaven kamen dorthin zum Landtage. Da hielt, vom Bischof aufgefordert, der Herzog an die Slaven eine Vermahnungsrede wegen des Christentums. Ihm antwortete Niclot, der Fürst der Obotriten: „Sei der Gott, der im Himmel ist, dein Gott und du, sei du unser Gott, so genügt es uns[1]. Verehre du jenen, wir werden dich verehren." Der Herzog aber verwies ihm diese Lästerrede. Zur Förderung der Angelegenheiten des Bistums und der Kirche aber geschah damals weiter nichts, weil unser Herzog, erst vor kurzem aus Italien zurückgekehrt, nur auf neuen Erwerb dachte. Denn die Schatzkammer war wüst und leer.[2]
Als nun der Herzog heimkehrte, begleitete ihn der Bischof nach Braunschweig und blieb bei ihm lange Zeit. Und er sagte, zum Herzog: „Sehet, jetzt bin ich schon ein ganzes Jahr lang an eurem Hofe und falle euch zur Last; gehe ich aber nach Wagrien, so habe ich nichts zu leben. Warum habt ihr mir denn diesen Titel und dieses Amt aufgebürdet? Ich hatte es früher weit besser als

[1] Joh. 14,8.
[2] 1. Mos. 1,2.

jetzt." Auf diese Worte hin berief der Herzog den Grafen Adolf zu sich und hielt mit ihm Abrechnung über die 300 Hufen, welche dem Bistum zur Ausstattung bestimmt waren. Demnach überwies der Graf dem Bischof den Besitz von Eutin und Gamale samt Zubehör. Überdies fügte er zu der Besitzung Bosau zwei Dörfer, Hutzfeld und Wöbs, hinzu. Auch in Aldenburg schenkte er ihm eine sehr passende und am Markte belegene Besitzung. Und der Graf sprach: „Der Herr Bischof gehe nach Wagrien und lasse unter Zuziehung von sachverständigen Männern diese Besitzungen abschätzen; was dann noch an den 300 Hufen fehlt, will ich ergänzen; bleibt aber etwas übrig, so gehört das mir." Der Bischof kam also hin, besah sich die Güter und fand bei einer mit den Ansiedlern angestellten Untersuchung, daß diese Ländereien kaum 100 Hufen umfaßten. Deshalb ließ der Graf das Land nach einem kurzen, bei unseren Landsleuten unbekannten Längenmaße messen, und schloß noch dazu Moore und Holzungen in seine Berechnung ein, und brachte so eine sehr große Anzahl von Landstücken heraus. Als alsbald die Sache vor den Herzog gebracht wurde, tat er den Ausspruch, dem Bischof sollte das Maß nach der Sitte dieses Landes gegeben werden und Moore und dichtere Waldungen sollten gar nicht mit vermessen werden. So gab man sich denn viele Mühe, diese Besitzungen zu erlangen; aber weder der Herzog, noch der Bischof konnten es bis auf den heutigen Tag durchsetzen.

Die Besitzungen, welche ich eben erwähnt habe, erwarb Bischof Gerold, indem er täglich, sei es zu rechter Zeit oder zur Unzeit, die Fürsten anhielt, daß der Funke der bischöflichen Würde in Wagrien erweckt werden möchte. Und er gründete die Stadt und den Markt zu Eutin und baute sich dort ein Haus. Da aber im Bistum

Aldenburg sich keine Vereinigung von Geistlichen fand, außer der zu Cuzelina oder Hagersdorf, so ließ er diese mit Einwilligung des Herzogs nach Segeberg, dem Orte der ursprünglichen Gründung, übersiedeln, damit er an den Festen, wenn der Bischof vor der Gemeinde erscheinen muß, bei der Geistlichkeit Unterstützung fände. Obwohl dies nun dem Propste Ludolf und den Brüdern wegen des geräuschvollen Marktverkehrs unbequem vorkam, fügten sie sich doch dem Beschluß ihrer Oberen, denen zu widerstreben nicht statthaft war. Und der Bischof baute daselbst ein Haus. Von da fortreisend, begab er sich zum Erzbischof, dem er viele Dienstwilligkeit erwies in der Hoffnung, daß er ihm das Kloster von Faldera wieder verleihen würde, das sein Vorgänger, wie man weiß, gegründet und besessen hatte. Allein der Erzbischof, der mehr auf den Vorteil seiner eigenen Kirche bedacht war, hielt ihn mit listigen Versprechungen hin, indem er ihm bald Aussichten machte, bald Aufschub suchte und die Zeit verstreichen ließ. Er gab indes dem ehrwürdigen Manne, dem Propste Eppo, den Auftrag, daß er von dieser jungen Kirche seine Hand nicht ganz abziehen, sondern den Bischof sowohl mit Personen, als mit anderen Hilfsleistungen unterstützen sollte.

Daher berief unser Bischof von Faldera den Priester Bruno, – denn dieser hatte nach dem Tode Vicelins das Slavenland verlassen –, und versetzte ihn nach Aldenburg, um für das Seelenheil der dortigen Gemeinde Sorge zu tragen. Zu diesem Werke wurde jener nämlich durch göttliche Anregung getrieben; denn er hatte in nächtlicher Vision in seinen Händen ein Salbkästchen gesehen, aus dessen Deckel ein junges, saftig-grünes Reis emporwuchs, welches, allmählich zunehmend, zu einem starken Baume wurde. Dies traf denn auch nach seiner Erwartung ein. Denn sowie er nach Aldenburg kam, trat er das Werk Gottes mit großem Eifer an, und berief das Volk der Slaven zur Gnade der Wiedergeburt, indem er die Haine niederhieb und die gotteslästerlichen Gebräuche aufhob. Und weil die Burg und die Stadt, wo einst die Hauptkirche und der Sitz des Bistums sich befunden hatten, verödet waren, so verlangte er vom Grafen die Erlaubnis, daß eine sächsische Ansiedelung dort angelegt werden sollte, daß der Priester eine Stütze hätte an dem Volke, dessen Sprache und Sitten er kannte. Und in der Tat förderte dies in nicht geringem Grade das Emporblühen der jungen Kirche. Es wurde nämlich eine sehr ansehnliche Kirche zu Aldenburg erbaut und mit Büchern, Glocken und dem sonstigen Bedarfe reichlich versehen. So wurde der Dienst am Hause des Herrn unter dem unschlachtigen und verkehrten Geschlecht wieder erneuert, ungefähr 90 Jahre nach der Zerstörung der früheren Kirche, welche sich nach dem Tode des frommen Fürsten Godescalk[1] ereignete. Die Kirche wurde vom Bischof Gerold dem heiligen Johannes dem Täufer gewidmet, wobei Graf Adolf und seine fromme Gemahlin Machtilde voll Andacht zugegen waren. Der Graf befahl auch dem Volke der Slaven, ihre Toten zur Bestattung auf den Kirchhof zu bringen und an den Festtagen in der Kirche zusammenzukommen, um das Wort Gottes zu hören. Das Wort Gottes aber spendete ihnen der Priester Bruno, dem ihm anvertrauten Sendamte gemäß im hinreichenden Maße, indem er in slavischer Sprache geschriebene Predigten hatte, die er dem Volke bei geeigneter Gelegenheit vortrug. Den Slaven wurde auch

[1] Im Jahre 1066.

fortan verboten, bei den Bäumen, Quellen und Steinen zu schwören, vielmehr brachten sie die wegen begangener Verbrechen Angeklagten vor den Priester, um sie durch das Eisen oder die Pflugscharen zu prüfen[1]. Damals hatten die Slaven einen Dänen ans Kreuz geschlagen. Als dies der Priester Bruno dem Grafen meldete, lud dieser die Missetäter vor Gericht und legte ihnen eine Geldbuße auf, und verbannte diese Art von Todesstrafe ganz aus dem Lande.

Da nun Bischof Gerold sah, daß in Aldenburg ein guter 1156/57
Grund gelegt war, so riet er dem Grafen, in dem Gau Süsel eine Kirche zu errichten. Und man sandte dorthin von dem Kloster zu Faldera den Priester Deilaw, dessen Geist nach den Mühen und Gefahren der Predigt des Evangelii dürstete, und dieser kam, als er hingeschickt wurde, in eine Räuberhöhle, zu den Slaven, welche am Crempineflusse wohnen. Dort war nämlich ein gewöhnlicher Schlupfwinkel von Seeräubern, und unter diesen wohnte der Priester, in Hunger und Durst und Blöße Gott dienend.

Nachdem dies alles so ausgeführt war, schien es passend, Kirchen in Lütjenburg und Ratekau zu bauen. Dorthin begaben sich der Bischof und der Graf, und bezeichneten die Plätze, auf denen Kirchen erbaut werden sollten. So nahm das Werk Gottes im Wagrierlande zu, und der Graf und der Bischof unterstützten sich gegenseitig.

Um eben diese Zeit baute der Graf die Burg Plön wieder auf, und gründete daselbst eine Stadt und einen Markt. Die Slaven aber, welche in den umliegenden Dörfern wohnten, zogen sich zurück, und es kamen

[1] Nämlich durch das Gottesgericht.

Sachsen und wohnten daselbst. Und die Slaven verschwanden allmählich aus dem Lande.
Auch im Lande der Polaben wurde die Zahl der Kirchen durch die anhaltende Wirksamkeit des Bischofs Evermod und des Grafen Heinrich von Ratzeburg vermehrt. Indes konnten sie die Slaven noch nicht am Plündern verhindern; denn noch durchschifften sie das Meer und verheerten das Land der Dänen, und ließen noch immer nicht von den Sünden ihrer Väter.

85.
Vom Tod Kanuts

Die Dänen, welche beständig durch innere Kämpfe litten, hatten zu auswärtigen Kriegen gar keine Tüchtigkeit. Denn Svein, der König, der sowohl durch glücklich errungene Siege, als durch des Kaisers Majestät in sein Reich eingesetzt und darin befestigt war, mißhandelte sein Volk auf eine grausame Weise, weshalb er durch Gottes rächende Hand ein unglückliches Ende nahm. Da nun Kanut, sein Nebenbuhler, sah, wie unwillig das Volk auf Svein war, so schickte er hin und berief Waldemar, einen Vetter und Anhänger Sveins, und gewann ihn für sich, indem er ihm seine Schwester zur Gemahlin gab. Als er aber seiner Hilfe gewiß war, erneuerte er seine bösen Ratschläge gegen Svein. Während nämlich derselbe sich auf Seeland befand, kamen plötzlich Kanut und Waldemar mit Heeresmacht, ihn zu bekrie-
1154 gen. Er aber wurde wegen seiner Grausamkeit von allen verlassen, floh, weil er keine Mittel zu kämpfen hatte, mit Weib und Kind ans Meer und setzte nach Aldenburg hinüber. Als der Graf hiervon Kunde erhielt,

wurde er über den Ausgang der Sache sehr besorgt, daß nämlich ein so mächtiger Mann, der bisher alle Nationen des Nordens im Zaum gehabt hatte, nun plötzlich abgesetzt war. Da er nun durch das Land des Grafen zu reisen wünschte, so bewies ihm derselbe viel Höflichkeit. Er reiste nach Sachsen zu seinem Schwiegervater, dem Markgrafen Konrad von Wettin, bei dem er ungefähr zwei Jahre blieb.

Zu der Zeit begab sich unser Herzog Heinrich auf den 17. 9. 1156
Hoftag nach Regensburg, um das Herzogtum Baiern wieder zu erhalten. Denn eben dieses Herzogtum entzog Kaiser Friedrich seinem Oheim und gab es unserem Herzog wieder, weil er ihn auf dem Zuge nach Italien und in anderen Angelegenheiten des Reiches treu befunden hatte. Da wurde ihm ein neuer Name geschaffen, nämlich Heinrich der Löwe, Herzog von Baiern und Sachsen.

Als nun der Herzog, nachdem er diese Angelegenheit nach Wunsch beendigt hatte, von Hofe nach Hause zurückkehrte, gingen ihn die sächsischen Großen mit der Bitte an, er möchte doch dem Svein helfen und ihn wieder in sein Reich zurückführen. Dieser aber versprach dem Herzog eine ungeheure Summe Geldes. 1156/57
Deshalb sammelte derselbe ein sehr großes Heer und führte Svein zur Winterzeit nach Dänemark zurück, und sogleich wurden ihm die Städte Schleswig und Ripen geöffnet. Jedoch konnten sie weitere Erfolge nicht erlangen. Denn obgleich Svein gar oft vor dem Herzog sich damit gerühmt hatte, die Dänen würden, wenn er mit einem Heere käme, ihn freiwillig aufnehmen, so fiel das doch keineswegs seiner Erwartung gemäß aus. Denn in ganz Dänemark war niemand, der ihn empfing oder ihm entgegenging. Als er daher merkte, daß das Glück ihm nicht günstig war und alle ihn mieden, sagte

er zum Herzog: „Unsere Mühe ist vergebens, es ist besser, wir kehren zurück. Denn was hilft es uns, das Land zu verheeren und Unschuldige zu plündern? Wenn wir mit den Feinden uns messen wollen, so ist das nicht möglich, weil sie uns entfliehen und weiter aufs Meer hinaus sich begeben." Darum nahmen sie von den beiden Städten Geiseln und verließen Dänemark. Darauf entschloß sich Svein zu einem anderen Verfahren, beschloß zu den Slaven zu gehen, machte noch von der Gastfreundschaft des Grafen in Lübeck Gebrauch und ging dann zu Niclot, dem Fürsten der Obotriten. Der Herzog aber befahl den Slaven zu Aldenburg und im Lande der Obotriten, dem Svein zu helfen. So bekam er einige Schiffe, mit denen er ungestört nach Laland kam, dessen Bewohner, die ihm von Anfang an treu geblieben waren, den Ankommenden mit Dank und Glückwünschen empfingen. Von da begab er sich nach Fünen und gewann dasselbe für sich. Dann ging er weiter nach den übrigen kleineren Inseln hin und machte durch Geschenke und Versprechungen sehr viele derselben sich geneigt, indem er sich vor feindlichen Nachstellungen in acht nahm und sich an den sichersten Orten befestigte. Als dies Kanut und Waldemar vernahmen, erschienen sie mit einem Heere, um Svein anzugreifen und aus dem Lande zu treiben. Er aber hatte sich in Laland festgesetzt und war zum Widerstande bereit, auch durch seine sichere Stellung geschützt. So wurde durch Vermittlung des Bischofs Helias von Ripen und der Großen beider Parteien die Zwietracht in Frieden verwandelt und das Reich in drei Teile geteilt. Dem Waldemar wurde Jütland, dem Kanut Seeland, dem Svein Schonen, welches durch streitbare Männer am meisten ausgezeichnet ist, zuteil. Die übrigen kleineren Inseln verteilten sie untereinander den Umständen nach. Und

damit die Verträge nicht gebrochen würden, so wurden sie eidlich beschworen. Darauf stellten Kanut und Waldemar auf Seeland in der Stadt Roeskilde ein sehr großes Mahl an, und luden ihren Blutsfreund Svein dazu ein, um ihm wegen aller der Leiden, welche sie ihm zur Zeit des Krieges und der Feindschaft bereitet hatten, Ehre, Erholung und Trost zu gewähren. Er aber begann mit der ihm angeborenen Grausamkeit, während er dem Mahle beiwohnte und die schmausenden Könige unbesorgt und ohne allen Verdacht sah, nach einer für einen hinterlistigen Überfall geeigneten Gelegenheit zu spüren. Am dritten Tage des Mahles, als bereits das Dunkel der Nacht hereingebrochen war, wurden also auf einen Wink Sveins Schwerter hereingebracht, man sprang auf die Könige, die sich dessen nicht versahen, zu, und Kanut wurde plötzlich durchbohrt. Als aber der Mörder auch nach dem Haupte 9. 8. 1157
Waldemars zielte, sprang derselbe mit großer Gewalt auf und stieß das Licht zu Boden, worauf er mit Gottes Hilfe im Dunkeln entkam, nachdem er nur eine Wunde erhalten hatte. Er floh nach Jütland und regte ganz Dänemark auf. Darauf zog Svein aus Seeland und den übrigen Inseln ein Heer zusammen und setzte nach Jütland über, um Waldemar zu bekriegen. Dieser aber führte sein Heer zur Schlacht und trat ihm wohlgerüstet entgegen. Nicht weit von Viborg wurde eine Schlacht geliefert, und Svein wurde erschlagen und alle seine 22. 10. 1157
Mannen zugleich auf diesen Tag. Waldemar aber erhielt das Reich der Dänen und wurde ein Lenker des Friedens und ein Kind des Friedens. Und die inneren Kämpfe, an denen Dänemark viele Jahre hindurch gelitten hatte, hörten auf. Waldemar schloß auch Freundschaft mit dem Grafen Adolf und ehrte ihn, wie es die Könige getan hatten, die vor ihm gewesen waren.

86.
Von der Erbauung von Lewenstat

In jenen Tagen wurde die Stadt Lübeck von einer Feuersbrunst verzehrt; da schickten die Kaufleute und die anderen Bewohner der Stadt zum Herzog und ließen ihm sagen: „Es währt nun schon lange Zeit, daß der Markt zu Lübeck auf euren Befehl verboten ist. Wir aber sind bisher in der Hoffnung, den Markt durch eure Gnade und Wohlgeneigtheit wieder zu erlangen, in dieser Stadt geblieben, auch konnten wir uns nicht entschließen, die mit großen Kosten aufgeführten Gebäude zu verlassen. Jetzt aber, da unsere Häuser niedergebrannt sind, würde es zwecklos sein, an einem Orte, wo kein Markt sein darf, wieder zu bauen. Gib uns also einen Ort, eine Stadt zu gründen, wo es dir gefällt." Nun bat der Herzog den Grafen Adolf, daß er ihm den Hafen und den Werder in Lübeck abtreten möchte. Er aber wollte nicht darauf eingehen. Darauf gründete der Herzog eine neue Stadt am Fluße Wakenitz, nicht weit von Lübeck, im Lande Ratzeburg, und begann sie zu bauen und zu befestigen. Und er nannte sie nach seinem Namen Lewenstat, d.h. die Stadt des Löwen. Da aber an diesem Orte sowohl der Hafen, als die Befestigung wenig geeignet war, und man nur mit kleinen Schiffen dahin gelangen konnte, so begann der Herzog den Grafen Adolf wieder anzugehen und die Rede wieder auf den Werder und den Hafen von Lübeck zu bringen, indem er ihm vieles versprach, wenn er seinen Wünschen nachgäbe. Endlich gab der Graf nach und tat, wozu die Not ihn zwang, und trat ihm die Burg und den Werder ab. Sogleich kehrten auf Geheiß des Herzogs die Kaufleute mit Freuden zurück, die unbequeme neue Stadt verlassend, und begannen die Kirchen und

Mauern der Stadt wieder zu erbauen. Der Herzog aber sandte Boten in die Städte und Reiche des Nordens, nach Dänemark, Schweden, Norwegen und Rußland und trug ihnen Frieden an, so daß sie zu seiner Stadt Lübeck freien Zugang und Verkehr hätten. Und er legte daselbst eine Münze und einen Zoll an, und verlieh der Stadt die ansehnlichsten Gerechtigkeiten. Seit der Zeit gedieh der Betrieb der Stadt immer mehr und die Zahl ihrer Bewohner wuchs in hohem Grade.

87.
Die Belagerung von Mailand

Um diese Zeit ungefähr berief der tapfere Kaiser Friedrich alle Fürsten Sachsens zur Belagerung der Stadt 1159
Mailand[1]. Daher war es notwendig, daß der Herzog selbst sich den Angelegenheiten des Reiches eingehend widmete. Darum begann er die Uneinigkeiten, die innerhalb des Herzogtums herrschten, beizulegen, indem er weise Vorkehrungen traf, daß nicht in Abwesenheit der Fürsten und der übrigen Edlen Unruhen ausbrächen. Auch sandte er hin und lud den König der Dänen, Waldemar, zu einer Unterredung ein und schloß mit ihm Freundschaft. Bei der Gelegenheit bat der König den Herzog, ihm vor den Slaven, die ohne Aufhören sein Reich verwüsteten, Frieden zu verschaffen, und machte sich zur Zahlung von mehr als tausend Mark Silbers anheischig. Demnach befahl der Herzog den Slaven, nämlich dem Niclot und anderen, vor ihm zu erscheinen, und verpflichtete sie durch seinen Befehl

[1] Die Belagerung begann im Juli 1159.

und durch einen Eid, bis zu seiner Rückkehr mit den Dänen und Sachsen Frieden zu halten. Und damit diese Gelöbnisse gehalten würden, ließ er alle Seeräuberschiffe der Slaven nach Lübeck bringen und seinem Abgeordneten vorführen. Jene aber brachten in ihrer gewohnten Torheit und Dreistigkeit und weil der Feldzug nach Italien so nahe war, nur wenige Schiffe, und noch dazu sehr alte, her, indem sie die zum Kriege brauchbaren listiger Weise zurückbehielten. Deshalb ließ der Graf durch die Ältesten des Wagrierlandes, Marchard und Horno, Niclot angehen und von ihm in Güte verlangen, daß er seinem Lande unverletzte Treue beweisen möchte. Dies Gesuch erfüllte Niclot mit Treue und Redlichkeit.

Nachdem der Herzog so seine Angelegenheiten geordnet hatte, brach er mit tausend Harnischen, wie man sagt, nach der Lombardei hin auf, begleitet vom Grafen Adolf und vielen Edlen Baierns und Sachsens. Sie kamen zum Heere des Königs, welches sich vor einem sehr festen Orte, namens Crema, der den Mailändern gehörte, gelagert hatte. Und sie verweilten beinahe ein ganzes Jahr bei der Belagerung der Veste und bauten
26. 1. 1160 viele Maschinen und schleuderten Feuer hinein. Als diese Festung zuletzt erobert war, führte der Kaiser das Heer vor Mailand, der Herzog aber nahm Urlaub und kehrte nach Sachsen zurück. Graf Adolf aber begab sich auf Bitten seines Verwandten, des Herrn Reinold, der für Köln erwählt war und an den König von England in Angelegenheiten des Reiches einen Auftrag hatte, mit demselben dorthin.[1] Die Geistlichkeit aber und das Volk unseres Landes wurden über die lange Abwesenheit ihres trefflichen Schutzherrn sehr betrübt. Denn die

[1] Vielmehr nach der Normandie, wo König Heinrich II. sich damals aufhielt.

Slaven von Aldenburg und Mecklenburg, die wegen der Abwesenheit der Fürsten sich selbst überlassen waren, brachen den Frieden im Lande der Dänen, und unser Volk zitterte vor dem Zorne des Königs von Dänemark. Doch unser Bischof Gerold suchte ihn sowohl persönlich, als durch Abgesandte zu beschwichtigen und erwirkte bis zur Ankunft des Herzogs und der Fürsten einen Waffenstillstand.

Als nun der Herzog und der Graf zurückgekehrt waren, wurde allen Bewohnern der Grenzmarken, sowohl den deutschen als den slavischen, an einem Orte namens Barförde[1] ein Landtag angesagt. Auch der König der Dänen, Waldemar, kam bis nach Artlenburg und klagte dem Herzog alles Leid, welches ihm die Slaven in Umgehung und Übertretung der öffentlichen Verbote zugefügt hatten. Die Slaven aber fürchteten sich, vor dem Herzog zu erscheinen, weil sie sich ihrer Schuld bewußt waren. Deshalb tat der Herzog sie in die Acht und hieß alle die Seinigen zur Zeit der Ernte zum Feldzug bereit sein. Da nun Niclot sah, daß der Herzog zur Feindschaft gegen ihn fest entschlossen war, nahm er sich vor, zuerst Lübeck zu überfallen, und entsandte dahin seine Söhne mit Truppen zu einem Hinterhalt. Damals aber wohnte zu Lübeck ein ehrwürdiger Priester, namens Athelo. Dessen Haus lag nahe bei der Brücke, welche nach Süden zu über den Fluß Wakenitz führt. Dieser hatte gerade einen sehr langen Graben anlegen lassen, um das Wasser aus einem Bach, der sich ziemlich weit entfernt hinzog, in denselben hineinzuleiten. Die slavischen, zum Hinterhalte bestimmten Scharen nun, welche herbeieilten, um sich der Brücke zu bemächtigen, wurden durch den Graben daran gehindert, und verirrten sich beim Aufsuchen eines Übergan-

[1] Kreis Lüneburg.

ges. Als dies die, welche zum Hause des Priesters gehörten,. sahen, schrien sie laut auf und der erschreckte Geistliche stürzte den Feinden mutig entgegen. Das Heer aber war schon mitten auf der Brücke und hatte beinahe das Tor erreicht, als der Priester, von Gott herbeigesandt, eiligst die Brücke mit der Kette aufzog, und so die heimlich herbeigeführte Gefahr abwandte. Als das der Herzog vernahm, ließ er daselbst einen Wachtposten hin verlegen.

88.
Der Tod Niclots

Danach drang Herzog Heinrich mit einem starken Heere ins Land der Slaven ein und verwüstete dasselbe mit Feuer und Schwert. Da nun Niclot die Macht des Herzogs sah, steckte er, um der Gefahr einer Belagerung zu entgehen, alle seine Burgen, nämlich Jlow, Mecklenburg, Schwerin und Dobin, in Brand. Nur eine Burg, Wurle, gelegen am Fluße Warnow in der Nähe des Landes Kicine, behielt er für sich. Von dieser zogen sie täglich aus, kundschafteten das Heer des Herzogs aus, und trafen unvorsichtig Umherschweifende aus dem Hinterhalt. Eines Tages also, während das Heer bei Mecklenburg lag, kamen die Söhne Niclots, Pribizlaw und Wertizlaw, mit einer Schar heraus, um Schaden anzurichten, und töteten einige, die ausgezogen waren, um Getreide zu holen. Diesen aber setzten die tapfersten im Heere nach und nahmen viele von ihnen gefangen, worauf der Herzog sie aufknüpfen ließ. Die Söhne Niclots aber kamen, nachdem sie ihre Rosse und ihre besten Leute verloren hatten, zum Vater zurück. Der sagte zu ihnen: „Ich hatte gedacht, Männer aufgezogen zu haben, die aber fliehen eiliger, als Weiber. So will ich denn selbst ausrücken, und versuchen, ob ich nicht mehr ausrichten kann." Und er zog mit einer Anzahl Auserlesener aus und legte in ein Versteck in der Nähe des Heeres einen Hinterhalt. Darauf kamen Burschen aus dem Lager, um Futter zu holen, und näherten sich dem Hinterhalt. Es waren aber Kriegsleute unter die Knechte gemischt, sechzig an der Zahl, die alle unter den Röcken Harnische anhatten. Niclot nun, der das nicht merkte, jagte auf einem schnellen Pferde unter sie hinein und versuchte, einen zu durchbohren. Allein er traf mit der Lanze auf den Harnisch, so daß der Stoß erfolglos blieb und die Lanze zurücksprang. Als er daher zu den Seinigen zurückkehren wollte, wurde er plötzlich umzingelt und getötet, da keiner derselben ihm zu Hilfe kam. Sein Kopf wurde erkannt und ins Lager gebracht, wobei mancher sich darüber wunderte, daß durch Gottes Fügung ein so großer Mann unter allen den Seinigen allein gefallen war. Darauf steckten seine Söhne, als sie vom Tode des Vaters hörten, Wurle in Brand und verbargen sich in den Wäldern, ihre Familien aber brachten sie auf Schiffe.

Der Herzog nun verheerte das ganze Land und begann dann Schwerin wieder aufzubauen und die Burg zu befestigen. In dieselbe setzte er zum Befehlshaber einen Mann von edler Geburt, den streitbaren Guncelin, mit einer Besatzung ein. Danach kamen die Söhne Niclots bei dem Herzog wieder in Gunst, und er verlieh ihnen Wurle und das ganze dazugehörigen Land. Das Land der Obotriten aber verteilte er als Besitztum unter seine Ritter. Auf Burg Cuscin[1] setzte er einen gewissen Ludolf ein, bisher Schutzvogt von Braunschweig. Zu Malchow ließ er Ludolf von Peine den Befehl führen.

[1] Quetzin am Plauer See.

Schwerin und Jlinburg übergab er dem Guncelin. Mecklenburg aber verlieh er einem gewissen Heinrich, Edlen von Scathen, der auch von Flandern eine Menge Leute herbrachte und sie in Mecklenburg selbst und auf dem ganzen Gebiete der Stadt sich anbauen ließ. Zum Bischof im Lande der Obotriten bestellte der Herzog Herrn Berno, der nach dem Tode Emmehards[1] die Kirche von Mecklenburg zu leiten bekam. Er bestimmte zur Ausstattung der Kirche 300 Hufen, wie er es vorher mit den Kirchen von Ratzeburg und von Aldenburg gemacht hatte. Auf sein Gesuch erhielt er vom Kaiser Vollmacht, im ganzen Lande der Slaven, das er selbst oder seine Vorfahren durch Gewalt des Schwertes erobert und nach Kriegsrecht erworben hatten, Bistümer zu gründen, zu verleihen und zu bestätigen. Darum berief er Herrn Gerold von Aldenburg, Herrn Evermod von Ratzeburg, Herrn Berno von Mecklenburg zu sich, damit sie von ihm ihre Würden empfingen und ihm als seine Vassallen den Lehnseid leisteten, wie man denselben sonst dem Kaiser zu leisten pflegt. Obwohl nun jene dieses Ansinnen für sehr drükkend hielten, so gaben sie doch um des willen nach, der sich unseretwegen gedemütigt hat, und damit die junge Kirche nicht darunter leiden möchte. Und der Herzog verlieh ihnen Gnadenbriefe über ihre Besitzungen, Einkünfte und Gerechtsame. Und der Herzog schrieb den Slaven, welche im Lande der Wagrier, der Polaben, der Obotriten und der Kycinen zurückgeblieben waren, dieselben Steuern an das Bistum vor, welche bei den Polen und Pommern erlegt werden, d.h. von jedem Pfluge drei Scheffel Weizen und zwölf Stück gangbarer Münzen. Der Scheffel aber heißt bei den Slaven Curitce, und ein slavischer Pflug wird zu zwei Ochsen und

[1] Emmehard ist i. J. 1155 gest.

ebensoviel Pferden gerechnet. Und die Zehnten vom Lande nahmen zu, weil deutsche Ansiedler aus ihrer Heimat herbeiströmten, um das Land, welches geräumig, fruchtbar an Getreide, reich an vorteilhaften Weiden und mit Fisch, Fleisch und allem Guten im Überflusse versehen war, zu bebauen.

89.
Von Albert dem Bären

Damals stand das östliche Slavenland unter dem Markgrafen Adelbert, der den Beinamen „der Bär" führte; auch er vermochte durch Gottes Gnade seinen Anteil und sein Besitztum weithin auszudehnen. Denn er unterjochte das ganze Land der Brizanen, der Stoderanen und vieler Völker, die an der Havel und Elbe wohnten, und zügelte die Aufsässigen unter ihnen. Zuletzt, da die Slaven allmählich verschwanden, schickte 1159/60
er nach Utrecht und den Rheingegenden, ferner zu denen, die am Ozeane wohnen und von der Gewalt des Meeres zu leiden hatten, nämlich an die Holländer, Seeländer und Fläminger, und zog von dort ein groß Volk herbei, und ließ sie in den Burgen und Dörfern der Slaven wohnen. Durch die herankommenden Fremdlinge wurden auch die Bistümer Brandenburg und Havelberg sehr gehoben, weil die Kirchen sich mehrten und die Zehnten zu einem ungeheuren Ertrag anwuchsen. Aber auch das südliche Elbufer begannen zu derselben Zeit die Holländer zu bewohnen; sie besaßen von der Burg Salzwedel an alles Sumpf- und Ackerland, nämlich Balsemer[1] und Marsciner Land mit vielen

[1] Das Balsemerland, das Land Belze oder Belesem, lag zwischen Halberstadt und Stendal, das Marseiner Land zwischen Annesburg und Werben.

Städten und Dörfern bis zum Böhmer Walde hin. Diese Länder sollen nämlich einst zur Zeit der Ottonen die Sachsen bewohnt haben, wie man das an alten Dämmen sehen kann, die an den Elbufern im Sumpflande der Balsemer aufgeführt waren; als aber späterhin die Slaven die Oberhand gewannen, wurden die Sachsen erschlagen und das Land bis in unsere Zeit hinein von den Slaven besessen. Jetzt aber sind, weil Gott unserem Herzoge und den anderen Fürsten Heil und Sieg in reichem Maße spendete, die Slaven allerorten vernichtet und verjagt; von den Grenzen des Ozeans ist ein mächtig Volk ohne Zahl heraufgezogen; und sie haben das Gebiet der Slaven eingenommen und Städte und Kirchen gebaut, und haben zugenommen an Reichtum über alle Berechnung hinaus.

90.
Die Verlegung des Bistums Aldenburg

1160 Um diese Zeit bat Bischof Gerold den Herzog, daß der Hauptsitz des Bistums, der von alters her zu Aldenburg war, nach Lübeck verlegt werden möchte, weil diese Stadt volkreicher und fester und überhaupt in jeder Beziehung gelegener wäre. Da dies dem Herzog gefiel, so bestimmten sie einen Tag, wo sie nach Lübeck kommen wollten, um wegen der Angelegenheiten der Kirche und des Bistums Anordnungen zu treffen. Der Herzog bestimmte eine Stelle, an welcher ein Bethaus errichtet werden sollte unter dem Titel einer Hauptkirche, und Klosterplätze, und sie stifteten daselbst zwölf Pfründen für ebensoviele nach kanonischer Weise lebende Geistliche. Die dreizehnte Pfründe aber gehört dem Propst. Und der Bischof gab zum Unterhalt der

Brüder bestimmte Zehnten her, und von den vom Slavenland herfließenden Einkünften so viel, wie zur Ausstattung der Pfründen hinreichte. Graf Adolf aber ließ geeignete Dörfer bei Lübeck auf, welche der Herzog sogleich zum Gebrauch der Brüder hergab, wie er denn auch vom Zoll für jeden Bruder zwei Mark lübischer Münze bestimmte, und außerdem anderes, was in Freibriefen aufgezeichnet ist und in der Kirche zu Lübeck aufbewahrt wird. Und sie setzten zum Propst daselbst Herrn Ethelo ein, dessen wir oben[1] rühmend gedacht haben.

91.
Die Kirchenspaltung zwischen Alexander und Victor

Im Verlauf dieser Zeit entstand nach dem Tod des 1. 9. 1159
Papstes Adrian eine Kirchenspaltung zwischen Alexander, auch Roland genannt, und Victor oder Octavian. Während nun der Kaiser Mailand belagerte, kam 1160
Victor zu ihm ins Lager, welches bei Pavia lag, und der Kaiser erkannte ihn an. Darauf wurde ein Konzil zusammenberufen und er auch von Reinold, der für Köln, und von Konrad, der für Mainz erwählt war, und von allen, die sich entweder durch die Furcht vor dem Kaiser oder durch das Streben nach seiner Gunst leiten ließen, anerkannt. Den Alexander dagegen nahmen die Kirchen von Jerusalem und Antiochien an, und außerdem ganz Frankreich, England, Spanien, Dänemark und alle Reiche der ganzen Welt. Überdies war der ganze Zisterzienserorden ihm beigetreten, dem sehr viele Erzbischöfe und Bischöfe und mehr als 700 Äbte

[1] Kap. 87, wo er Athelo heißt.

angehören, sowic eine unzählbare Menge von Mönchen. Diese halten alljährlich ein Konzil zu Cistercium[1] und beschließen, was ihnen gutdünkt. Ihr unüberwindlicher Einfluß machte Alexander außerordentlich stark. Darüber erzürnt erließ der Kaiser ein Gebot, daß alle Zisterziensermönche, die in seinem Reiche sich befanden, entweder für Victor sich erklären, oder aus dem Reiche vertrieben werden sollten. Wie viele geistliche Väter, wie viele Mönche daher damals ihre Niederlassungen verließen und nach Frankreich flohen, ist schwer anzugeben. Auch sehr viele durch Heiligkeit ausgezeichnete Bischöfe wurden in der Lombardei und im ganzen Reiche durch die Gewalttätigkeit des Kaisers aus ihren Sitzen vertrieben, und andere an ihre Stelle gesetzt.

Nachdem aber die Belagerung vier bis fünf Jahre lang
26. 3. 1162 gewährt hatte, eroberte der Kaiser Mailand, verjagte die Bewohner, zerstörte alle hohen Türme, machte die Mauern der Stadt dem Erdboden gleich und verwüstete sie. Da erhob sich sein Herz gar sehr, und alle Reiche der Welt fürchteten seinen Namen. Und er schickte Boten an den König Ludwig von Frankreich, daß er ihm zu einer Unterredung nach Laona[2], welches im Lande Burgund am Arar liegt, entgegenkommen möchte, um sich mit ihm wegen Wiederherstellung der Einigkeit der Kirche zu besprechen. Der König von Frankreich ging darauf ein. Dann sandte er auch Abgeordnete an die Könige von Dänemark, von Ungarn und von Böhmen, daß sie an einem bestimmten Tage sich einfinden möchten; überdies befahl er allen Erzbischöfen, Bischöfen und höchsten Gewalten seines Reiches, wie auch allen Ordensgeistlichen, feierlich zu er-

[1] Cîteaux (Dép. Côte d'Or).
[2] St. Jean de Losne bei Dijon an der Saône.

scheinen. Groß war daher die allgemeine Erwartung von einem so zahlreichen Hoftage, an welchem beide Päpste und so viele Könige teilnehmen sollten. Da brach Waldemar zugleich mit den Bischöfen von Dänemark, ferner Erzbischof Hartwig, Bischof Gerold und der Graf Adolf mit vielen sächsischen Edlen nach dem zur Verhandlung bestimmten Orte hin auf. Der Herzog aber, der sich in Baiern befand, kam auf einem anderen Wege. Indes nahm König Ludwig von Frankreich, dessen Erscheinen man vor allem erwartete, als er erfuhr, daß der Kaiser mit einem Heere und großer Macht komme, Anstand, ihm entgegenzukommen. Wegen des geleisteten Eides begab er sich jedoch an dem festgesetzten Tage, d.h. am Tage der Enthauptung Johannes des 29. 8. 1162
Täufers, an den Ort der Zusammenkunft, und zeigte sich von der dritten bis zur neunten Stunde auf der Mitte der Brücke. Der Kaiser aber war noch nicht angekommen. Diese günstige Gelegenheit benutzte der König von Frankreich, wusch seine Hände im Fluße, zum Zeugnis, daß er sein gegebenes Wort gehalten habe, und begab sich noch an demselben Abend hinweg nach Dijon. Der Kaiser kam in der Nacht an, und als er erfuhr, daß der König von Frankreich wieder fortgegangen war, sandte er angesehene Männer hin, ihn wieder zurückrufen zu lassen. Jener aber konnte durchaus nicht abkommen, und schätzte sich glücklich, daß er zugleich sein Wort gelöst hatte und den verdächtigen Händen des Kaisers entronnen war. Viele trugen sich nämlich mit dem Gerücht, der Kaiser habe ihn überlisten wollen, und sei deshalb gegen den Wortlaut des Vertrages bewaffnet gekommen. Allein List hielt List zum Narren, und die gewandteren Franzosen erreichten durch ihre Klugheit ein Ziel, welches mit bewaffneter Hand nicht zu erreichen war. Da verließ der

Kaiser heftig erzürnt die Versammlung mit der Absicht, die Franzosen zu bekriegen. Papst Alexander aber wurde von der Zeit an immer sicherer und mächtiger. Herzog Heinrich begab sich nach Baiern und kehrte, nachdem er dort die Verhältnisse geordnet hatte, nach Sachsen zurück.

92.
Vom Zehnten der Holzaten

Damals herrschte Friede im ganzen Slavenlande und die festen Plätze, die der Herzog nach dem Rechte des Krieges im Lande der Obotriten in Besitz genommen hatte, begannen von den Ansiedlern, welche ins Land gekommen waren, um es zu besitzen, bewohnt zu werden; Statthalter dieses Landes aber war Guncelin, ein tapferer Mann und ein Freund des Herzogs. Ebenso brachte Heinrich, Graf zu Ratzeburg, das im Lande der Polaben liegt, eine Menge Leute aus Westfalen herbei, daß sie das Land der Polaben bewohnen sollten, und ließ ihnen das Land zum Erbe austeilen. Und sie bauten Kirchen und lieferten die Zehnten von ihren Früchten zum Dienste am Hause des Herrn. Begründet wurde das Gotteswerk zu den Zeiten Heinrichs im Lande der Polaben, zu den Zeiten Bernhards aber, seines Sohnes, wurde es im größeren Umfang vollendet.
Die holzatischen Männer aber, welche nach Vertreibung der Slaven das Land der Wagrier bewohnten, waren zwar, was die Erbauung von Kirchen und die Gewährung von Gastfreundschaft anlangte, willig, widersetzten sich aber hartnäckig der durch das göttliche Gesetz gebotenen gehörigen Entrichtung der Zehnten. Sie erlegten nämlich nur sechs kleine Maße

für jeden Pflug, was ihnen, wie sie sagten, wegen der Nachbarschaft der Barbaren und der Kriegeszeiten zur Erleichterung zugestanden war, als sie noch in ihrem Geburtslande waren. Das Land aber, von wo die Holzaten ausgezogen waren, gehört zum Hamburger Sprengel und liegt dem Wagrierlande zunächst. Da nun Bischof Gerold sah, daß die Polaben und Obotriten, welche mitten im feurigen Ofen sich befanden, ihre Zehnten ordentlich entrichteten, so gedachte er von den Seinigen ähnliches zu verlangen, und nachdem er sich darauf mit dem Grafen Adolf beraten hatte, versuchte er, den nie gebeugten Sinn der Holzaten durch schriftliche Ermahnungen zu bewegen. Er sandte also an die Kirche zu Bornhöved, welches sonst auch Zuentineveld genannt wird, wo Marchrad, der Älteste des Landes und der nächste nach dem Grafen, nebst dem Kern der Holzaten wohnte, einen Brief folgenden Inhalts:

„Gerold, von Gottes Gnaden Bischof der Kirche zu Lübeck, entbietet allen der Kirche zu Bornhöved angehörenden Gemeindegliedern Heil und schuldigen Liebesgruß."

„Da mir durch Gottes Fügung die Verwaltung der Gnadengaben der Kirche anvertraut ist, und ich das heilige Amt eines für euch bestimmten Sendboten verwalte, so tut es not, daß ich euch vom Guten zum Besseren hinzuleiten mich bemühe, und euch von dem, was dem Heile eurer Seelen widerstreitet, mit aller Anstrengung abzuziehen strebe. Ich danke Gott, daß viele ausgezeichnete Tugenden an euch wahrzunehmen sind, daß ihr nämlich der Gastlichkeit und anderen Werken der Barmherzigkeit um Gottes willen obliegt, daß ihr sehr bereit seid, das Wort Gottes zu hören, und mit Eifer dafür sorgt, Kirchen zu bauen, auch nach den gesetzlichen Vorschriften ein Gott wohlgefälliges und keusches Leben führt; die Beobachtung aller dieser Pflichten hilft jedoch nichts, wenn ihr die übrigen Gebote verletzt; denn, wie geschrieben steht, wer an einem Gesetze sündiget, der ist es ganz schuldig[1]. Denn es ist ein Gebot Gottes: Du sollst mir Zehnten geben von allem deinem Einkommen, auf daß dir's wohl gehe und du lange lebest auf Erden. Diesem haben die Patriarchen, nämlich Abraham, Isaak und Jakob, und alle, die durch den Glauben Abrahams Söhne geworden sind, gehorcht, und haben dadurch Ruhm und ewige Belohnung erlangt. Auch die Apostel und die apostolischen Männer haben eben dasselbe nach den Worten des Herrn verordnet und bei Strafe des Bannfluches den Nachkommen zur Befolgung überliefert. Da dies nun also ohne allen Zweifel Gottes Wille und durch das Ansehen der heiligen Väter bestätigt ist, so liegt es uns ob, daß, was euch an eurem Heile fehlt, durch unsere Arbeit euch von Gottes Gnaden ergänzet werde. Darum ermahnen und beschwören wir euch im Herrn, daß ihr mir, dem die väterliche Fürsorge für euch anvertraut ist, mit willigem Herzen als gehorsame Söhne folget und die Zehnten, wie Gott sie eingesetzt und wie die apostolische Satzung sie mit dem Banne bekräftigt hat, zur Erweiterung des Dienstes Gottes und Förderung der Armenpflege der Kirche entrichtet, damit nicht, wenn ihr Gott entziehet, was ihm zukommt, ihr eure zeitlichen Güter mitsamt eurer Seele zu ewigem Verderben verlieret. Lebet wohl!"

Als das widerspenstige Volk das vernahm, da murrten sie und erklärten, sie würden ihren Nacken niemals unter dieses Sklavenjoch beugen, durch welches bei-

[1] Jacob. 2,10 – 5. Mos. 14,22–29. – Wörtlich schließt sich der erste Teil des folgenden Satzes an 1. Mos. 14,20, der zweite Teil an 5. Mos. 22,7 an.

nahe alles Christenvolk dem Drucke der bischöflichen Herrschaft unterliege. Überdies setzten sie etwas hinzu, worin sie nicht weit von der Wahrheit entfernt blieben, daß nämlich beinahe alle Zehnten in die Hände von Laien übergegangen seien und ihrem Wohlleben dienten. Demzufolge meldete der Bischof diese Antwort dem Herzog. Der aber befahl bei Verlust seiner Gnade allen Holzaten in Wagrien, dem Bischof die Zehnten unverkürzt zu entrichten, wie es die im Lande der Polaben und Obotriten tun, obwohl diese Länder doch erst später angebaut und mehr von Kriegsunheil bedroht sind. Auf diesen Befehl gaben die Holzaten trotzig zur Antwort, sie würden nie Zehnten entrichten, die ihre Väter nicht entrichtet hätten; lieber wollten sie ihre Häuser mit eigenen Händen anzünden und das Land verlassen, als einer solchen Sklaverei sich unterwerfen. Dann hatten sie im Sinne, den Bischof samt dem Grafen und der ganzen Bevölkerung der Eingewanderten, welche den vollen Zehnten bezahlen, zu ermorden, alles im Lande niederzubrennen und zu den Dänen hinüberzuflüchten. Allein die Ausführung dieser bösen Pläne scheiterte an den wiedererneuerten Verträgen unseres Herzogs mit dem König von Dänemark, die sich nämlich gelobt hatten, keinen Überläufer aus dem Lande des anderen bei sich aufzunehmen. Deshalb gingen die Holzaten notgedrungen in Gegenwart des Herzogs mit 1162/63
dem Bischof den Vertrag ein, mehr Zehnten geben und von jeder Hufe sechs Scheffel Weizen und acht Scheffel Hafer entrichten zu wollen, von jenen Scheffeln nämlich, die man gewöhnlich Himpten nennt. Und damit sie von den nachfolgenden Bischöfen nicht etwa neue Auflagen zu erdulden hätten, so baten sie, daß diese Abmachung mit dem Siegel des Herzogs und des Bischofs bekräftigt werde. Als aber die Notare dafür nach

dem Gebrauche der Kanzlei eine Mark Goldes forderten, da trat das ungebildete Volk wieder davon zurück und das Geschäft blieb unausgeführt. Eben diesem Geschäft aber, welches der Kirche außerordentlich förderlich gewesen wäre, wurden teils durch den schnellen Tod des Bischofs, teils durch die drohende Kriegsgefahr starke Hindernisse erzeugt.

93.
Die Gefangenschaft Wertizlaws

Die Söhne Niclots nämlich, Pribizlaw und Wertizlaw, nicht zufrieden mit dem Lande der Kycinen und Circipanen, trachteten das Land der Obotriten, das ihnen der Herzog nach Kriegsrecht genommen hatte, wieder zu erlangen. Ihre Pläne erfuhr der Statthalter des Obotritenlandes, Guncelin von Schwerin, und teilte sie dem Herzoge mit. Dieser aber tat sie voll Zorn wiederum[1] in Acht und Bann, und kam mit einem großen Heer zur
1163 Winterszeit ins Land der Slaven. Jene aber hatten sich in der Stadt Wurle festgesetzt und die Burg gegen eine Belagerung befestigt. Der Herzog sandte den Guncelin und die Tapfersten seines Heeres vorauf, um die Belagerung vorweg ins Werk zu setzen, damit die Slaven nicht etwa entwischen möchten, er selbst folgte darauf sobald wie möglich mit dem übrigen Heere nach. So wurde die Burg, in der sich Wertizlaw, der Sohn Niclots, und viele Edle und sehr viel gemeines Volk befanden, eingeschlossen. Pribizlaw aber, der ältere Bruder, hatte sich mit einer Schar von Reitern in den Wäldern verborgen, um von da aus die eines Hinterhaltes sich nicht Versehenden zu überfallen. Der Herzog war hoch erfreut, daß

[1] Wie im Jahre 1160, Kap. 87.

die Slaven in ihrer Hartnäckigkeit ihn in der Burg erwarteten und ihm so die Möglichkeit gegeben war, sie in seine Gewalt zu bekommen. Und er sprach zu den Jüngeren im Heere, welche unüberlegte Kampflust trieb, den Feind zu reizen und kleine Gefechte anzufangen, folgendes: „Warum nähert ihr euch unnötigerweise den Toren der Burg und bringt euch in Gefahr? Solche Kämpfe sind zwecklos und verderblich. Bleibt lieber in euren Zelten, wo euch die Pfeile der Feinde nicht treffen können, und gebt acht auf die Belagerten, daß keiner entwische. Meine Sorge aber wird es sein, mit Gottes Hilfe ohne viel Unruhe und ohne große Verluste der Burg mich zu bemächtigen." Und sofort ließ er aus dem dichten Walde Holz herbeiholen und Kriegsmaschinen bauen, wie er deren zu Crema und Mailand hatte anfertigen gesehen. Diese Maschinen aber waren sehr wirksam; die eine, aus starken Balken gefügt, war zum Durchbrechen der Mauern bestimmt, die andere, welche höher und wie ein Turm gebaut war, ließ er über die Burg emporragen, um Pfeile in dieselbe hineinzuschießen und die, welche auf den Brustwehren standen, zu vertreiben. Und in der Tat wagte von dem Tage an, wo dieses Werk errichtet war, kein Slave das Haupt emporzuheben oder auf den Brustwehren sich zu zeigen. Zu derselben Zeit wurde Wertizlaw schwer von einem Pfeile verwundet. Eines Tages aber wurde dem Herzoge gemeldet, Pribizlaw habe sich mit einer Abteilung Reiter nicht weit vom Lager gezeigt. Diesen aufzusuchen entsandte er den Grafen Adolf mit einer auserlesenen Schar junger Mannschaft, allein, obwohl sie den ganzen Tag in Wald und Sumpf umherirrten, so fanden sie doch niemanden; sie waren nämlich von ihrem Wegweiser, der die Feinde mehr begünstigte, als sie, irre geführt. Der Herzog aber hatte den Futterholenden untersagt, an dem Tage das Lager nach irgendeiner Richtung hin zu verlassen, damit sie nicht dem Feinde in die Hände fallen möchten. Eine Schar von Holzaten jedoch kümmerte sich, eigensinnig wie sie sind, nicht um das Verbot, sondern sie zogen aus, um Futter zu holen; alsbald kam Pribizlaw dazu, fiel über sie, die sich dessen nicht versahen, her und erschlug mehr als hundert von ihnen; die übrigen entkamen ins Lager. Darüber heftig erzürnt, betrieb der Herzog die Belagerung noch eifriger, und schon begannen die Mauern der Burg zu wanken, den Einsturz zu drohen und untergraben auseinander zu stürzen. Da gab Wertizlaw alle Hoffnung auf und kam, nachdem ihm freies Geleit bewilligt war, ins Lager zum Grafen Adolf, um sich bei ihm Rat zu erholen. Der Graf aber antwortete ihm: „Freilich fragt man, wenn der Kranke aufgegeben ist, den Arzt zu spät um Rat. Die jetzt drohenden Gefahren hätten vorhergesehen werden müssen. Wer, ich bitte dich, hat dir den Rat gegeben, eine Belagerung zu bestehen? Es war eine große Verkehrtheit, den Fuß in den Block zu setzen, wenn keine Abwehr und kein Entkommen möglich ist. Es bleibt also nichts übrig als Übergabe. Ist noch eine Rettung möglich, so ist sie, soweit ich sehe, nur durch Übergabe zu erlangen.“ Wertizlaw erwiderte: „Sprich für uns beim Herzog, daß wir ohne Gefahr des Lebens und des Leibes zur Übergabe zugelassen werden.“ Darauf begab sich der Graf zum Herzog, und indem er die, von denen die Beschlüsse abhingen, darauf anredete, offenbarte er ihnen sein Anliegen. Diese aber gaben, nachdem sie den Willen des Fürsten erkundet hatten, die Versicherung, daß jeder Slave, der sich dem Herzog ergeben werde, Leib und Leben unverletzt behalten solle, jedoch unter der Bedingung, daß auch Pribizlaw die Waffen niederlege. Darauf verließen

Wertizlaw und alle Edlen der Slaven unter dem Geleite des hochberühmten Grafen die Veste, und warfen sich dem Herzog zu Füßen; jeder hatte sein Schwert über seinen Nacken gehängt. Der Herzog aber empfing sie und ließ sie zur Haft abführen. Dann befahl er, alle Dänen, die auf der Burg gefangen säßen, freizulassen, worauf eine sehr große Menge derselben hervorkam, und dem tapferen Herzog für ihre Errettung alles Gute wünschte. Darauf ließ er die Burg und den gemeinen Haufen bewachen, und setzte über sie einen alten Kriegsmann, Lubemar, einen Bruder Niclots, um dem Lande vorzustehen, dabei aber selbst in Untertänigkeit zu verbleiben. Wertizlaw aber, den Fürsten der Slaven, nahm er mit sich nach Braunschweig und ließ ihm eiserne Handschellen anlegen, die übrigen verteilte er in verschiedene Gefängnisse, wo sie bleiben sollten, bis sie den letzten Heller bezahlt hätten.

Durch diese Taten also wurden die Slaven gedemütigt, so daß sie erkannten, daß der Löwe mächtig ist unter den Tieren und kehrt nicht um vor jemand[1]. Pribizlaw aber, welcher der ältere und klugen Geistes war, suchte seinem Bruder zu helfen, begann durch Abgesandte den Sinn des Herzogs zu erforschen und bat um Frieden. Als nun der Herzog zur Sicherung des Vertrages Geiseln verlangte, sagte Pribizlaw: „Was braucht mein Herr von seinem Knecht Geiseln zu verlangen? Hat er nicht meinen Bruder und alle Edlen des Slavenlandes in Haft? Mag er diese als Geiseln betrachten und mit ihnen tun, wie's ihm gefällt, wenn wir den Vertrag brechen." Während dies durch Unterhändler betrieben wurde, und man dem Pribizlaw gute Aussichten eröffnete, war eine Zeitlang kein Krieg gewesen, und es war vom März bis zum ersten Februar des folgenden Jahres

[1] Sprüche 30,30. – In Anspielung auf Heinrichs des Löwen Beinamen.

im Slavenlande Frieden, und alle Burgen des Herzogs blieben unangegriffen, nämlich Malchow, Cuscin, Schwerin, Jlow und Mecklenburg.

94.
Die Einweihung von Neumünster

In demselben Jahre begann Herr Gerold, Bischof der Lübecker Kirche, nach dem heiligen Osterfeste zu er-
24. 3. 1163 kranken, und hütete das Schmerzenslager bis zum ersten Juli. Und er bat Gott, ihm das Leben bis zur Einweihung des Bethauses zu Lübeck zu fristen, und bis die jüngst zusammengetretene Geistlichkeit zu festem Bestande gelangt und erstarkt sei. Und unverzüglich bekam er denn auch durch Gottes Gnade für eine Zeitlang die erbetene Frist. Er begab sich also zum Herzog, der damals gerade nach Stade gekommen war, um mit dem Erzbischof zusammenzutreffen, und besprach sich mit ihm über das, was der Lübecker Kirche nützlich sei. Seine Worte fanden des Herzogs Beifall, der ihn aufforderte, sobald wie möglich nach Lübeck zurückzukehren, um das zur Einweihung Erforderliche vorzubereiten. Den Erzbischof aber bat der Herzog, zur Vollziehung dieser feierlichen Handlung mitzuwirken. Diese Bitte erfüllend, trat der Erzbischof die Reise ins wagrische Land an, und weihte im Vorbeikommen die Kirche zu Faldera, die, wie man weiß, der selige Vicelin, Bischof von Aldenburg, gegründet und besessen hatte. Der Erzbischof aber tat dem Propst und den dort lebenden Brüdern viel Gutes und verordnete, daß der Ort fortan Neumünster genannt werden sollte. Bisher hieß er nämlich Faldera oder Wippenthorp. Der Propst dieses Stiftes war Hermann, der einst schon in Lubeke zu

der Zeit, als die Barbaren dort hausten, viele Mühen erduldet hatte, während er zur Predigt des Evangelii mit Herrn Ludolf, dem Propst von Segeberg, und Bruno, dem Priester von Aldenburg, verbunden gewesen war. Dieser Hermann also war in der Verwaltung des Klosters Neumünster dem ehrwürdigen Eppo gefolgt, dessen ausgezeichnete, von jedermann in alle Zeiten hinaus mit Liebe im Gedächtnis zu bewahrende Frömmigkeit schon zuvor am ersten Mai glücklich das Ziel der Vollendung erreicht hatte. Nachdem also, wie gesagt, die Einweihung des Klosters Neumünster vollendet war, begab sich der Erzbischof nach Segeberg, wo er beim Grafen Adolf einkehrte. Als er aber nach Lübeck kam, empfingen ihn der Herzog und der Bischof mit großem Gepränge, und begannen das Werk der Weihe. Dabei brachte jeder williglich dar, wozu ihn sein Herz trieb, nämlich Herzog Heinrich, Bischof Gerold und Graf Adolf, und schenkten Güter, Renten und Zehnten zum Besten der Geistlichkeit. Als man aber den Erzbischof anging, dem Bischof Neumünster zu schenken, verstand er sich dazu nicht. Nach gehöriger Vollendung dieser Geschäfte kehrte der Erzbischof heim. Der Herzog aber reiste, nachdem er die Verhältnisse in Sachsen geordnet hatte, nach Baiern, um die Unruhigen zu beschwichtigen und Recht zu schaffen denen, so Gewalt litten[1].

95.
Bischof Gerolds letzte Tage

Unterdes fühlte Gerold, der ehrwürdige Bischof, daß die zeitweilig unterbrochenen Schmerzen mit erneuter Heftigkeit wiederkehrten und beschloß alle Kirchen sei-

[1] Nach Ps. 146,7.

nes Sprengels zu besuchen, ohne jedoch von irgend jemandem eine Gabe zu verlangen, weil er keinem beschwerlich fallen wollte. Er trug nun für seine Pfarrkinder väterlich Sorge, tröstete sie in reichem Maße mit Gottes Wort, wies die Irrenden zurecht, brachte die Zwieträchtigen zum Frieden und gewährte auch, wo es nötig war, die Gnadengabe der Firmelung. Auch untersagte er im Namen des Herrn den Sonntagsmarkt zu Plön, der von Slaven und Sachsen an jedem Tage des Herrn besucht wurde, weil die christliche Gemeinde den Gottesdienst und die heilige Messe hintansetzte, um allein den Handelsgeschäften obzuliegen. Diese sehr arge Abgötterei rottete er gegen vieler Erwarten mit festem Willen aus, indem er bei Strafe des Bannfluches verbot, daß ja niemand versuchen sollte, sie künftig wieder einzuführen. Fortan kamen denn die Leute zur Kirche, und hörten das Wort Gottes und wohnten den heiligen Handlungen bei. Nachdem also der Bischof seinen ganzen Sprengel bereist hatte, kam er zuletzt nach Lütjenburg, um die dort Wohnenden zu trösten und zu erbauen, und fühlte, als er die Messe gehalten hatte, gleich als wäre nun sein Geschäft vollendet, plötzlich seine Kräfte schwinden, worauf er nach Bosau gebracht wurde, wo er viele Tage das Bett hütete. Nie jedoch versäumte er bis zu seinem Todestag die Messe. Ich gestehe, daß ich mich nicht erinnere, je einen Mann gesehen zu haben, der im Gottesdienste größere Übung und Tätigkeit bewiesen, im Psalmensingen und in der Frühmesse häufiger mitgewirkt und größere Güte gegen die Geistlichkeit gezeigt hätte, die er nicht mit einem Worte von irgend jemandem beleidigen ließ. So ließ er einen Laien, der einen Geistlichen verleumdet hatte, sehr stark mit Schlägen züchtigen, um anderen zum Beispiel zu dienen, damit sie lernen sollten, nicht mehr

zu lästern. Sobald nun die Kunde von der Krankheit des trefflichen Seelenhirten erscholl, kamen zu ihm die ehrwürdigen Männer Odo, Dekan der Lübecker Kirche, und Ludolf, Propst von Segeberg, mit den Brüdern beider Stiftungen. Als diese, am Lager des Kranken stehend, ihm die Verlängerung seines Lebens wünschten, antwortete er selbst: „Warum wünschet ihr mir, Brüder, was unnütz ist? Wenn ich auch noch so lange lebe, der Tod bleibt doch immer bevorstehend. Mag doch nur jetzt gleich geschehen, was einst doch geschehen muß. Es ist besser überwunden zu haben, dem zu entgehen doch keinem vergönnt ist.“ O welch eine durch die Furcht vor dem Tode nicht irre gemachte Freiheit des Geistes! In unseren Gesprächen gab er uns eine Auslegung des Psalmwortes[1]: „Ich freue mich, des, was mir geredet ist, daß wir werden ins Haus des Herrn gehen“. Auf unser Befragen, welche Leiden ihn belästigten, erklärte er, heftige Schmerzen habe er nicht, nur der Mangel an Kräften sei ihm beschwerlich. Als die Brüder sein Ende herannahen sahen, vollzogen sie an ihm die heilige Ölung, und so versehen mit den heilbringenden Sakramenten, legte er, als der Tag anbrach und das Dunkel der Nacht verschwand, die gebrechliche Bürde des Fleisches ab. Sein Leichnam 13. 8. 1163
wurde nach Lübeck gebracht und daselbst von der Geistlichkeit und den Bürgern ehrenvoll bestattet, mitten in der Kirche, die er selbst gegründet hatte. Der Sitz zu Lübeck aber blieb bis zum 1. Februar unbesetzt, weil der Herzog abwesend war und man auf seinen Ausspruch wartete.

[1] Psalm 122,1.

Zweites Buch

(96[1].)
Vorrede zum nachfolgenden Werk

Unter den Geschichtschreibern finden sich selten solche, die in der Schilderung der Begebenheiten vollkommene Treue üben. Gewiß lassen sich die verschiedenen Geistesrichtungen der Menschen, meist einer verderbten Quelle entspringend, schon gleich an dem Äußern der Erzählung unterscheiden, indem nämlich gleichsam wie eine im Herzen des Menschen anschwellende und überfließende Flut unverdiente Liebe wie unverdienter Haß den geraden Gang der Darstellung stören und diese vom Pfade der Wahrheit ab, nach rechts oder links hinlenken. Manche nämlich verbergen sich, indem sie nach der Gunst der Menschen trachten, hinter einem erheuchelten Schein von Freundschaft, und reden aus Ehrgeiz oder Gewinnsucht nur das, was der Welt wohlgefällt, indem sie unwürdigen Menschen würdige Taten beimessen, und denen, welche kein Lob verdienen, Lob zollen und Segenswünsche aussprechen über die, welche derselben nicht wert sind. Andere dagegen, die sich

[1] In unserer Überlieferung der Slavenchronik sind die Kapitelzahlen, trotz der offenkundigen Entstehung und Einteilung des Werkes in zwei Bücher, einheitlich durchgezählt. Wir geben in weiteren immer beide Kapitelzahlen an.

vom Hasse treiben lassen, enthalten sich zu wenig des Tadels und suchen Gelegenheit, zu verleumden, und verfolgen, die sie mit der Hand nicht erreichen können, um so bitterer mit der Zunge. Das sind wahrhaftig Menschen, die aus Finsternis Licht machen und Nacht Tag nennen. Mitunter aber hat es doch auch nicht an Geschichtschreibern gefehlt, die aus Furcht vor dem Verlust zeitlicher Güter und Qualen des Körpers gottlose Handlungen der Fürsten zu veröffentlichen Anstand getragen haben. Immerhin ist noch eher zu verzeihen dem, der aus Kleinmut und Fügsamkeit gegen äußere Umstände die Wahrheit verschweigt, als dem, der in Erwartung eitlen Gewinnes Lügen schmiedet. Bei der Darstellung der Handlungen der Menschen muß also, wie bei der Ausführung feinster getriebener Arbeiten, der Blick des Beobachters stets unbefangen und frei sein, und darf sich weder durch Gunst, noch durch Haß oder Furcht vom Pfade der Wahrheit ablenken lassen. Weil das nun viele Erfahrung und die größte Geschicklichkeit erfordert – ich meine, das Steuerruder der Rede ohne Anstoß durch die diese hemmenden Felsriffe hindurch festzuhalten und zu leiten –, so muß ich um so angelegentlicher die Liebe Gottes anflehen, daß, da ich nun das Schiff meiner Geschichte mehr zu meiner eigenen Überraschung, als aus Tollkühnheit auf das hohe Meer hinausgeführt habe, der Herr mir helfen und günstige Winde verleihen möge, damit ich gewürdigt werde, dasselbe an das Ufer gehöriger Vollendung zu bringen. Sonst möchte ich freilich ob der Schwierigkeit der immer drückender werdenden Verhältnisse und wegen der entarteten Sitten der Fürsten gar leicht durch Menschenfurcht mich irre machen lassen. Das aber gereicht allen denen, die fest an der Wahrheit halten, zum großen Troste, daß die Wahrheit, wenn sie auch mitunter der Gottlosen Haß erregt, doch selbst unerschütterlich und untadelig bleibt, ebenso wie, wenn den kranken Augen das Licht verhaßt ist, nicht das Licht, sondern offenbar die Krankheit der Augen Schuld hat. So wird auch jeder, der sein leiblich Antlitz im Spiegel beschaut, nicht dem Spiegel, sondern sich selbst es beimessen, wenn er etwas Verdrehtes oder Verschrobenes an sich wahrnimmt. Das folgende Werk also widme ich, wie die vorhergehenden[1], Euch, ehrwürdige Herren und Brüder, mit dem Wunsche, der Gegenwart Ehre, der Zukunft durch die Kenntnis des Inhalts Nutzen zu bringen. Aber auch mir, hoffe ich, wird einiger Gewinn zufließen aus den Gebeten der großen Männer, die vielleicht dies Büchlein lesen und meiner Bitte, daß sie mich in ihr Gebet einschließen mögen, die Erhörung nicht versagen.

1. (97.)
Vom Bischof Konrad

Nachdem also die Angelegenheiten Baierns geordnet 1164
waren, kehrte Heinrich der Löwe, im Besitze zweier Herzogtümer glänzend, nach Sachsen zurück, berief die Geistlichen von Lübeck zu sich und gab ihnen Konrad, den Abt von Riddagshausen, einen leiblichen Bruder des Bischofs Gerold, zum Bischof. Obwohl dies nun dem Erzbischof Hartwig und beinahe allen Lübeckern nicht recht war, so galt doch der Wille des Herzogs mehr, dem zu widerstreben gefährlich war. Er empfing die heilige Weihe von den Händen des Erzbischofs Hartwig in Stade. Er war ausgezeichnet durch gelehrte Bildung,

[1] Damit ist das erste Buch gemeint, das Jahre zuvor entstanden ist.

Beredsamkeit, Leutseligkeit, Freigebigkeit und durch
viele andere Gaben, welche einem Würdenträger im
Äußern zur Zierde gereichen. Allein diese schöne Au-
ßenseite seines Charakters war unheilbar entstellt, wenn
ich so sagen darf, durch einen Ausschlag, nämlich durch
eine Unstetigkeit des Geistes und durch eine Leichtig-
keit, Worte zu machen, welche nie bei demselben
Punkte stehenblieb; er war uneins mit sich selbst, tat
nichts mit Überlegung, war unzuverlässig in Verspre-
chungen, bevorzugte die Fremden und setzte die Seinen
zurück. Die Geistlichkeit, die er in der jungen Kirche
vorfand, mißhandelte er zuerst mit großer Härte, und
hub dabei an an den ersten, die in der Kirche zu Lü-
1164 beck waren, und ging hinunter bis zu den letzten, die
auf dem Lande wohnten. Alle Güter der Priester er-
klärte er für sein Eigentum und sah sie nicht für seine
Brüder, sondern für seine Sklaven an. Wenn er angefan-
gen hatte, gegen einen der Brüder Maßregeln zu ergrei-
fen, so ließ er nicht eine gehörige Berufung ergehen,
kehrte sich nicht daran, ob Zeit und Ort paßten, hörte
auch nicht das Urteil des Kapitels an, sondern unter-
sagte denen, die er bedrücken wollte, sofort nach eige-
nem Gutdünken die Fortführung ihres Amtes, oder ver-
stieß sie ganz aus der Kirche. Als ihn der Herzog dar-
über vermahnte, ließ er in nichts nach, sondern wandte
sich vom Herzog ab und verband sich mit dem Erzbi-
schof, damit sie beide mit vereinten Kräften jeden, der
ihnen im Wege stände, überwinden könnten.

In jenen Tagen, als Konrad zu der höchsten Stufe des Priestertums befördert wurde, erhob sich, während er sich noch beim Erzbischof in Harburg, welches am Ufer der Elbe liegt, aufhielt, im Monat Februar, nämlich am 17., ein großes Unwetter mit heftigem Sturmwind, leuchtenden Blitzen und krachendem Donner, welches an verschiedenen Orten viele Häuser anzündete oder umstürzte, dazu entstand eine solche Überschwemmung des Meeres, wie man seit alten Zeiten nicht gehabt hatte; diese überflutete die ganze Küste von Friesland, Hadeln und das ganze Marschland an der Elbe und Weser und an allen den Flüssen, welche in den Ozean mündeten, und viele tausend Menschen und eine unzählige Menge Vieh ertranken. Wieviele Reiche und Vornehme saßen noch am Abend da und schwelgten in Überfülle des Vergnügens, keines Leides sich versehend: plötzlich aber kam das Unglück und stürzte sie mitten ins Meer!

2. (98.)
Vom Gemetzel unter den Flamen

An demselben Tage, an dem die Küstenländer des 17. 2. 1164
Ozeans von so großem Unglücke heimgesucht wurden, geschah ein sehr großes Blutbad in der slavischen Burg Mecklenburg. Wertizlaw nämlich, der jüngere Sohn Niclots, der zu Braunschweig in Haft gehalten wurde, ließ seinem Bruder Pribizlaw durch Boten sagen: „Siehe, ich liege hier ewig in Fesseln und du benimmst dich so gleichgültig? Erwache, sei tätig, handle wie ein Mann und erzwinge mit den Waffen, was du in Frieden nicht erlangen kannst. Denkst du denn nicht daran, daß unser Vater, Niclot, als er zu Lüneburg gefangen saß[1], weder durch Bitten noch durch Geld loszubringen war: als wir aber tapferen Sinnes die Waffen ergrif-

[1] Helmold hat zuvor nichts davon erzählt.

fen und Burgen anzündeten und zerstörten, wurde er da nicht freigelassen?" – Als Pribizlaw dies hörte, sammelte er heimlicherweise ein Heer und kam plötzlich nach Mecklenburg. Heinrich von Scathen aber, der Befehlshaber der Burg, war damals gerade abwesend, und die Besatzung derselben also ohne Oberhaupt. Pribizlaw kam also nahe hinan und sagte zu den Männern auf der Burg: „Große Gewalttat, ihr Männer, ist sowohl an mir, als an meinem Volke verübt; denn wir sind vertrieben aus dem Lande unserer Geburt, und des Erbes unserer Väter beraubt worden. Auch ihr habt diese Kränkung noch gehäuft, da ihr in unser Gebiet eingefallen seid und die Burgen und Weiler, die uns nach Erbrecht zugehören, in Besitz genommen habt. Daher lassen wir euch jetzt die Wahl zwischen Leben und Tod. Wollt ihr uns die Burg öffnen und uns das uns gebührende Land wiedergeben, so werden wir euch mit Weib und Kind und aller eurer Habe in Frieden ziehen lassen. Wenn ein Slave etwas von dem, was euch zugehört, entwendet, so werde ich es doppelt wieder ersetzen. Wollt ihr aber nicht abziehen, sondern diese Burg hartnäckig verteidigen, so schwöre ich euch, daß ich, wenn Gott uns Gunst und Sieg verleiht, euch alle mit der Schärfe des Schwertes töten werde." Als Antwort auf diese Anrede begannen die Fläminger ihre Geschosse zu richten und den Feinden Wunden beizubringen. Da gelangte das Heer der Slaven, welches an Zahl und Ausrüstung stärker war, in heftigem Kampfe in die Burg und tötete alle Männer in derselben, nicht einen von der Bevölkerung der Ansiedler ließen sie am Leben. Ihre Weiber und Kinder führten sie in die Knechtschaft und steckten die Veste in Brand.

Darauf wandten sie ihre Blicke auf die Burg Jlow, um auch diese zu zerstören. Guncelin aber, ein Vasall des

Herzogs und Statthalter des Landes der Obotriten, war, als er von Kundschaftern erfuhr, die Slaven seien ausgezogen, mit wenigen Kriegern nach Jlow voraufgegangen, um die Burg zu beschützen. Nach der Zerstörung von Mecklenburg aber eilte Pribizlaw mit seinen tapfersten Kriegern dem Heere voran, um die Belagerung vorweg ins Werk zu setzen, damit keiner etwa entkäme. Als Guncelin das hörte, sagte er zu den Seinen: „Laßt uns schnell ausrücken und mit ihm kämpfen, bevor das übrige Heer ankommt. Denn sie sind müde vom Kampfe und von dem Blutbade, welches sie heute vollbracht haben." Da antworteten ihm seine Getreuen: „Es ist nicht geraten für uns auszurücken; denn sobald wir ausgerückt sind, werden die Slaven, die sich hier in der Burg befinden und scheinbar auf unserer Seite stehen, die Tore der Burg hinter uns schließen, und wir werden ausgeschlossen sein, die Burg aber wird den Slaven übergeben werden." Das gefiel Guncelin übel und seinen Mannen, was sie sagten. Darum berief er alle Deutschen, die in der Burg waren, und sagte zu ihnen in Gegenwart der Slaven, die in der Burg sich befanden und von denen man Verrat befürchtete: „Mir ist hinterbracht worden, daß die Slaven, die sich mit uns innerhalb der Burgmauern befinden, dem Pribizlaw geschworen haben, uns und die Burg ihm überliefern zu wollen. Darum hört mich an, ihr meine Landsleute, denen Tod und Verderben bestimmt ist. Sowie ihr Treulosigkeit merkt, eilt und stemmt euch an die Tore, werft Feuer in die Häuser und verbrennt diese Verräter mit Weib und Kind. Sie sollen mit uns sterben, und es soll keiner von ihnen mit dem Leben davonkommen, um über unsern Untergang zu frohlocken." Als die Slaven dies hörten, gerieten sie in Schrecken, und wagten nicht ins Werk zu setzen, was sie beabsichtigt hatten. Am Abend aber erschien das ganze Heer der Slaven vor der Burg Jlow, und Pribizlaw redete die darin befindlichen Slaven so an: „Es ist euch allen bekannt, wieviel Schaden und Unheil über unser Volk durch die gewalttätige Herrschaft des Herzogs gebracht ist, der uns das Erbe unserer Väter genommen und überall in demselben Fremdlinge eingesetzt hat, nämlich Fläminger und Holländer, Sachsen und Westfalen und andere verschiedene Nationen. Über diese Kränkung war mein Vater bis an seinen Tod ergrimmt, mein Bruder sitzt aus demselben Grunde in ewigem Gefängnis, und niemand ist übriggeblieben, der unserem Volke wohl will, oder es wieder empor zu bringen trachtet, als ich allein. So gehet denn in euch, ihr Männer, die ihr den Rest des slavischen Volkes bildet, und fasset wieder Mut und übergebt mir diese Burg und die Männer, die sie unrechtmäßig in Besitz genommen haben, damit ich sie strafe, wie ich die gestraft habe, welche Mecklenburg eingenommen hatten." Und so begann er, sie wegen ihres Versprechens zu mahnen. Sie aber gingen aus Furcht nicht darauf ein. Daher begaben sich die Slaven etwas von der Burg hinweg, weil es Nacht wurde und sie das Lager aufschlagen mußten. Da sie aber bedachten, daß Guncelin und die Seinen tapfere und kriegstüchtige Männer waren, und die Burg nicht ohne das größte Blutvergießen zu nehmen war, gaben sie mit Tagesanbruch die Belagerung auf und kehrten heim. Guncelin aber, wie ein Brand, der aus dem Feuer errettet ist, verließ Jlow und begab sich, nachdem er dort einen Posten zur Bewachung der Slaven zurückgelassen hatte, nach Schwerin, und die Bewohner der Burg freuten sich über seine unverhoffte Ankunft. Denn den Tag vorher war das Gerücht gegangen, daß er und seine Mannen erschlagen seien.

3. (99.)
Vom Bischof Berno

Fünf Tage also nach der Zerstörung von Mecklenburg zog der ehrwürdige Bischof Berno mit wenigen Geistlichen von Schwerin herunter, um die Toten zu bestatten, indem er an seinem Halse den Priesterschmuck trug, in welchem das heilige Meßopfer zu vollziehen Sitte ist. Er stellte mitten unter den Toten einen Altar auf und opferte für sie die heilbringende Hostie dem Herrn, unserem Gotte, mit Trauern und Zagen. Als er nun schon an das Ende der heiligen Handlung kam, erhoben sich die Slaven aus einem Hinterhalt, um den Bischof und seine Gefährten zu ermorden. Schnell aber kam, von Gott gesandt, ein gewisser Reichard von Salzwedel mit Reisigen herbei. Als der vernommen hatte, daß Guncelin zu Jlow eingeschlossen sei, zog er aus, ihm zu helfen, und kam unterwegs zufällig nach Mecklenburg gerade in dem Augenblick, als der Bischof mit den Seinen dem Tode schon ganz nahe war. Seine Ankunft aber schreckte die Slaven so, daß sie entflohen, worauf der Bischof, so gerettet, das fromme Werk vollzog und an siebzig Leichen der Erschlagenen beerdigte; darauf kehrte er nach Schwerin zurück. 22. 2. 1164

Bald darauf aber kam Pribizlaw, nachdem er wieder eine Schar von Slaven gesammelt hatte, nach Malchow und Cusein, und redete die Bewohner der Burg an und sprach: „Ich weiß, daß ihr tapfere und edle Männer seid und gehorsam dem Befehle eures Herrn, des großen Herzogs. Darum will ich euch raten, was euch frommt. Gebt mir die Veste zurück, die einst meinem Vater gehörte und jetzt dem Erbrechte gemäß mir zukommt, so will ich euch freies Geleit bis an das Ufer der Elbe verschaffen. Sollte einer von dem, was euch gehört, ir- 1164 gendetwas mit Gewalt sich angeeignet haben, so werde ich es euch doppelt ersetzen lassen. Haltet ihr aber diese äußerst billigen Bedingungen für unannehmbar, so werde ich wieder mein Glück versuchen und euch angreifen müssen. Bedenkt, was den Bewohnern von Mecklenburg widerfahren ist, welche die Friedensbedingungen verschmäht und mich zu ihrem Verderben herausgefordert haben.“ Darauf erlangten also die Ritter, die die Veste besetzt hielten, da sie sahen, daß der Kampf nicht statthaft war, weil die Feinde zahlreich, der Helfer aber nur wenige waren, freies Geleit bis über die Grenzen des Slavenlandes, und Pribizlaw nahm die Burg wieder in Besitz.

4. (100.)
Wertizlaw wird aufgehängt

Als nun Heinrich der Löwe vernahm, daß die Lage der Dinge im Slavenland schwankend werde, wurde er im Geiste betrübt und sandte inzwischen eine starke Abteilung von Rittern nach Schwerin, um es zu verteidigen. Dann befahl er dem Grafen Adolf und den Ältesten von Holzatia, nach Jlow hinüberzuziehen und die Burg zu besetzen. Danach sammelte er ein großes Heer und rief seinen Vetter Adelbert, den Markgrafen des östlichen Slavenlandes, und alle tapfersten Männer in ganz Sachsen zu Hilfe, um den Slaven das Unheil zu vergelten, das sie angerichtet hatten. Auch Waldemar, den König der Dänen, rief er mit einer Flotte herbei, um sie zu Wasser wie zu Lande heimzusuchen. Graf Adolf aber stieß mit dem ganzen Volke der Nordelbinger zum Herzoge unweit Malchow. Der Herzog aber ließ, als er über die Elbe gegangen und ins Gebiet der Slaven eingerückt war, Wertizlaw, den Fürsten der Slaven, in der Nähe der Burg Malchow aufknüpfen, da sein Bruder Pribizlaw ihn ins Verderben gestürzt und die friedlichen Versprechungen, die er gemacht, gebrochen hatte. Darauf ließ der Herzog durch einen Gesandten dem Grafen Adolf befehlen und sagen: „Mache dich mit den Holzaten und Sturmarn und mit allem Volke, das bei dir ist, auf, und ziehet vor dem Herzog her bis an den Ort namens Verchen[1]. Dasselbe wird Guncelin tun, der Statthalter im Lande der Obotriten, und Reinold, Graf von Dithmarschen, und Christian, Graf von Oldenburg, welches im Amerland liegt, einer Landschaft der Friesen; diese alle werden mit dir zusammen voraufziehen mit ihren Reisigen." Darauf zog Graf Adolf aus nebst den übrigen Edeln, die mit ihm durch das Aufgebot des Herzogs bestellt waren, und sie kamen nach Verchen, welches von der Burg Demmin ungefähr zwei Meilen entfernt liegt, und schlugen dort ein Lager auf. Der Herzog aber und die übrigen Fürsten verweilten in Malchow, um in einigen Tagen mit dem übrigen Heere nachzufolgen, begleitet von Saumrossen, welche so viel Lebensmittel tragen sollten, wie das Heer bedurfte. Das ganze Heer der Slaven aber hatte sich in der Burg Demmin gelagert. Ihre Führer waren Kazemar und Buggezlaw, die Herzoge von Pommern, und mit ihnen Pribizlaw, der Urheber des Aufstandes; und sie sandten Boten an den Grafen, um durch ihn Friedensbedingungen zu erlangen, und versprachen 3000 Mark. Dann schickten sie wieder andere und versprachen 2000. Das aber gefiel dem Grafen Adolf übel und er sagte zu den Seinen: „Was dünkt euch, ihr weisen Männer? Gestern haben sie 3000 Mark versprochen, und heute bieten sie 2000.

[1] An der Peene, wo sie aus dem See von Kummerow tritt.

Das heißt nicht den Frieden suchen, sondern den Krieg herbeiführen." Da sandten die Slaven in der Nacht Kundschafter ins Lager, um den Zustand des Heeres zu erforschen. Die Aldenburger Slaven waren bei dem Grafen Adolf, aber voll Hinterlist; denn alles, was beim Heere vorfiel, hinterbrachten sie durch die Kundschafter den Feinden. Daher sagten Marchrad, der Älteste im Lande der Holzaten, und die übrigen, die die verborgene Bedeutung jener Worte verstanden hatten: „Wir haben bestimmte Nachricht, daß unsere Feinde sich zum Kampf rüsten. Unsere Leute aber sind zu nachlässig, und beweisen weder bei den Nachtwachen, noch auf Posten am Tage die nötige Sorgfalt. Darum gib wohl acht auf dein Volk, zumal der Herzog Gutes von dir erwartet." Der Graf aber und die übrigen Edlen beachteten diese Worte nicht, sondern sagten: „Es ist Friede, es hat keine Gefahr, denn die Tapferkeit der Slaven ist völlig erstorben." So entschwand dem Heere die Wachsamkeit. Da aber der Herzog längere Zeit verweilte, so gingen dem Heere die Lebensmittel aus, und es wurden Knechte auserwählt, welche zum Heere des Herzogs gehen sollten, um Lebensmittel herbeizuschaffen. Als diese frühmorgens ihren Weg antraten, siehe,
6. 7. 1164 da bekamen sie, als sie den Hügel hinanstiegen, die schlagfertig aufgestellten Heeresabteilungen der Slaven mit unzähligem Volke, sowohl Reitern als Fußvolke, zu Gesicht. Als sie diese erblickten, kehrten sie um und weckten mit lautem Geschrei das schlafende Heer. Sonst hätten alle den Tod mit dem Schlafe vermählt. Da aber fingen die erlauchten ritterlichen Helden Adolf und Reinold mit sehr wenigen Holzaten und Dithmarschen, die, zufällig aus dem Schlaf geweckt, früher herbeigeeilt waren, die Feinde am Abhang des Hügels auf, und der erste Heeresteil der Slaven wurde von ihnen

aufgerieben, und sie trieben sie auch bis in den See[1] hinein. Sofort aber folgte diesen die zweite Abteilung der Slaven und bedeckte jene wie ein Bergsturz; da wurden Graf Adolf und Graf Reinold zum Tode getroffen, und die Tapfersten fielen im Kampfe. Die Slaven bemächtigten sich des Lagers der Sachsen und plünderten es. Guncelin indes und Christian und mit ihnen mehr als 300 Ritter hielten sich eng aneinander geschlossen zur Seite des Schlachtfeldes, und wußten nicht, was sie tun sollten. Denn es war gefährlich, es mit einem so zahlreichen Feinde aufzunehmen, nachdem alle ihre Kampfgenossen erschlagen oder in die Flucht getrieben waren. Da ereignete es sich, daß eine Abteilung Slaven nach einem Zelte kam, wo viele Knappen und mehrere Pferde waren. Als sie nun heftig kämpfend auf diese eindrangen, da riefen die Knappen ihren Herren, welche in der Nähe zusammen standen, zu: „Was steht ihr da, tapfere Ritter? Warum kommt ihr euren Dienern nicht zu Hilfe? Ihr benehmt euch wahrhaftig sehr schimpflich!" Diese, von dem Geschrei ihrer Diener herbeigerufen, flogen auf die Feinde zu und befreiten, mit blinder Wut kämpfend, ihre Waffenträger. Dann drangen sie voll Tapferkeit ins Lager hinein, und es ist schwer zu sagen, wieviele Streiche sie austeilten und welch ein Blutbad sie anrichteten, bis sie die siegreichen Scharen der Slaven auseinander gejagt und das verlorene Lager wieder erobert hatten. Zuletzt goß der Herr einen Schwindelgeist unter die Slaven, und sie fielen von der Hand der trefflichen Ritter. Als das die Sachsen hörten, kamen sie hervor, drangen mit erneuter Kühnheit auf die Feinde ein, und brachten ihnen eine außerordentliche Niederlage bei, so daß das Feld von den Haufen der Erschlagenen bedeckt war. Da

[1] Den Kummerower See.

kam auch der Herzog herbeigeeilt, um die Seinen zu schützen, und sah die Niederlage, die unter seinen Völkern angerichtet war, und daß Graf Adolf und die tapfersten Streiter gefallen waren, und zerfloß in einen Strom von Tränen. Seinen Schmerz aber linderte der reiche Sieg und die Menge der erschlagenen Slaven, deren man an 2500 zählte. Darauf ließ der Herzog den Leichnam des Grafen Adolf in Stücke schneiden und auskochen und einbalsamieren, damit er fortgeschafft und bei seinen Vätern beigesetzt werden könne[1]. So wurde denn die Prophezeihung erfüllt, die er den Tag vor seinem Tode selbst sang, indem er sehr oft den Vers wiederholte: „Mit Feuer hast du mich geprüfet und keine Ungerechtigkeit ist erfunden an mir[2]".

Die Slaven, welche der Schärfe des Schwertes entronnen waren, kamen nach Demmin, zündeten diese mächtige Burg an und zogen dann ins Innere von Pommern, vor dem Herzog fliehend. Am nächsten Tage aber kam dieser mit dem ganzen Heere nach Demmin, fand die Burg niedergebrannt, und hinterließ daselbst einen Teil des Heeres, um den Wall niederzureißen und dem Erdboden gleichzumachen, und den Verwundeten zu helfen, die der Pflege bedürften. Er selbst aber eilte mit dem übrigen Heere dem König Waldemar entgegen. Darauf zogen sie mit vereinter Macht aus, um Pommern der ganzen Breite nach zu verheeren und kamen an einen Ort namens Stolpe. Dort hatten Kazemar und Buggezlaw schon vor Zeiten zum Gedächtnis ihres Vaters Wertizlaw, der dort getötet und bestattet war, eine Abtei gestiftet. Dieser war zuerst unter allen

[1] Nach den Jahrbüchern von Egmund wurden die Eingeweide dort begraben, der Leib mit Salz und aromatischen Kräutern ausgekocht und in Minden bestattet, wo man ihn als Märtyrer verehrte.

[2] Psalm 17,3.

Herzogen von Pommern zum Glauben bekehrt vom heiligen Otto, Bischof zu Bamberg, und hatte selbst das Bistum Usedom gegründet und das Christentum in Pommern eingeführt. Dahin also kam das Heer des Herzogs und fand keinen Widerstand. Denn die Slaven flohen immer weiter vor dem Herzog, und wagten nirgends standzuhalten aus Furcht vor seinem Angesicht.

5. (101.)
Die Beisetzung des Grafen Adolf

In jenen Tagen kam ein Bote ins Land der Slaven, der 1164
dem Herzog meldete: „Siehe, ein Gesandter des Königs von Griechenland[1] ist mit großem Gefolge nach Braunschweig gekommen, mit dir zu reden." Diesen zu vernehmen, reiste der Herzog aus dem Slavenland fort, indem er das Heer und den glücklichen Erfolg des Feldzuges aufgab. Sonst hätte er wegen des jüngst erfochtenen Sieges, von der Gunst des Glückes getrieben, die ganze Macht der Slaven bis auf den Grund vernichtet und das Land der Pommern ebenso behandelt, wie das Land der Obotriten. Das ganze Land der Obotriten aber, samt den Nachbarländern, welche zum Reiche der Obotriten gehören, war durch die fortwährenden Kriege, besonders aber durch diesen letzten, völlig zur Einöde gemacht, indem Gott dazu mitwirkte und des frommen Herzogs Rechte ohne Unterlaß stark machte. Wenn irgendwo noch lezte Überbleibsel der Slaven vorhanden waren, so wurden sie infolge des Getreidemangels und der Verheerung des Landes so von Hungersnot heimgesucht, daß sie scharenweise zu den Pommern oder Dänen zu flüchten gezwungen wurden, die sie

[1] Des Kaisers Manuel Komnenos.

ohne alles Mitleid an die Polen, Sorben oder Böhmen verkauften.

Nachdem also der Herzog bei seinem Aufbruch aus dem Slavenlande das Heer entlassen hatte, einen jeden wieder in seine Stadt, wurde der Leichnam des Grafen Adolf nach Minden gebracht und dort mit feierlicher Andacht beigesetzt. Die Grafschaft aber behielt seine Witwe Machtildis und sein noch sehr junger Sohn. Da aber veränderte sich das Aussehen dieses Landes; denn als es seines trefflichen Beschützers beraubt war, schien die Gerechtigkeit und die Sicherheit der Kirchen völlig erschüttert zu sein. Denn solange er lebte, kam der Geistlichkeit nichts hart, nichts unüberwindlich vor. So groß war seine Glaubenstreue, seine Herzensgüte, seine Umsicht und Klugheit, daß er aus allen Tugenden insgesamt zu bestehen schien. Er wurde als einer der Streiter des Herrn und gewiß nicht als der geringste an seinem Teile erfunden, indem er Aberglauben und Götzendienst ausrottete, und das Werk der jungen Pflanzung förderte, daß es gedeihe und Frucht bringe. Zuletzt, als er den guten Lauf vollendet hatte, erhielt er die Siegespalme; er trug das Banner im Lager des Herrn, er stand da als Verteidiger des Vaterlandes, treu den Fürsten bis zum Tod. Als man ihn bat, er möge durch die Flucht sein Leben retten, wies er dies Ansinnen mit Abscheu von sich und empfing, mit den Händen tapfer kämpfend, seine Stimme aber zum Herrn erhebend, willig den Todesstreich, voll Heldentugend. Ihm nacheifernd, verrichteten die erlauchten Männer und trefflichen Vasallen des tapferen Herzogs, Guncelin und Bernhard, von denen der eine in Schwerin, der andere in Ratzeburg befehligte, auch ihrerseits tüchtige Taten und kämpften als Streiter des Herrn an ihrem Teil, so daß durch sie der Dienst am Hause Gottes unter dem ungläubigen und götzendienerischen Volke gefördert wurde.

6. (102.)
Der Wiederaufbau von Demmin

Pribizlaw also, der Urheber der Empörung, nunmehr aus dem väterlichen Erblande verbannt, hielt sich bei den Herzögen von Pommern, Kazemar und Buggezlaw auf, und sie begannen Demmin wieder aufzubauen. 1164/66?
Von da brach Pribizlaw häufig hervor und suchte durch heimliche Einfälle das Gebiet von Schwerin und Ratzeburg heim und machte wiederholt große Beute an Menschen und Vieh. Aber Guncelin und Bernhard beobachteten seine Auswege, und auch sie kämpften von Hinterhalten aus, und behielten in sehr häufigen Gefechten stets die Oberhand, bis Pribizlaw nach Verlust seiner besten Leute und Rosse nichts mehr unternehmen konnte. Da sagten Kazemar und Buggezlaw zu ihm: „Gefällt es dir, bei uns zu wohnen und von unserer Gastfreundschaft Gebrauch zu machen, so hüte dich, daß du nicht übel tust vor den Augen der Vasallen des Herzogs; sonst werden wir dich aus unserem Gebiete verweisen. Den schon ehedem hast du uns so weit gebracht, daß wir die größten Verluste erlitten und unsere besten Leute und Burgen eingebüßt haben, und damit nicht zufrieden, willst du noch einmal des Herzogs Zorn auf uns herabziehen?“ So wurde Pribizlaw in seinem unsinnigen Treiben gehindert. Die Slaven also waren gedemütigt, und wagten aus Furcht vor dem Herzog nicht ihre Zunge zu regen.

Und der Herzog hielt Frieden mit dem König Waldemar von Dänemark, und sie besprachen sich häufig an 1166 der Eider oder zu Lübeck über das Beste ihrer Länder. Der König zahlte dem Herzog eine große Summe Geldes, weil sein Land durch ihn von den Verheerungen der Slaven befreit war. Da begannen alle Inseln, welche zum Reiche der Dänen gehören, bewohnt zu werden, weil die Seeräuber verschwanden und die Raubschiffe zerstört waren. Und der König und der Herzog kamen überein, sich die Tribute aller der Völker, die sie zu Lande wie zu Wasser überwinden würden, gemeinschaftlich teilen zu wollen.

Nun wurde die Macht des Herzogs größer, als die aller seiner Vorgänger, und er wurde ein Fürst der Fürsten auf Erden; und er beugte den Nacken der Empörer und brach die Burgen, vertilgte herumschweifendes Gesindel, machte Frieden im Lande, erbaute die stärksten Vesten und erwarb ein ungeheures Vermögen. Denn außer dem Erbgut, seiner großen Vorfahren, des Kaisers Lothar und der Gemahlin desselben, der Richenze, und vieler Herzöge von Baiern und Sachsen fielen ihm noch die Güter vieler Fürsten zu, wie die Hermann's von Winzenburg, Sifrid's von Hamburg[1], Otto's von Asle und anderer, deren Namen mir entfallen sind.

Was soll ich der ausgedehnten Besitzungen des Erzbischofs Hartwig gedenken, der aus dem alten Geschlechte der Udonen[2] herstammte? Die herrliche Burg Stade erlangte er mit allem Zubehör, mit der Grafengewalt über beide Elbgestade sowie der über Dithmarschen noch zu Lebzeiten des Bischofs teils nach Erbrecht, teils nach Lehnsrecht. Auch nach Friesland streckte er seine Hand aus und sandte ein Heer gegen sie, und sie gaben, um sich loszukaufen, was man von ihnen verlangte.

[1] Er war Graf von Vomeneburg und Homburg, nicht von Hamburg.
[2] Grafen von Stade.

7. (103.) Die Mißgunst der Fürsten über den Ruhm des Herzogs

Weil aber der Ruhm Neid erzeugt und in menschlichen Dingen nichts Dauerndes ist, so sahen auf den so großen Namen des Helden alle Fürsten Sachsens mit Scheelsucht hin. Denn die Macht Heinrichs, welcher im Besitze ungeheurer Reichtümer und von glänzendem Siegesruhm, durch das doppelte Herzogtum in Baiern und Sachsen über alle hocherhaben dastand, kam eben deshalb allen, sowohl Fürsten als Edlen Sachsens unerträglich vor. Allein die Hand der Fürsten lähmte die Furcht vor dem Kaiser, so daß sie die beabsichtigten Unternehmungen nicht ins Werk setzten. Als aber der Kaiser zu 1166
dem vierten Zuge nach Italien rüstete und die Zeitumstände günstig geworden waren, da trat alsbald die alte Verschwörung ans Licht und es entstand ein mächtiges Bündnis aller gegen einen. Die Führer aber waren Wichmann, Erzbischof von Magdeburg, und Hermann, Bischof von Hildesheim. Nach diesen waren die Vornehmsten: Ludwig, Landgraf von Thüringen, Adelbert, Markgraf von Salzwedel und Markgraf Otto von Camburg[1] und dessen Brüder, sowie auch Adelbert, Pfalzgraf von Somerschenburg. Diese unterstützten folgende Edele: Otto von Asle, Wedekind von Dasenburg, Christian von Oldenburg, welches in Amerland liegt. Mehr als sie alle stellte dem Herzog jener vor anderen mächtige Reinold, Erzbischof von Köln und Kanzler des Reiches, nach, der persönlich zwar abwesend, nämlich in Italien war, aber doch mit aller Kraft seines Geistes danach trachtete, den Herzog zu stürzen. Dem- 1167

[1] Markgraf von Meißen, nach Camburg an der Saale genannt.

nach belagerten die Fürsten Ostsachsens im Verein mit dem Landgrafen Ludwig von Thüringen eine Burg des Herzogs, namens Aldeslef[1] und erbauten gegen sie viele Belagerungswerke. Graf Christian von Amerland aber sammelte eine Schar von Friesen und besetzte Bremen und dessen ganzes Gebiet, und erregte eine große Bewegung in den westlichen Gegenden. Da nun der Herzog sah, daß von allen Seiten her Kriege drohten, begann er Städte und Burgen zu befestigen und an geeigneten Orten Besatzungen aufzustellen. Damals verwaltete das Grafenamt über Holzatien, Sturmarn und Wagrien die Witwe des Grafen Adolf für ihren noch unmündigen Sohn. Wegen der nahenden Kriegsunruhen aber bestellte der Herzog einen Vormund für den Knaben, um die Kriegsangelegenheiten zu leiten, nämlich den Grafen Heinrich, der aus Thüringen stammte[2], einen Oheim des Knaben, einen Mann, dem Ruhe und Friede unerträglich und der ganz dem Kriegswesen ergeben war. Auch nahm er, nachdem er sich darüber mit den Seinigen beraten hatte, Pribizlaw, den Fürsten der Slaven, den er, wie oben erzählt ist, durch viele Kämpfe aus dem Lande vertrieben hatte, wieder zu Gnaden an, und gab ihm seines Vaters ganzes Erbgut wieder, nämlich das Land der Obotriten, außer Schwerin nebst Zubehör. Pribizlaw aber leistete dem Herzog und dessen Freunden den Treueid, und gelobte, daß er durch keine Kriegsbewegung sich wankend machen lassen werde, und seines Befehles gewärtig auf die Wünsche seiner Freunde lauschen und nie den geringsten Anstoß erregen wolle.

[1] Neu-Haldensleben an der Ohre.
[2] Grafen von Schwarzburg.

8. (104.)
Die Plünderung Bremens

Danach sammelte der Herzog ein großes Heer und zog in das östliche Sachsen hinein, um mit seinen Feinden mitten in ihrem Lande selbst sich zu messen. Da diese nun sahen, daß er mit starker Heeresmacht herankam, scheuten sie sich, mit ihm zusammenzutreffen. Und er plagte das feindliche Land hart, und verheerte es, sengte und brannte, und durchschweifte es bis an die Mauern von Magdeburg. Dann zog er mit dem Heere in die westlichen Gegenden, um den Aufstand des Grafen Christian zu unterdrücken, und kam plötzlich nach Bremen, und nahm es. Da floh Graf Christian in die entlegenen Marschen Frieslands. Der Herzog aber fiel in Bremen ein und plünderte es. Und die Bürger der Stadt flohen in die Marschen, weil sie gegen den Herzog sich vergangen und dem Grafen Christian sich vereidigt hatten, und der Herzog tat sie in die Acht, bis sie durch Vermittlung des Erzbischofs mit 1000 Mark Silbers und darüber den Frieden erkauften. Der Graf Christian aber starb wenige Tage nachher, und die Leiden der von ihm angestifteten Empörung wurden gestillt.

Während also überall innere Kriege wüteten, beschloß Erzbischof Hartwig, den entstehenden Unruhen auszuweichen, und hielt sich zu Hamburg auf, zurückgezogen und stille mit Klosterbauten und den sonstigen Angelegenheiten seiner Kirche sich beschäftigend. Da forderten ihn der Erzbischof von Köln und die übrigen Fürsten schriftlich auf, er möge sich doch an alle die Bedrückungen erinnern, die er vom Herzog erduldet habe; jetzt sei endlich die Zeit gekommen, wo er mit Hilfe der Fürsten die ihm gebührende Stellung wieder einnehmen könne: Stade und die entrissene Grafengewalt ständen ihm zu Gebote, wenn er die Sache der Fürsten unterstütze. Erzbischof Hartwig aber, der durch vielfache Erfahrung belehrt war, daß der Herzog im Kriege stets Glück hatte, und daß auch den Fürsten nicht zu trauen war, da man ihn durch dergleichen Versprechungen oftmals irre geführt hatte, begann in seinem Sinne zu schwanken. Ihn reizte zwar die Lust, seine alte, hohe Stellung wieder zu erlangen, allein die oft erprobte Unbeständigkeit der Fürsten schreckte ihn zurück. Währenddes blieb äußerlich ein freundschaftliches Verhältnis und der Friede ertönte in Worten. Jedoch begann der Erzbischof seine beiden Burgen Freiburg und Harburg zu befestigen, und ließ Waffen und Vorräte dahinschaffen, die auf Jahr und Tag hinreichten.

9. (105.)
Die Vertreibung des Bischofs Konrad

In diesen Tagen hielt sich Konrad, der Bischof der Lübecker Kirche, beim Erzbischof auf, und er hatte den größten Einfluß auf die Entscheidungen des Erzbischofs. Da wurde dem Herzog hinterbracht, der Bischof sei nicht friedfertig gesinnt, sondern trachte danach, den Herzog zu vernichten, und rate dem Erzbischof, zu den Fürsten überzugehen und die Freundschaft, die er mit dem Herzoge geschlossen habe, abzubrechen. Der Herzog aber wünschte die Sache genauer zu erfahren, und berief ihn zur Unterredung nach Artlenburg. Er aber, um dem Zorne des mächtigen Herrschers auszuweichen, ging fort nach Friesland, angeblich mit einem Auftrage vom Erzbischof betraut. Als er endlich von da zurückkam, berief ihn der Herzog zum zweiten Mal.

Demnach kam er geleitet vom Erzbischof und Herrn Berno von Mecklenburg zum Herzog nach Stade, um dessen Wort zu vernehmen. Der Herzog nun befragte ihn über das, was ihm hinterbracht war, wie er nämlich mit Schmähreden seine Ehre beeinträchtigt und gegen ihn bösen Rat erteilt habe. Der Bischof versicherte, von dem allen nichts zu wissen. Nachdem darauf von beiden Seiten noch manches dort gesprochen war, begann der Herzog, der die erschütterte Freundschaft wieder herzustellen und den von ihm schon sonst geschätzten Bischof noch fester an sich zu knüpfen wünschte, von demselben mit Freundlichkeit die schuldige Lehnshuldigung zu verlangen, wozu er, wie oben[1] gezeigt ist, durch kaiserliche Schenkung berechtigt war, nämlich in den Ländern der Slaven, die er selbst nach Kriegsrecht mit Schild und Schwert erobert hatte. Diesen Vorschlag aber lehnte der stolze Mann mit Entschiedenheit ab, indem er erklärte, der Ertrag seiner Kirche sei gering, niemals werde er um einen solchen Preis seine Freiheit schmälern oder sie der Gewalt irgend jemandes unterwerfen. Dagegen erklärte der Herzog, er müsse unbedingt entweder seine Stelle aufgeben, oder sich seinem Verlangen fügen. Da jedoch der Bischof fest bei seinem Willen blieb, so befahl der Herzog ihm den Zutritt zu seinem Sprengel zu versperren und alle bischöflichen Abgaben einzuziehen. Nach der Abreise des Herzogs sagte also der Erzbischof zum Bischof Konrad: „Ich glaube, es ist für euch nicht geraten, bei uns zu bleiben, wegen der Vasallen des Herzogs, die uns umringen. Tragt lieber für unsere Ehre und eure Rettung Sorge und begebt euch hinüber zum Erzbischof von Magdeburg und zu den Fürsten, damit ihr der Hand eurer Feinde entrinnen möget. Auch ich werde euch in wenig

[1] Buch I, Kap. 88.

Tagen nachfolgen und fremd mit euch in der Fremde weilen." Er befolgte den Rat des Erzbischofs und begab sich zum Erzbischof von Magdeburg, bei dem er ungefähr zwei Jahre[1] blieb. Von da ging er nach Frankreich, besuchte das Konzil der Zisterzienser und versöhnte sich mit dem Papst Alexander durch Vermittlung des Bischofs von Pavia, der zur Partei Alexanders gehörte, und aus seinem Sitze vertrieben in Clairvaux sich aufhielt. Dieser beauftragte den Bischof, sich, wenn es ihm möglich wäre, entweder selbst zu Alexander zu begeben, oder einen Bevollmächtigten an ihn zu schikken. Nach Besorgung dieser Angelegenheiten kehrte er nach Magdeburg zurück und fand dort den Erzbischof Hartwig von Hamburg[2], welcher gleichfalls vom Platze gewichen war, und sie blieben beim Erzbischof von Magdeburg manchen Tag.

Die Vasallen des Erzbischofs Hartwig aber, welche in den Vesten Harburg und Freiburg lagen, machten häufige Ausfälle, und sengten und plünderten in den Besitzungen des Herzogs. Daher sandte der Herzog eine Schar von Reisigen hin und besetzte Freiburg und brach die Befestigungen desselben, machte es dem Erdboden gleich und ließ alle bischöflichen Abgaben einziehen, nicht den kleinsten Rest ließ er von ihnen übrig. Nur die, welche sich in der Veste Harburg befanden, hielten sich bis zur Rückkehr des Erzbischofs, weil der Ort durch die tiefen Sümpfe geschützt war. Es brauste aber ein wütender Sturm des Aufstandes durch ganz Sachsen hin, da alle Fürsten gegen den Herzog kämpften; da wurden Krieger gefangen und verstümmelt, Burgen und Häuser zerstört und Städte eingeäschert. Und Goslar wandte sich den Fürsten zu. Da ließ der

[1] Diese Angabe ist viel zu hoch, wie aus der folgenden Erzählung hervorgeht.

[2] Der am 11. Okt. 1168 gestorben ist.

Herzog die Wege bewachen, damit niemand nach Goslar Getreide brächte, und sie litten dort große Hungersnot.

10. (106.)
Die Inthronisierung des Papstes Calixtus[1]

Damals verweilte Kaiser Friedrich in Italien und unter- 1167
drückte mit seines Armes Tapferkeit die Empörung in der Lombardei, und brach viele volkreiche und feste Städte, und er zog Nutzen aus der Lombardei mehr, als die Könige, die vor ihm gewesen waren lange Zeit. Und danach wandte er sein Antlitz, um nach Rom zu gehen und Alexander zu verjagen, Calixtus aber einzusetzen. Denn Paschalis war, nachdem er nur kurze Zeit als Papst gelebt hatte, gestorben[2]. Während der Kaiser nun Genua[3] belagerte, welches dem Alexander anhing, sandte er Reinold von Köln und Christian von Mainz nebst einem Teile des Heeres nach Rom vorauf. Und sie kamen nach Tusculanum[4], welches nicht weit
von Rom ist. Sobald aber die Römer von ihrer Ankunft 29. 5. 1167
hörten, zogen sie mit einem ungeheueren Heer aus, um für Alexander zu kämpfen. Da rückte Reinold mit den deutschen Kriegern vor, und die wenigen kämpften gegen die Unzahl der Römer und überwältigten sie, und erschlugen von ihnen an 12000, und verfolgten die Fliehenden bis an die Tore der Stadt. Da wurde das Land verpestet durch die Leichname der Erschlagenen,

[1] In diesem ganzen Kapitel wird Calixtus mit seinem Vorgänger Paschalis III. verwechselt.

[2] Tatsächlich ist er erst am 20. 9. 1168 gestorben. Danach ist Calixtus eingesetzt worden.

[3] Vielmehr Ancona.

[4] Frascati.

und die Weiber der Römer blieben Witwen viele Jahre lang, weil es an Männern fehlte unter den Bewohnern der Stadt. An demselben Tage, an welchem dies zu Rom vorfiel, kämpfte der Kaiser gegen die Genuesen und erlangte den Sieg, und wurde der Stadt mächtig. Darauf nahm er das Heer und zog fort nach Rom, und fand den Reinold und das Heer, welches er voraufgesandt hatte, voll Freuden über die eigene Rettung und die Niederlage der Römer. Und er schob das Heer vor, um Rom zu nehmen und griff den Dom St. Peters an, weil da eine Besatzung der Römer lag, und ließ Feuer an die Pforten der Kirche legen, so daß die Römer durch den aufsteigenden Rauch von den Türmen vertrieben wurden. Und er eroberte den Dom und füllte das Haus mit Toten an. Dann setzte er Calixtus auf den
1. 8. 1167 Thron und feierte dort Petri Kettenfeier. Darauf wandte er sich gegen die Lateranischen, um sie zu vernichten; sie aber gaben ihm um Stadt und Leben zu retten, was man von ihnen verlangte. Als sie, vom Kaiser gezwungen, den Alexander festnehmen wollten, vermochten sie es nicht, weil er in der Nacht sich auf die Flucht begeben hatte. Und er nahm die Söhne der Edlen als Geiseln[1], damit sie hinfort dem Calixtus mit untadeliger Treue gehorchen möchten.

Auf diese glücklichen Erfolge, die der Kaiser erkämpfte, folgte ein plötzliches Unglück. Denn eine solche Pest kam mit einemmal über Rom, daß in wenig Tagen beinahe alle umkamen. Im Monat August sollen nämlich dort zu Lande pestbringende Nebel aufsteigen. An dieser Pest starben Reinold von Köln und Hermann von Verden, welche die Ersten im Rate waren; außer-

[1] 1. Macc. 9,53.

dem der edle Jüngling, der Sohn König Konrads[1], der die einzige Tochter unsers Herzogs Heinrich zur Gemahlin hatte. Ferner starben zur selben Zeit noch viele Bischöfe, Fürsten und Edle. Der Kaiser aber kehrte mit dem Reste des Heeres nach der Lombardei zurück. Dort verweilend, vernahm er von dem Aufstande, der in Sachsen ausgebrochen war; er sandte daher Abgeordnete hin und ließ durch wiederholte Vergleiche die Empörer vorläufig beschwichtigen, um Zeit zu gewinnen, bis er selbst von dem italischen Zuge frei Hand hätte.

Damals schickte Heinrich, Herzog von Baiern und Sachsen, Gesandte nach England, und sie brachten die Tochter des Königs von England mit vielem Golde und Silber und großen Schätzen heim und der Herzog bekam sie zur Gemahlin[2]. Er war nämlich von seiner ersten Gemahlin, Frau Clementia, wegen allzu naher Verwandtschaft geschieden. Er hatte von ihr eine Tochter, die er dem Sohne König Konrads zur Ehe gab; dieser lebte jedoch nur noch kurze Zeit, da ihn auf dem italischen Zuge ein frühzeitiger Tod hinwegraffte, wie oben erwähnt ist.

11. (107.)
Der Vertrag der Fürsten mit dem Herzog

Nicht lange Zeit war seit diesen Begebenheiten verstrichen, als die Longobarden, da sie sahen, daß die Säulen des Reiches darniedergestürzt, und die Kraft des Heeres 1168

[1] Friedrich von Rothenburg, vermählt mit Gertrud, der Tochter Heinrichs des Löwen, nachmals Gemahlin König Kanuts von Dänemark; sie war bis 1172 die einzige eheliche Tochter Heinrichs.

[2] Mathilde, die erstgeborene Tochter König Heinrichs II., welche der Herzog am 1. Febr. 1168 zu Minden an der Weser ehelichte.

entschwunden war, sich einmütig gegen den Kaiser verschworen und ihn zu ermorden beschlossen. Er aber merkte die Hinterlist, verließ heimlich die Lombardei und kehrte nach Deutschland zurück. Hier berief er einen Hoftag nach Bamberg, auf welchen er alle sächsischen Fürsten vorlud und sie des Friedensbruches bezichtigte, indem er erklärte, der Aufstand der Sachsen habe den Longobarden Gelegenheit zum Abfall gegeben. Nach manchem Aufschub wurden endlich mit großer Umsicht und Klugheit die Zwistigkeiten, welche zwischen dem Herzog und den Fürsten herrschten, beigelegt, so daß der Friede geschlossen wurde. Und es ging alles nach den Wünschen des Herzogs, welcher von den Angriffen der Fürsten befreit wurde, ohne selbst das Geringste einzubüßen.

Der Erzbischof von Hamburg aber wurde in seinen
11. 10. 1168 Sprengel zurückgerufen, wo er indes erkrankte und in wenig Tagen starb. Durch seinen Tod endete der alte Zwist wegen der Grafschaft Stade, welche der Herzog fortan ohne Widerspruch besaß. Auch Bischof Konrad von Lübeck erlangte durch Verwendung des Kaisers die Erlaubnis, in seinen Sprengel zurückkehren zu dürfen, nämlich unter der Bedingung, daß er, seine frühere Hartnäckigkeit aufgebend, gegen den Herzog seine Schuldigkeit erfülle. Und als er nach seiner Rückkehr zugleich auch die Gnade des Herzogs erlangte, wurde er ein ganz anderer Mann; er hatte nämlich durch das, was er erlitten hatte, gelernt, mit seinen Brüdern Mitleid zu haben und war fortan zur Barmherzigkeit geneigter. Doch aber verteidigte er nach wie vor den Klerus gegen die Angriffe der Fürsten und Mächtigen, besonders des thüringischen Grafen Heinrich, der weder Gott noch Menschen fürchtend, nach den Gütern der Priester trachtete.

Als aber die Kriegsunruhen durch Gottes Fügung sich wieder in heitere Friedensruhe umgewandelt hatten, weigerte sich allein Wedekind von Dasenburg, den Frieden anzunehmen, den die Fürsten erklärt hatten. Dieser nämlich, von Jugend auf zu böser Tat bereit, hatte stets sein Rittertum zum Räuberhandwerk entwürdigt, war aber an der Ausführung der schlechten Handlungen, die er beabsichtigte, durch den Herzog, der ihn scharf im Zügel hielt, gehindert worden. Denn er war einmal gefangengenommen und ins Gefängnis geworfen worden und hatte sein Wort geben müssen, sich fortan der Räubereien enthalten und in aufrichtigem Gehorsam der Befehle des Herzogs gewärtig sein zu wollen. Als aber der Krieg ausbrach, wütete er, seines Versprechens uneingedenk, heftiger als alle gegen den Herzog. Nachdem nun die übrigen zur Ruhe gebracht waren, belagerte der Herzog diesen wilden Eber in der Veste Dasenburg. Da jedoch die Höhe des Berges jedes Sturmes spottete und die ganze Kraft der Maschinen wirkungslos machte, so schickte der Herzog hin und ließ sachverständige Männer von Rammelsberg[1] holen, und diese begaben sich an das schwere und unerhörte Werk, den Fuß des Dasenberges zu durchgraben, worauf sie, das Innere des Berges untersuchend, den Brunnen fanden, aus dem die Burgbewohner Wasser schöpften. Diesen Brunnen verstopften sie, so daß den Belagerten das Wasser ausging, weshalb Wedekind notgedrungen sich samt der Burg dem Herzog übergab; die übrigen wurden von ihm entlassen und gingen auseinander, jeder in seine Heimat.

[1] Bergleute von Rammelsberg im Harz.

12. (108.)
Von Zwantewit, dem Götzenbild der Rugianer

Damals zog König Waldemar von Dänemark eine große Land- und Seemacht zusammen, um sich ins Land der Rugianer zu begeben, und es sich zu unterwerfen. Ihn unterstützten Kazemar und Buggezlaw, die Fürsten der Pommern, und Pribizlaw, der Fürst der Obotriten, weil der Herzog den Slaven befohlen hatte, dem König der Dänen zu helfen, wenn er sich anschicke, fremde Völker zu unterjochen. Und das Werk gedieh in den Händen[1] Waldemars, und er eroberte das Land der Rugianer mit Gewalt, und sie gaben ihm, um sich loszukaufen, was er ihnen auferlegte. Er ließ das uralte Bild des Zwantewit, welches von allen Völkern der Slaven verehrt wurde, hervorholen, demselben einen Strick um den Hals binden, und es mitten durch das Heer hinziehen vor den Augen der Slaven, endlich es in Stücke hauen und ins Feuer werfen. Und er zerstörte das Heiligtum und machte seine Verehrung zunichte, und den reichen Schatz plünderte er. Und befahl ihnen, von ihrem Irrglauben, in welchem sie geboren waren, abzulassen und den Dienst des wahren Gottes anzunehmen. Und er gab Geld her zur Erbauung von Kirchen, deren zwölf im Lande der Rugianer angelegt wurden, und man stellte Priester an, um in geistlichen Dingen für das Volk zu sorgen. Dabei waren zugegen die Bischöfe Absalon von Roeskilde und Berno von Mecklenburg. Diese unterstützten den König voll Eifers, damit der Dienst am Hause unseres Gottes unter dem unschlachtigen und verkehrten Geschlecht begründet würde. Damals war Fürst der Rugianer Jaremar, ein edler Mann, der, nachdem er die Verehrung des

[1] 1. Macc. 2,47.

wahren Gottes und den katholischen Glauben kennengelernt hatte, eifrigst zur Taufe eilte und auch allen den Seinigen befahl, sich durch das heilige Wasser erneuern zu lassen. Er selbst aber war, als er nun Christ geworden war, im Glauben so fest und in der Verkündigung des Evangelii so beharrlich, daß man in ihm einen zweiten Paulus von Christo berufen sehen konnte. Er bekehrte, das Apostelamt verwaltend, das rohe und in tierischer Wildheit zügellose Volk teils durch emsiges Predigen, teils aber auch durch Drohungen von der angeborenen Rohheit zu der ein neues Leben bringenden Religion.
Von allen Slavenvölkern nämlich, die in Landschaften und Fürstentümern verteilt wohnen, ist allein das der Rugianer, verstockter als die übrigen, bis auf unsere Tage in der Finsternis des Unglaubens verblieben; dieses Volk, welches allen unzugänglich ist wegen des dasselbe umgebenden Meeres. Freilich geht eine dunkle Sage, Ludwig, Karls Sohn, habe einst das Land der Rugianer dem heiligen Veit in Corvey geweihet, weil er jenes Kloster gegründet hatte. Von da ausgehend, sollen Verkündiger des Evangelii das Volk der Rugianer oder Ranen zum Glauben bekehrt und dort zu Ehren des Märtyrers Veit, zu dessen Verehrung das Land bestimmt war, ein Bethaus gegründet haben. Nachher aber, als die Ranen oder Rugianer, da ihre Verhältnisse sich änderten, vom Lichte der Wahrheit abwichen, wurde ihr Irrglaube ärger als zuvor; denn den heiligen Veit, den wir als einen Knecht Gottes bekennen, begannen die Ranen als einen Gott zu verehren, indem sie ihm ein sehr großes Bild formten, und „dienten dem Geschöpfe mehr, denn dem Schöpfer“[1]. Dieser Aberglaube bei den Ranen aber wurde so stark, daß Zwante-

[1] Röm 1,25.

wit, der Gott des Landes der Rugianer, unter allen Götzen der Slaven den Vorrang erlangt hat, so daß er durch Siege am berühmtesten, in Orakelsprüchen am wirksamsten sein soll. Daher schickten auch noch in unserer Zeit nicht nur das wagrische Land, sondern alle Länder der Slaven dorthin jährlich Tribut, indem sie ihn für den Gott der Götter erklärten. Der König steht bei ihnen in Vergleich zum Priester in geringem Ansehen. Denn dieser erforscht die Orakelsprüche des Gottes und den Ausfall der Lose. Er hängt vom Winke der Lose, König und Volk aber von seinem Willen ab.

Unter den verschiedenen Opfern pflegte der Priester auch bisweilen einen Christen zu opfern, da er erklärte, daß an dem Blute eines solchen die Götter besonders Wohlgefallen fänden. Es traf sich vor einigen Jahren, daß dort des Fischfanges wegen eine sehr große Menge von Handelsleuten zusammengekommen war. Im November nämlich, wenn der Wind stärker weht, werden daselbst viele Heringe gefangen, und den Kaufleuten steht dann der Zutritt frei, wenn sie vorher dem Landesgotte den gebührenden Zins dargebracht haben. Damals befand sich zufällig ein gewisser Godescalk da, ein Priester des Herrn aus Bardowiek, den man aufforderte, unter dieser großen Volksmenge den Gottesdienst zu versehen. Dies aber blieb dem heidnischen Priester nicht lange verborgen; er berief deshalb den König und das Volk zu sich und erklärte, die Götter seien heftig erzürnt, und könnten nicht anders versöhnt werden, als durch das Blut des Priesters, der einen fremden Gottesdienst unter ihnen auszuüben gewagt habe. Darauf ruft das barbarische Volk voll Bestürzung die Schar der Handelsleute zusammen und bittet, ihnen den Priester auszuliefern, damit sie ihn ihrem Gotte als Sühnopfer darbringen könnten. Als nun die Christen sich dessen weigerten, boten sie ihnen hundert Mark zum Geschenk. Da sie aber nichts ausrichteten, so begannen sie Gewalt anzudrohen und kündigten auf den nächsten Tag Krieg an. Darauf traten die Handelsleute, da ihre Schiffe bereits vom Fange vollgeladen waren, in derselben Nacht ihre Rückreise an und entzogen, mit günstigem Winde segelnd, sich und den Priester der furchtbaren Gefahr.

Indes zeichneten sich die Ranen, obwohl bei ihnen der Haß gegen das Christentum und der Zündstoff des Aberglaubens mächtiger war, als bei den übrigen Slaven, doch durch viele natürliche Vorzüge aus. Sie übten in hohem Grade Gastfreundschaft, und erweisen den Eltern die schuldige Ehre. Auch fand man bei ihnen keinen Dürftigen oder Bettler. Wenn dort nämlich einer durch Krankheit oder Altersschwäche untüchtig wird, so überweist man ihn ohne weiteres seinem Erben, der ihn verpflegen und sich auf das sorgsamste seiner annehmen muß. Denn Gastlichkeit und Fürsorge für die Eltern gelten bei den Slaven für die ersten Tugenden. Übrigens ist das Land der Rugianer reich an Früchten, Fischen und Wildbret. Die Hauptstadt des Landes heißt Arcona.

13. (109.)
Die Verwandlung des Leibes und Blutes

Im Jahr der Fleischwerdung des Wortes 1168 wurde das 1168
Werk der neuen Pflanzung im Lande der Rugianer begonnen, und man erbaute Kirchen, denen das Erscheinen von Priestern alsdann Glanz und Ehre verlieh. Die Rugianer aber waren dem Dänenkönige zinspflichtig;

er nahm die Söhne ihrer Edlen als Geiseln, und führte sie mit sich hinweg in sein Land. Dies geschah zu der Zeit, als die Sachsen innere Kriege führten. Sobald aber der Herr den Frieden wieder verlieh, schickte der Herzog sogleich Gesandte an den König der Dänen, und verlangte Geiseln und die Hälfte des Zinses, den die Ranen erlegen, weil es versprochen und eidlich ausgemacht war[1], daß der Herzog, sobald der König irgendein Volk unterwerfen wollte, einerseits Hilfe leisten, andererseits aber auch für die Beteiligung bei der Arbeit am Gewinne teilhaben sollte. Da der König das verweigerte, und die Abgesandten unverrichteter Dinge wiederkamen, so berief der Herzog, von Zorn ergriffen, die Fürsten der Slaven und forderte sie auf, sich und ihn an den Dänen zu rächen. Sie wurden also gerufen und antworteten: Hier sind wir, und gehorchten ihm mit Freuden, der sie ausschickte. Da wurden die Riegel hinweggeschoben und die Pforten aufgetan, die vordem das Meer gesperrt hatten, und die Flut brach hervor und wurde eine gewaltige Überschwemmung, die vielen Inseln der Dänen und den Küstenländern Verderben drohte. Da wurden die Schiffe der Seeräuber wieder ausgerüstet, und setzten sich fest im Reiche der Dänen auf den reichen Inseln. Und die Slaven sättigten sich nach langem Fasten an den Schätzen derselben; sie wurden fett und dick und stark! Ich habe erzählen hören, daß man zu Mecklenburg an einem Markttage 700 gefangene Dänen zählte, alle käuflich, wenn Käufer genug vorhanden gewesen wären.

Dieses so große Unheil und Verderben war durch gewisse Vorzeichen im voraus verkündigt. Als nämlich ein

[1] Kap. II, 6 (102).

Priester in dem Lande der Dänen, welche Alsse[1] heißt, am heiligen Altar stand, und den Kelch erhob, um die Hostie zu nehmen, siehe, da war es, als zeigte sich in dem Kelch Fleisch und Blut. Als jener sich endlich von seinem Schrecken erholt hatte, eilte er, da er dies ungewöhnlich Aussehende nicht zu sich zu nehmen wagte, zum Bischof, und ließ dort von der versammelten Geistlichkeit den Kelch besichtigen. Während nun viele erklärten, dies sei vom Himmel bewirkt, um das Volk im Glauben zu befestigen, beteuerte der Bischof, welcher weiter sah, als die anderen, der Kirche stehe eine schwere Heimsuchung bevor, und es werde viel Christenblut fließen. Denn so oft das Blut der Märtyrer vergossen wird, wird Christus aufs neue in seinen Gliedern gekreuzigt. Auch täuschte diese Prophezeihung nicht. Denn kaum waren vierzehn Tage vergangen, so kam plötzlich das Heer der Slaven und besetzte das ganze Land, zerstörte die Kirchen, nahm die Menschen gefangen und tötete jeden, der Widerstand leistete, mit der Schärfe des Schwerts.

Lange schwieg der König der Dänen und ließ die Niederlage seines Volkes unbeachtet. Denn die Könige der Dänen, welche, träge und schlaff, beständig schmausen und zechen, haben selten einmal Gefühl für die Plagen, von denen ihr Volk betroffen wird. Endlich wie aus dem 1171?
Schlafe erwachend, zog der König von Dänemark ein großes Heer zusammen, und plünderte einen kleinen Teil des Circipanenlandes. Auch ein Sohn des Königs von einer Nebenfrau, Christoph, kam mit tausend Harnischen, wie man sagt, nach Aldenburg, welches auf dänisch Brandenhuse genannt wird, und plünderte die Küstengegend daselbst. Die Kirche aber, an welcher

[1] Alsen.

der Priester Bruno stand, beschädigten sie nicht, rührten auch die Habe des Priesters nicht an. Als aber die Dänen abzogen, folgten ihnen die Slaven auf dem Fuße nach, und holten ihren Verlust durch zehnfache Beute wieder ein. Dänemark besteht nämlich größtenteils aus Inseln, welche das Meer umströmt, und sie können sich vor den Überfällen der Seeräuber nicht leicht schützen, da dort vorspringende Landzungen sind, an denen die Slaven sich sehr gut verborgen halten können, und von wo aus sie dann unvermerkt hervorbrechen, um die nichts Ahnenden zu überfallen und zu plündern; denn in plötzlichen Überraschungen sind die Slaven besonders stark. Daher haben sich denn auch noch in jüngster Zeit solche räuberische Gewohnheiten bei ihnen so sehr eingebürgert, daß sie mit gänzlicher Hintansetzung der Vorteile des Ackerbaues zu Seeunternehmungen stets bereit sind, und ihre ganze Hoffnung und all ihren Reichtum an die Schiffe setzen. Ja, sie geben sich auch nicht einmal beim Häuserbau viele Mühe; vielmehr verfertigen sie Hütten aus Flechtwerk, die nur dem notwendigsten Schutz gegen Sturm und Regen dienen sollen. So oft aber ein Krieg auszubrechen droht, verbergen sie alles Getreide, nachdem sie es gedroschen haben, nebst allem Golde und Silber und was sie an Kostbarkeiten besitzen, in Gruben, Weib und Kind aber bringen sie in die festen Plätze oder mindestens in die Wälder. So bleibt dem Feinde nichts zu plündern, als die Hütten, deren Verlust sie sehr leicht ertragen. Die Angriffe der Dänen beachten sie gar nicht, ja sie halten es sogar für eine Lust, sich mit ihnen zu messen. Nur den Herzog fürchten sie, der mehr als alle Herzoge vor ihm, mehr selbst als der vielgefeierte Otto die Kraft der Slaven gebrochen und an ihre Gebisse den Zaum angelegt hat, und sie lenkt wohin er will. Er erklärt den Frieden, und sie gehorchen; er befiehlt den Krieg, und sie sagen: Hier sind wir.

14. (110.)
Die Versöhnung des Dänenkönigs mit dem Herzog

Als dem König der Dänen nun endlich das Unglück 1171?
seines Volkes klar wurde, sah er ein, daß der Friede ein Segen ist, und schickte Gesandte an den tapfern Herzog mit der Bitte, ihm zu freundlicher Besprechung eine Zusammenkunft an der Eider zu gewähren. Demnach 24. 6. 1171
erschien der Herzog am Tage der Geburt des heiligen Johannes des Täufers an dem zur Unterhandlung erbetenen Orte. Und der König der Dänen eilte ihm entgegen, und zeigte sich bereit, in allem den Wünschen des Herzogs nachzukommen. Er gestand ihm die Hälfte der Tribute und Geiseln zu, welche die Ranen hergegeben hatten, und von dem Schatze des Tempels einen gleichen Anteil, und erfüllte voll Ergebenheit alle Forderungen, die der Herzog für nötig hielt. So wurde die Freundschaft unter ihnen erneuert und den Slaven verboten, fortan Dänemark anzugreifen. Diese aber schauten gar traurig darein zu dem Bündnis der Herrscher. Und der Herzog sandte seine Boten samt denen des Dänenkönigs in das Land der Ranen, welche fortan ihm zinspflichtig wurden. Der König der Dänen bat auch den Herzog, daß er seine Tochter, die Witwe des hochgeborenen Fürsten Friedrich von Rothenburg, seinem Sohne, der schon zum König bestimmt war, zur Gemahlin geben möchte, und die Vermittlung großer Fürsten bewog den Herzog, einzuwilligen; er sandte seine Tochter ins Reich der Dänen, und große Freude

herrschte unter allen Völkern des Nordens, Heiterkeit und Friede traten damit ein. Und es wandelte sich jene eisige Kälte des Nordens in das linde Wehen des Südwinds; das Meer verlor seine Schrecken, und die Wut der Stürme verbrauste. Die, welche von Dänemark nach dem Slavenland oder umgekehrt hinüber wollten, hatten jetzt einen sicheren Weg, und Weiber und Kinder wandelten darauf einher, da alle Hindernisse beseitigt und die Räuber aus dem Wege geräumt waren. Denn das ganze Gebiet der Slaven, welches an der Eider, wo die Grenze des Dänenreiches ist, beginnt, und sich zwischen dem Baltischen Meere und der Elbe hin durch weite Länderstrecken bis nach Schwerin ausdehnt, dies Gebiet, das einst durch räuberische Anfälle unsicher und öde gemacht war, ist jetzt durch Gottes Gnade gleichsam eine große Ansiedlung der Sachsen geworden, in der Städte und Dörfer erbaut werden, und die Zahl der Kirchen und Diener Christi zunimmt. Auch Pribizlaw gab seine lange, hartnäckige Widersetzlichkeit auf, da er einsah, daß es ihm nichts nützte, wider den Stachel zu löcken, und blieb fortan ruhig und mit dem ihm beschiedenen Anteile zufrieden; er erbaute die Burgen Mecklenburg, Jlow und Rostock, und bevölkerte ihr Gebiet mit slawischen Bewohnern. Und weil die slawischen Räuber die Deutschen, welche Schwerin und das dazugehörige Gebiet bewohnten, beunruhigten, so befahl der Burggraf Guncelin, ein tapferer Mann und Vasall des Herzogs, den Seinigen, alle Slaven, die sie auf Nebenwegen und in abgelegenen, einsamen Gegenden ohne offenbaren Anlaß anträfen, sofort zu ergreifen und aufzuknüpfen. So wurden die Slaven so gut es ging, von ihrem Stehlen und Rauben zurückgebracht.